古代歷史文化研究輯刊

十五編

王明蓀 主編

第9冊

魏晉南北朝史事考釋（中）

李文才 著

國家圖書館出版品預行編目資料

魏晉南北朝史事考釋（中）／李文才 著 — 初版 — 新北市：
花木蘭文化出版社，2016〔民 105〕
目 4+218 面；19×26 公分
（古代歷史文化研究輯刊 十五編；第 9 冊）
ISBN 978-986-404-606-5（精裝）
1. 魏晉南北朝史 2. 史學評論
618   105002218

ISBN-978-986-404-606-5

9 789864 046065

古代歷史文化研究輯刊
十五編 第 九 冊   ISBN：978-986-404-606-5

魏晉南北朝史事考釋（中）

作　　者　李文才
主　　編　王明蓀
總 編 輯　杜潔祥
副總編輯　楊嘉樂
編　　輯　許郁翎
出　　版　花木蘭文化出版社
社　　長　高小娟
聯絡地址　235 新北市中和區中安街七二號十三樓
　　　　　電話：02-2923-1455／傳真：02-2923-1452
網　　址　http://www.huamulan.tw 信箱 hml 810518@gmail.com
印　　刷　普羅文化出版廣告事業
初　　版　2016 年 3 月
全書字數　597026 字
定　　價　十五編 23 冊（精裝）台幣 45,000 元
版權所有・請勿翻印

魏晉南北朝史事考釋（中）

李文才　著

目次

六朝時期建康華林園考論

　　本文題爲《六朝時期建康華林園考論》，顧名思義，是對六朝都城建康的華林園及其所涉相關歷史問題，進行考證與論述。早在十餘年前，本人曾撰《魏晉南北朝時期的華林園——以洛陽、建康兩地爲中心論述》一文，以洛陽、建康兩地華林園爲中心，對史籍所載之魏晉南北朝時期華林園進行全面考述，具體涉及華林園建於何地何時、華林園與魏晉南北朝政治之關係、華林園在中國園林建築史上的地位等問題。〔註1〕

　　作爲魏晉南北朝時期最爲著名的皇家園林，華林園頻繁出現於相關文獻典籍，如研究魏晉南北朝史之核心史料——「八書二史」，華林園的出現頻率很高；在後人撰寫的相關地方史著作或地方志文獻，甚至是一些詩詞歌賦中，華林園一詞也頻頻出現。以建康而言，如《建康實錄》、《景定建康志》、《江南通志》等地方志文獻中，都有大量關於六朝時期建康華林園的史料記錄。因此，對六朝建康華林園的深入考述，不僅有助於深化六朝史、中國古代都城建築史、中國園林史等研究，更可直接促進六朝建康城市建築、空間佈局、園林文化等論題的探討。

　　本文以六朝都城建康之華林園爲討論對象，論述過程中對同一時期洛陽、長安、鄴城、平城、中山等地的華林園，亦不免間有涉及。在撰寫過程中，筆者重溫十餘年前之舊文，不禁頗多感慨，既爲其中史料之闕漏而歉恨，亦爲闡述不免淺顯而自愧。如今借助電子文獻檢索之便利，庶幾可以彌補當

〔註 1〕李文才撰：《魏晉南北朝時期的華林園——以洛陽、建康兩地爲中心論述》，載《魏晉南北朝隋唐政治與文化論稿》，第 126～166 頁，北京，世界知識出版社，2006。

初史料蒐集闕失之憾，唯事理闡發能否有所深入，則未敢遽言也。

一、華林園之名稱緣起

魏晉南北朝時期，除六朝都城建康有華林園以外，洛陽、鄴城、長安、平城、中山等地均曾創置有華林園。因此，這裏首先要弄清楚華林園名稱之起源。筆者在以前所撰舊文中，曾對華林園之名稱起源問題進行分析，認爲史籍所載之華林園，最早應該設置於東漢首都洛陽。〔註2〕如今看來，華林園之名最早源於東漢故都洛陽的看法，可能並不準確。據作者署名爲東方朔的《海內十洲記》云：

> 武帝天漢三年，帝幸北海，祠恒山。四月，西國王使至，獻此膠四兩，吉光毛裘。武帝受以付外庫，不知膠裘二物之妙用也。以爲西國雖遠而上貢者不奇，稽留使者未遣。又，時武帝幸華林園射虎，而弩弦斷。使者時從駕，又上膠一分，使口濡以續弩玄。帝驚曰：「異物也。」〔註3〕

若上引《海內十洲記》所載屬實，則早在西漢武帝天漢三年（公元前98年），漢武帝就曾在名爲「華林園」的皇家園林中射虎，這就意味著至少在西漢武帝時期，當時的都城長安就已經存在一個名爲華林園的皇家苑囿。不過，這條史料記載的可信度，確實又存在一定疑問，蓋因《海內十洲記》一書所載類多虛幻，且東方朔其人其事亦頗富傳奇色彩。此外，即便這條史料所載可信，還必須證明它並非一條孤證。我們這裏首先可以說明的是，《海內十洲記》的這條記載作爲一條史料，並非孤立無憑，因爲晉人戴凱之曾撰《竹譜》，其中亦言及西漢長安之華林園，略云：

> 笻竹，高節實中，狀若人刻，爲杖之極。《廣志》云出南廣邛都縣，然則邛是地名，猶高梁董。《張騫傳》云，於大夏見之，出身毒國，始感邛杖，終開越巂，越巂則古身毒也。張孟陽云，邛竹出興古盤江縣。《山海經》謂之扶竹，生尋伏山，去洞庭西北一千一百二十里。《黃圖》云：華林園有扶老三株，如此則非一處，賦者不得專

〔註2〕前揭拙著：《魏晉南北朝時期的華林園——以洛陽、建康兩地爲中心論述》，《魏晉南北朝隋唐政治與文化論稿》，第126頁。

〔註3〕【漢】東方朔撰：《海內十洲記》，明顧氏文房小説本。按，《隋書》卷三十三《經籍志二》載：「《十洲記》一卷，東方朔撰。」（第983頁）《隋志》所錄之《十洲記》，當即此《海內十洲記》。

為蜀地之生也。《禮記》曰：五十杖於家，六十杖於鄉者，扶老之器
也。此竹實既固杖，又名扶老，故曰名實縣同也。〔註4〕

戴氏《竹譜》以竹為敘事對象，當以竹子的種類及其分佈區域為主要內容。
其中言及筇竹之地域分佈，認為該竹並非巴蜀地區所獨有。為此，戴氏相繼
徵引《廣志》、《漢書·張騫傳》、《山海經》、《黃圖》、《禮記》等文獻以證成
其說。其中所引《黃圖》云：「華林園有扶老三株，如此則非一處，賦者不得
專為蜀地之生也」一句，值得我們關注。按，《黃圖》者，《三輔黃圖》之謂
也，儘管學界在該書作者的生活時代問題上迄今存有爭論，但《黃圖》乃是
關於秦、漢都城，特別是西漢都城長安最為重要的歷史地理文獻，則並無疑
義。〔註5〕因此，《黃圖》所記載的「華林園」，自然只能是西漢都城長安城中
的華林園。以《黃圖》所載與前揭《海內十洲記》兩相參證，基本可以確定，
至遲到西漢武帝時期，當時的都城長安就出現名為華林園的皇家苑囿了。

東漢時期，皇家苑囿亦有以華林園為名者，這在相關典籍文獻中有明確
記載。如《後漢書·劉寬傳》載「靈帝初，徵拜太中大夫，侍講華光殿。」
注引《洛陽宮殿簿》云：「華光殿在華林園內。」〔註6〕按，《洛陽宮殿簿》作
者佚名，但可以肯定為西晉或漢魏時人。〔註7〕劉寬既在東漢靈帝時入講於華

〔註4〕【晉】戴凱之撰：《竹譜》，宋百川學海本。

〔註5〕按，據《隋書》卷三十三《經籍志二》載：「《黃圖》一卷，記三輔宮觀陵廟
明堂辟雍郊時等事。」（第982頁）可知，《黃圖》當即《三輔黃圖》，或稱《西
京黃圖》，簡稱《黃圖》，作者佚名。關於初本成書時間，有不同說法，孫星
衍序言認為「漢末人撰」，苗昌言認為係「漢、魏間人所作」，晁公武《郡齋
讀書志》認為「梁、陳間人作」，陳直認為「原書應成於東漢末曹魏初期」。
諸說雖有不同，但該書多次被如淳、晉灼、劉昭注引，如淳主要活動於三國
曹魏、晉灼為西晉時人、劉昭歷仕南朝宋、齊、梁，他們既經常徵引此書，
則表明《黃圖》成書肯定在三國以前。《黃圖》作為記述秦漢都城最為重要的
歷史地理著作，主要記述了西漢長安城的佈局、宮殿、苑囿、池沼、臺榭、
府庫、倉庫、橋梁、文化設施、禮制建設等情況，為研究秦漢都城，特別是
漢代都城長安最為重要的歷史地理文獻。

〔註6〕《後漢書》卷二十五《劉寬傳》，第887頁。

〔註7〕按，《隋書》卷三十三《經籍志二》載：「《洛陽宮殿簿》，一卷」，示標注作者。
此書之前著錄：「《洛陽記》一卷，陸機撰。」之後著錄：「《洛陽圖》一卷，
晉懷州刺史楊佺期撰。」（第982頁，據校勘記〔二八〕，「懷州」當為「雍州」
之誤，第995頁。）儘管《隋書》作者魏徵等人，並未標示《洛陽宮殿簿》
作者姓名，但其前陸機為三國入西晉時人，其後楊佺期則為西晉人，《隋書》
如此編排，應當傾向於將《洛陽宮殿簿》的作者時代，視為與此二人大致相
同。又按，清人丁辰在所著《補晉書藝文志》附錄篇中亦云：「《洛陽宮殿簿》

光殿，華光殿又在華林園中，則此華林園爲東漢洛陽城中一處皇家園林，可以確定無疑。據此可知，東漢洛陽華林園始置於何時，儘管已經不可確考，但它至遲在東漢靈帝時期已存在，則無需討論矣。

西漢都城長安既有華林園，東漢都城洛陽亦有同名園林，二者之間是否存在某種聯繫？竊意，東漢都城洛陽華林園之名，很有可能就是繼承或做仿西漢之舊名，蓋兩漢相承，後漢制度設施頗多承襲前漢者。據此可進而分析三國曹魏之華林園創置問題。

徵諸史載，早在曹魏明帝於洛陽興建芳林園（華林園）之前，乃祖魏武帝曹操就曾在鄴城創建過華林園。據《資治通鑑》記載，東晉孝武帝太元九年（384）四月，慕容垂接受封衡建議，準備引漳水灌鄴城，「因飲於華林園」，胡三省於此注云：「洛都，鄴都皆有華林園；鄴之華林，則魏武所築也。」〔註8〕由此可見，早在曹操居鄴城期間，就曾創建過一個以華林園爲名的苑囿。那麼，曹操初創此園，究竟名爲「華林」，還是名爲「芳林」？

有史料顯示，曹操在鄴城所建華林園，也有可能初名芳林。據顧炎武《歷代宅京記》卷十二《鄴下》「芳林園」條注引《鄴中記》云：「魏武所築，後避秦王諱，改名華林。後趙石虎建武十四年重修。然《晉書・載記》言：虎用沙門之言，起男女六十萬人築華林苑。未詳其實。」〔註9〕其中「避秦王諱」，當爲「避齊王諱」，亦即避齊王曹芳諱。如據此處所引《鄴中記》，則曹操在鄴城所築園林，初以「芳林園」爲名，後以避諱齊王曹芳諱而改名華林園，及後趙石虎建武十四年，又重新加以繕。不過，細析《鄴中記》的這段文字記載，我認爲顧炎武對鄴城華林園的來龍去脈也並未完全搞清楚，特別是曹操所築芳林（華林）園，與石虎所起之華林苑，二者之間到底是何關係？石虎所起園囿，究竟是對曹操所築園囿之重修，抑或是新起？諸如此類的問題，都需要認眞考慮。

一卷。謹按：見《隋志》，舊無撰人，家大人曰：『此書次在陸機《洛陽記》下，楊佺期《洛陽圖》上，當亦晉代所撰。』兩《唐志》：《洛陽宮殿簿》三卷，疑即此書。」（清光緒刻常熟丁氏叢書本。）是丁辰傾向於《隋志》所載之一卷本《洛陽宮殿簿》，與兩《唐志》所載之三卷本《洛陽宮殿簿》爲同一著作，丁氏此說是否屬實，這裏不作討論，不過他引「家大人」（當爲丁辰父親）之語，判斷《洛陽宮殿簿》的作者當爲晉人，則爲卓識也。

〔註8〕 《資治通鑑》卷一〇五晉孝武帝太元九年（384）四月，第3328頁。

〔註9〕 【清】顧炎武撰，顧宏義校點：《顧炎武全集4・歷代宅京記》卷十二《鄴下》「芳林園」條，第452～453頁，上海，上海古籍出版社，2011。

按，《鄴中記》作者陸翽，東晉人，曾任國子祭酒。作為河北最早的地方志書之一，《鄴中記》所具有的重要史料價值，自是不言而喻。據學者考訂，《鄴中記》原書大約亡佚於元朝末年，後來出現一些輯本，如委宛山堂本《說郛》、清武英殿聚珍版叢書本、《四庫全書》本等，其中輯存最為詳備者為《四庫全書》本。〔註10〕然而，遍查上述諸本《鄴中記》，顧炎武此處所徵引之史料，俱不見其載。這不禁讓人懷疑，作為明清之際的人物，顧氏所徵引《鄴中記》的這段文字，究竟從何而來？如今所見《鄴中記》諸版本，對於石虎所興建之華林苑，均有記述，唯獨不見曹操在鄴城創建芳林園之記載。再由「魏武所築，後避秦王諱，改名華林」一事以觀，其事與魏明帝曹叡於洛陽創建芳林園，齊王曹芳改名為華林園極為相似，因此不能排除顧氏所引《鄴中記》的這段文字有「自我作古」式的創造，即他假託《鄴中記》為名，而將魏明帝曹叡、齊王曹芳事蹟，張冠李戴於魏武帝曹操。當然，我們這麼說，並非要否定曹操在鄴城確曾修建園林的事實，只不過曹操於鄴城建園，究竟芳林為名，還是華林為名？確實需要加以討論。又，《資治通鑑》的音注者胡三省為元朝人，時代早於顧炎武，因此他在《通鑑》胡注中云「洛都、鄴都皆有華林園；鄴之華林，則魏武所築也。」必定有所憑據，只不過，胡氏所依據之史料，今已不可考。另外，胡氏所云「鄴之華林」，究竟是用曹操所築園林之原名，還是使用已經改名之後的新名稱（即原名芳林，後改華林），亦不可知矣。

綜上所述，曹操在鄴城創建園林，或以華林園為名，或以芳林園為名，雖已不可確考，但可以肯定的是，後來魏明帝曹叡於洛陽創建芳林園，很有可能就是模仿或效法乃祖曹操在鄴城的同一行為。如此，我們接下來可以對曹操創建園林時的心理略加分析。曹操於鄴城建園而以芳林或華林名之，是否曾經參考或考慮過兩漢時期的某個園林？

我認為不排除這種可能。蓋曹、孫、劉三家爭雄，曹操及其集團肯定以漢室正統繼承者自居，故而在包括都城創建在內的制度建設方面，必然措意於對兩漢制度之模仿。自建安九年（203）曹操攻佔鄴城，到曹丕徙都洛陽，亦即曹操挾天子以令諸侯期間，鄴城一直是曹氏的實際政治中心，對此學界早已不持異議。建安十八年（212）七月，曹操在鄴城始建宗廟〔註11〕；建安

〔註10〕 鮑遠航撰：《晉陸翽〈鄴中記〉考論——〈水經注〉徵引文獻考之一》，《華北水利水電大學學報》2014年第3期，第1～4頁。

〔註11〕 《宋書》卷十六《禮志三》：「漢獻帝建安十八年五月，以河北十郡封魏武帝

二十二年（216）又在鄴城南興建泮宮。〔註12〕這兩項工程建設，既表明鄴城在曹操的心目中一直就是政治首都，同時也暗示著他確有將鄴城當作未來新國家首都的打算。顧炎武正是基於建宗廟、起泮宮二事，認爲鄴城「作都始于曹操」〔註13〕。曹操既將鄴城作爲首都，因而在城市建設上，自然就必須按照都城的規模製度進行。鄴城此前從未作過都城，故曹操在進行都城建設時，就必然有所模擬，其模擬的對象，以其時之實際條件及曹操本人閱歷，捨東漢都城洛陽外，別無其它可能。也就是說，曹操既在鄴城「作都」，則包括城池、宗廟、宮室、園林等所有建築在內的城市制度建設，均以東漢都城洛陽爲藍本，以此言之，曹操在鄴城興建芳林（華林）園，就應當是對東漢都城洛陽芳林（華林）園的模擬仿傚。〔註14〕

　　不僅曹操的建園行爲有可能如此，就是後來的魏明帝曹叡在洛都興起芳林園，以及曹芳將之更名爲華林園，在某種意義上，也都可以視爲對兩漢華林園這一歷史名稱的繼承或效法。尤其是曹芳改芳林園爲華林園的過程中，兩漢時期華林園這一歷史名稱可能爲其提供了重要參考，蓋改芳林爲華林，不僅滿足了避諱的現實需要，也同時兼顧兩漢時期華林園這個歷史存在，更兼以「華林」名園，不僅形象貼切，亦頗具歷史底蘊。這大概也是後來魏晉南北朝諸政權紛紛以此作爲皇家園林名稱的一個重要原因。

二、華林、芳林名稱之關係

　　魏晉南北朝時期，華林園、芳林園二名均具多見。此二園之關係，究竟

　　　　爲魏公。是年七月，始建宗廟于鄴，自以諸侯禮立五廟也。」（第443頁）《三
　　　　國志》卷一《魏書・武帝紀》：「（建安十八年）秋七月，始建魏社稷宗廟。」
　　　　（第42頁）

〔註12〕《宋書》卷十四《禮志一》：「漢獻帝建安二十二年，魏國作泮宮于鄴城南。」
　　　　（第356頁）《三國志》卷一《魏書・武帝紀》：「（建安二十二年）五月，作
　　　　泮宮。」（第49頁）

〔註13〕前揭《歷代宅京記》卷十二《鄴下》，「鄴都北城」條注，第446頁。又同書卷
　　　　十一「後周」條引《水經注》有云：「魏因漢祚，復都洛陽，以譙爲先人本國，
　　　　許昌爲漢之所居，長安爲西京之遺迹，鄴爲王業之本基，故號五都也。」（第
　　　　444頁）「五都」之說，可證即便在曹丕定都洛陽之後，鄴城仍被視如都城。

〔註14〕按，班固《兩都賦序》有云：「臣竊見海內清平，朝廷無事，京師修宮室，濬
　　　　城隍，起苑囿，以備制度。」（前揭【梁】蕭統編，【唐】李善注：《文選》卷
　　　　一《賦甲・京都上・兩都賦序》，第3～4頁。）由此可見，京師作爲一國之
　　　　首都，在建築設施的構建方面，不僅包括城池、宮室等內容，也包括苑囿園
　　　　林的建設，至少班固就是作此理解。

是一園二名，抑或是名稱不同的兩個園林？在紛繁複雜的史料記述中，確有一些可以明確判斷爲一園二名之關係，也有少部分可以斷定爲名稱並不相同的兩個園林，絕大多數史料則是語意含混難以遽判，從而造成後人敍述理解時頗多歧義，甚或出現張冠李戴之錯誤。是以，有必要對魏晉南北朝時期華林園與芳林園之關係稍加梳理。

在眾多古人著述中，有一些屬於古代園林歷史的專題著作，其中就有涉及漢魏兩晉南北朝之皇家園林者。如北宋時李昉曾撰《歷代宮殿名》，其中有對漢魏南北朝時期園林名稱的記述，略云：

> 後漢：芳林園、濯龍園、華林園。前魏：西園（補）。後魏：華林園、逍遙園、芳林園。後周：芳林園、武遊園。隋：平樂園。唐：芙蓉園、流杯園（補）、明水園。五代：金鳳園。六朝：桃花園、華林園、冶城園（補）。三十六國：逍遙園、納賢園、白雀園。北齊：芳林園、華林園、遊豫園。〔註15〕

按，李昉所撰《歷代宮殿名》，對於歷代園林名稱的蒐集收錄，不僅敍述次序頗多顛倒，且闕失甚多，自無需多說。〔註16〕僅就其所述之魏晉南北朝時期園林名稱來看，其中關於華林園、芳林園部分者，就頗多舛誤，他對於華林、芳林二名更是混淆不清。茲略加指正，進而辨明魏晉南北朝時期華林、芳林二園之關係。

華林園，或作華林苑，故人用字，園、苑有時不甚分明，如晉人陸翽《鄴中記》述後趙華林園事，即有時書爲「華林苑」，有時又書爲「華林園」。〔註17〕

〔註15〕【宋】李昉撰：《歷代宮殿名》「歷代園名」條，清鈔本。

〔註16〕以前魏，即曹魏而言，芳林園亦即華林園，爲其時最著名之皇家園林，李氏在書中並未具列，卻補列一個「西園」。以後魏，即北魏而言，華林園、逍遙園俱有其載，芳林園則無考，證諸《魏書》、《洛陽伽藍記》即可明瞭。以言北周，華林園與芳林園爲同一園林，而華林園更爲史料所常見。北齊則只有華林園，而無芳林園，凡文獻敍述之北齊芳林園，實爲華林園之異名稱呼。諸如此類，闕漏或謬誤者頗多，故言歷代園林史者，李氏《歷代宮殿名》一書實不足爲憑。

〔註17〕【晉】陸翽撰：《鄴中記》：「華林苑在鄴城東二里，石虎使尚書張羣發近郡男女十六萬人，車萬乘，運土築華林苑……華林園中千金堤上，作兩銅龍，相向吐水，以注天泉池，通御溝中……石虎園中有西王母棗……石虎苑中有勾鼻桃……」（清武英殿聚珍版叢書本）其中「園」、「苑」互用，由此可證古人用字，「園」、「苑」區分併不嚴格，但以本文所論華林園來看，相關文獻典籍對此二字也經常互用，但「華林園」多於「華林苑」，確也是實。

類似情況還有不少，這裏不多枚舉。此外，華林園，有時亦稱芳林園，其中最為人所熟知的史料，為《三國志·魏志》所載魏明帝曹叡建芳林園，及齊王曹芳在位，出於避諱的緣故，而改名華林園。大概正是由於這個緣故，故魏晉南北朝相關史籍在敘述華林園事蹟時，有時就是華林、芳林混用，如《十六國春秋》述後趙華林園事，不僅經常呼之為「華林苑」，有時還徑稱為「芳林園」，略云：

> 時沙門吳進言于（石）虎曰：「胡運將衰，晉當復興，宜苦役晉
> 人以厭其氣。」虎使尚書張羣（自注：一作羣，又作麟）發近郡男
> 女十六萬人，車十萬乘，運土築華林苑及長牆（自注：一作塘）於
> 鄴北，廣長數十里。又因沙門言，以五月發五百里內男女六十萬人，
> 重修芳林園，至八月，天暴雨雪，雪深三尺，大寒，行旅作役凍死
> 者數千人。太史奏作役非時，天降此變。虎乃誅尚書令宋（自注：
> 一作朱）軌以塞天災。又於華林苑中千金堤上作兩銅龍相向吐水，
> 以注天泉池，通御溝中。〔註18〕

以此處言之，華林苑即芳林園，否則史家行文不應言「重修芳林園」也。由此可見，魏晉時人言華林苑（園），有時就直接稱為芳林園，易言之，儘管史家書寫有時不免隨意，或曰華林，或曰芳林，所指往往一也。史家之所以有此隨意，蓋芳林、華林本來意近，且曹魏時確曾有過改芳林園為華林園之史實也。

又如，東晉時人干寶曾言及建康華林園，依然用芳林園這一舊稱。據《四部叢刊》景宋本《六臣注文選》卷二〇「《晉武帝華林園集詩》」條下注云：

> 四言。善曰：《洛陽圖經》曰：華林園在城內東北隅，魏明帝起，
> 名芳林園，齊王芳改為華林。干寶《晉紀》曰：泰始四年二月，上
> 幸芳林園，與群臣宴，賦詩觀志。孫盛《晉陽秋》曰：散騎常侍應

〔註18〕 【明】屠喬孫，項琳之輯：《十六國春秋》卷十七《後趙錄七·石虎下》，上海古籍出版社縮印清文淵閣四庫全書第 463 冊，第 458 頁。按，據清四庫館臣按語，文淵閣四庫全書本《十六國春秋》一百卷，舊本題魏崔鴻撰，實則明嘉興屠喬孫、項琳之偽本。不過，四庫館臣同時也指出：「其文皆聯綴古書，非由杜撰，考十六國之事者，固宜以是編為總匯焉。」（同前，第 463 冊，第316 頁「提要」）也就是說，儘管四庫本《十六國春秋》已非崔鴻原作，但其文字皆聯綴古書，並非屠、項等人杜撰，考十六國史事者，此亦為重要參考著作也。

貞詩最美。〔註19〕

按，此處所載西晉泰始四年（268）二月，晉武帝幸芳林園，當即洛陽華林園。然而，干寶在所著《晉紀》一書中，卻直呼爲「上幸芳林園」。按，泰始四年，即公元 268 年，距離齊王曹芳（240～254 年在位）改芳林園爲華林園，已過去二十餘年，洛陽華林園作爲曹魏、西晉皇家園林名稱，想必早就人盡皆知。干寶（？～366）雖爲東晉時人，但他對於洛陽華林園之名稱亦必不會陌生，且其時東晉都城建康也有一個名爲華林園的皇家園林，因此，干寶在追述西晉往事，提及華林園的時候，卻使用了芳林園這個名稱。此處干寶將「華林」書爲「芳林」，究竟是一時筆誤，還是故意爲之，俱已不可詳考。但有一點卻是可以肯定，即以芳林園稱呼華林園，對於兩晉時代的人來講，可能是極爲自然之事，而非罕見現象。又，前揭《十六國春秋》言及後趙鄴城華林園，亦直接呼爲芳林園。甚至直到陳朝，時人有時仍將華林園稱爲「芳林園」，如江總曾撰《芳林園天淵池銘》〔註20〕，其中所說「芳林園」，就是華林園。據此可以推知，在魏晉南北朝時期，無論南方還是北方，華林、芳林互用的現象，皆較爲普遍。

魏晉南北朝時期，華林園、芳林園可以明確判斷爲兩個不同園林的名稱，只有在南朝蕭齊。如《南齊書》卷十八《祥瑞志》所載祥瑞事，均華林園、芳林園並提；同書諸紀、志、傳言皇帝宴飲事，也是宴於華林園、宴於芳林園並舉。凡此均可證，南齊華林園、芳林園並非同一園林。按，蕭齊華林園，一承東晉、劉宋之故事，仍爲皇家園林，這一點無需再事論證。至於芳林園，史籍記載也十分明確，本爲齊高帝蕭道成舊宅，南齊建國以後，遂將舊宅改造爲青溪宮，後又改造爲芳林園。〔註21〕至蕭梁天監初年，梁武帝以之賞賜

〔註19〕【梁】蕭統撰，【唐】李善、呂延濟、劉良、張銑、李周翰、呂向注：《六臣注文選》卷二〇，第373～374頁，北京，中華書局（據《四部叢刊》本影印），2012。

〔註20〕前揭《藝文類聚》卷九《水部下》引，第174頁。

〔註21〕《南齊書》卷九《禮志上》：「永明九年正月，詔太廟四時祭……先是世祖夢太祖曰：『宋氏諸帝嘗在太廟，從我求食。可別爲吾祠。』上乃敕豫章王妃庾氏四時還青溪宮舊宅，處內合堂，奉祠二帝二后，牲牢服章，用家人禮。」（第133頁）又《南史》卷四《齊本紀上・世祖武皇帝紀》：「世祖武皇帝諱賾，字宣遠，高帝長子也。以宋元嘉十七年六月己未於建康縣之青溪宮。將產之夕，孝皇后、昭皇后並夢龍據屋，故小字上爲龍兒。」（第116頁）由此可知，青溪宮本爲齊高帝蕭道成舊宅，齊武帝蕭賾即出生於此。

南平王蕭偉，其事載諸《梁書・南平王蕭偉傳》（《南史》卷五二《蕭偉傳》略同），云：

> 齊世，青溪宮改爲芳林苑，天監初，賜偉爲第，偉又加穿築，增植嘉樹珍果，窮極雕麗，每與賓客遊其中，命從事中郎蕭子範爲之記。梁世藩邸之盛，無以過焉。〔註22〕

又，蕭齊芳林苑，或曰芳林園，又名桃花園。據宋人張敦頤《六朝事迹編類》云：

> 芳林苑，《寰宇記》云：芳林苑，一名桃花園，本齊高帝舊宅，在府城之東，秦淮大路北。武帝永明五年，嘗幸其苑禊宴，王融《曲水詩序》云：「載懷平浦，乃眷芳林。」蓋此也。又按《南史》，齊時青溪宮改爲芳林苑，梁天監初賜南平元襄王爲第，益加穿築，果木珍奇，窮極雕靡，命蕭子範爲之記，藩邸之盛無過焉。〔註23〕

關於南齊芳林苑更爲詳細的記述，則爲北宋人周應合所撰《景定建康志》，略云：

> 古芳林苑，案《寰宇記》，一名桃花園，齊高帝舊宅，在古湘宮寺前巷，近青溪中橋，帝即位修舊宅爲青溪宮，一名芳林園，後改爲芳林苑。永明五年禊飲於芳林，王融《曲水詩序》云：「載懷平浦，乃睠芳林」，蓋謂此也。梁天監初，賜南康元襄王爲第，益加穿築，蕭範爲記，言藩邸之盛，莫過於此。〔註24〕

據此可知，齊高帝即位以後，將位於湘宮寺前巷的舊宅改造爲青溪宮，初名芳林園，後改名爲芳林苑。按，周應合此說可能有誤，蓋古人「園」、「苑」經常互用，故依理而言，改芳林園爲芳林苑實爲無聊之舉。此外，證之於《南齊書》、《南史》等諸多記述，均書爲「芳林園」，而非「芳林苑」，因此，在南齊一朝，該園可能一直名爲芳林園。至於芳林園又名桃花園，諸史雖不載其原因，但據理推測，當是因爲園中頗多桃樹之故。梁武帝天監初年，將芳林園賞賜給南平王蕭偉，蕭偉又在園中大事興建，增植嘉樹珍果、加築亭臺樓宇，從而成爲一個極盡奢華的私家園林。

〔註22〕《梁書》卷二二《太祖五王・南平元襄王偉傳》，第348頁。

〔註23〕【宋】張敦頤撰：《六朝事迹編類》卷上，明古今逸史本。

〔註24〕【宋】周應合撰：《景定建康志》卷二十二《城闕志三》，清文淵閣四庫全書本。

綜上所述，在魏晉南北朝時期，絕大多數情況下，華林園（苑）與芳林園（苑）所指相同。只有在南齊一朝，芳林園、華林園可以明確為兩個不同的園林；及至蕭梁，梁武帝又將此芳林園賞賜給南平王蕭偉，故蕭梁時芳林園應當繼續存在，但已變為蕭偉的私家園林，與華林園之為皇家園林，在產權性質上已明顯不同。

三、六朝建康華林園之創置

六朝都城建康也有華林園，且係模仿漢魏故都洛陽而置，史籍言之鑿鑿。據《資治通鑒》載，太元二十年（395）七月，東晉孝武帝在華林園舉酒祝天，胡三省注云：「晉都建康，倣洛都，起華林園。」〔註25〕又同書載，晉安帝元興二年（403）十二月癸丑，桓玄臨聽訟觀閱囚徒，胡注云：「洛都華林園北有聽訟觀，本平望觀也。魏明帝以刑獄天下大命也，每斷大獄，常幸觀聽之，大和三年，更名聽訟觀。建康倣洛都之制，亦置之。」〔註26〕再如同書宋文帝元嘉元年（424）四月胡注云：「魏氏作華林園、天淵池於洛中。晉氏南渡，放其制，作之於建康；華林園在宮城北隅。」〔註27〕凡此均可證，東晉、宋、齊、梁、陳江左五朝之「華林園」係仿傚曹魏洛陽華林園而置。

早在東晉建都之前，建康已有作為孫吳都城的歷史。因此，東晉建都以後，模仿洛陽而創置華林園時，對於孫吳舊有宮苑應當也會加以利用。唐人許嵩曾撰《建康實錄》，其中言及建康華林園，就曾對六朝歷代修築華林園的歷史加以縷述。據其書卷十二《太祖文皇帝紀》載，「是歲（元嘉二十三年／446），堰玄武湖於樂遊苑北，興景陽山於華林，役及居民，民有怨者。是歲，置華林園東五里。」其下注云：

> 案，《地輿志》：吳時舊宮苑也。晉孝武更築立宮室。宋元嘉二十二年，重修廣之。又築景陽、武壯諸山，鑿池名天淵，造景陽樓以通天觀。至孝武大明中，紫雲出景陽樓，因改為景雲樓，又造琴堂，東有雙樹連理，又改為連玉堂，又造靈曜前後殿，又造芳香堂、日觀臺。元嘉中，築蔬圃，又築景陽東嶺，又造光華殿，設射棚，又立鳳光殿、醴泉堂、花萼池，又造一柱臺、層城觀、興光殿。梁武又造重閣，上名重雲殿，下名興光殿，及朝日明月之樓，登之，

〔註25〕《資治通鑒》卷一○八晉孝武帝太元二十年（395）七月，第3422頁。
〔註26〕《資治通鑒》卷一一三晉安帝元興二年（403）十二月，第3556頁。
〔註27〕《資治通鑒》卷一二○宋文帝元嘉元年（424）四月，第3767頁。

而階道遶樓九轉。自吳、晉、宋、齊、梁、陳六代，互有構造，盡古今之妙。陳永初中，更造聽訟殿；天嘉三年，又作臨政殿。其山川制宜，多是宋將作大匠張永所作，其宮殿數多，舊來不用，乃取華林園以爲號。陳亡悉廢矣。（第 444 頁）

按，所引《地輿志》所說「宋元嘉二十二年，重修廣之」，應爲元嘉二十三，此處注云二十二年有誤。〔註 28〕由《建康實錄》及其注文所載可知，六朝時期的建康華林園，係在充分利用孫吳舊有宮苑遺址的基礎上所創建，後來又歷經東晉、宋、齊、梁、陳五朝的不斷完善，從而發展成爲一個集亭臺樓閣、假山池塘、花園蔬圃等多種設施，融休閒、娛樂、辦公等多重功能於一體的大型皇家園林，及至陳朝滅亡，華林園遂全部廢棄。我們這裏首先要討論的是，「吳時舊宮苑」係何人何時所築？

眾所週知，建康作都，始於吳大帝孫權。建安十六年（211），孫權將政治中心從武昌（今湖北鄂城）遷到秣陵，次年改名建業〔註 29〕；黃龍元年（229）四月，孫權正式稱帝；九月，遷都建業。〔註 30〕因此，就建康的城市發展史來看，其城市建設步入快車道，應當始於孫權建都之後。到吳後主孫皓時，新都建業的宮城建築，特別是園林建築經過擴建後，就已頗爲華麗壯觀了。據前揭《建康實錄》卷四《吳·後主紀》略云：

（寶鼎）二年夏六月，起新宮於太初（宮）之東，制度尤廣，二千石巳下皆自入山督攝伐木。又攘諸營地，大開苑圍，起土山作樓觀，加飾珠玉，制以奇石，左彎埼，右臨硎。又開城北渠，引後湖水激流入宮內，巡遶堂殿，窮極伎巧，功費萬倍。（案，《輿地志》〔註31〕：太祖鑿城北溝，北接武湖；後主所引湖內水，並解在前卷。

〔註 28〕《宋書》卷五《文帝紀》：元嘉二十三年，「是歲，大有年。築北堤，立玄武湖，築景陽山於華林園。」（第 94 頁）可證，《建康實錄》原文載二十三年正確，注引《地輿志》云二十二年誤。

〔註 29〕《三國志》卷四七《吳書·吳主傳第二》：「十六年，權徙治秣陵。明年，城石頭，改秣陵爲建業。」（第 1118 頁）。

〔註 30〕《三國志》卷四七《吳書·吳主傳第二》：「黃龍元年春，公卿百司皆勸權正尊號。夏四月，夏口、武昌並言黃龍、鳳凰見。丙申，南郊即皇帝位，是日大赦，改年……秋九月，權遷都建業……」（第 1134～1135 頁）

〔註 31〕按，此處《輿地志》，前引同書卷十二注作「《地輿志》」。查《隋書》卷三十三《經籍志二》，有「《輿地志》三十卷，陳顧野王撰」（第 986 頁），又《南史》卷六十九《顧野王傳》亦載，曾撰《輿地志》三十卷。（第 1688 頁）據此，則《地輿志》當作「《輿地志》」爲是。然查《建康實錄》，《地輿志》作

晉左太沖作《吳都賦》曰：「東西膠葛，南北崢嶸。房櫳對櫺，連閣相經。闓闥謫詭，異出奇名。左稱彎碕，右號臨硎。雕欒鏤楶，青鎖丹楹。圖以雲氣，畫以仙靈。」又曰：「高門有閌，洞門方軌。朱闕雙立，馳道如砥，樹以青槐，亙以綠水。玄陰耽耽，清流亹亹。列寺七里，夾棟陽路。屯營櫛比，廨署棊布。橫塘查下，邑屋隆夸，長干延屬，飛甍舛互。」案，《宮城記》：吳時自宮門南出，夾苑路至朱雀門七八里，府寺相屬。橫塘，今在淮水南，近陶家渚，俗謂回軍毋狀。古來緣江築長堤，謂之橫塘。淮在北，接柵塘，在今秦淮逕口，吳時夾淮立柵，自石頭南上十里至查浦，查浦南上十里，至新亭，新亭南上二十里至孫林，孫林南上二十里至板橋，板橋上三十里至烈洲，洲有小河，可止商旅以避烈風，故名烈洲。又洲上有小山，形如栗，亦謂之栗洲。吳時烈洲長封洲一百二十步。長干已注，解在前卷。）（第 98～99 頁）

寶鼎爲吳末帝孫皓的年號，寶鼎二年即公元 267 年，距離西晉滅吳尚有十三年左右的時間。建業的城市建設，特別是宮殿苑囿的建設，正是在孫皓執政的最後十餘年時間裏發展最快，從案語所引左思《吳都賦》的描述性文字來看，孫皓統治末期建業的城市建設水平已經達到相當的高度，不僅房舍樓宇、門闕臺閣、官署民居、馳道街巷，均有詳備而整齊的規劃布置，且城中綠樹成蔭、清水環繞，自然景象一派清新和諧。

　　其中尤需注意者，爲「大開苑囿，起土山，作樓觀」一句。以鄙之不敏，大膽推測以爲：孫皓「大開苑囿」所創之園林，當即後來東晉南朝所建華林園之基礎。又，前揭楊寬氏指出，東吳之建業城市建築「佈局和北魏洛陽一樣，是繼承東漢洛陽和漢末鄴城的規劃而有了進一步發展。」〔註32〕我們可以據此推論吳都建業的園林建築。吳都建業在城門、宮殿、里坊等方面既然深受洛陽、鄴城之影響，而彼時洛陽、鄴城在營建都城時，又都不約而同地建有「芳林園」，那麼，完全可以推定：吳都建業在規劃「苑囿」建設的時

為書名，並不止出現一次，同書卷二、卷七、卷九各出現一次；又，李吉甫《元和郡縣圖志》卷三十一、《初學記》卷八《州郡志》也各出現一次，是以，二者究爲同書異名，抑爲異書異名？抑或古籍傳刻過程中，「輿」、「地」二字有所倒置耶？以顧野王《輿地志》原著亡佚，無法對原文進行核對，故不敢遽言也。惟俟有知者詳考以告矣。

〔註32〕前揭《中國古代都城制度史研究》，第 145 頁。

候，勢必也會對鄴城、洛陽的芳林園有所模擬或參考。除此而外，孫皓「大開苑囿」時，「起土山，作樓觀」、開渠引水、以及令文武百官「入山督攝伐木」等情況，與魏明帝曹叡整飭華林園時的情景，亦頗多相似之處，因此，孫皓「大開苑囿」行為，有沒有可能也在模仿魏明帝？這些顯然都值得深思。〔註33〕

要之，孫吳定都、遷都於建業，加快了建業城市建設的步伐，吳末帝孫皓在位期間大興土木，則是建業城市建設發展速度的最快時期，其間「大開苑囿」所興起的園林，則很有可能成為後來江左五代華林園建設的奠基之作。〔註34〕

西晉末年，為避晉愍帝司馬鄴諱，建業改稱建康。西晉滅亡後，琅琊王司馬睿在建康稱帝，是為東晉，其後的宋、齊、梁、陳均相繼以建康為首都。同孫吳一樣，東晉南朝的建康在宮殿佈局上，依然沿用魏晉洛陽舊制，園林建設也是如此。據前引《地輿志》，華林園在東晉南朝時期歷均有興建，而以宋文帝劉義隆元嘉末期的建設工程最為浩大。甚至可以說，南朝華林園之最終規模實由宋文帝元嘉時期的建設所奠定，之所以做出如此判斷，不僅是因為《地輿志》、《資治通鑒》等所載眾多建築係由宋文帝興建，更主要的還在於他開溝鑿渠，將玄武湖、樂遊苑、華林園中的水相互聯通，從而在建康城中形成一個互通有無、循環流動的整體性有機水系。

徵諸史載，元嘉二十三年（446），宋文帝在樂遊苑以北堰玄武湖，並準備在玄武湖中興建方丈、蓬萊、瀛洲三神山，雖然最後為何尚之諫阻，但是

〔註33〕青龍三年（235），魏明帝大治洛陽宮，起昭陽、太極殿，築總章觀，據《三國志》卷三《魏書‧明帝紀》注引《魏略》云：「是年起太極諸殿，築總章觀，高十餘丈，建翔鳳於其上；又於芳林園中起陂池，楫櫂越歌；又於列殿之北，立八坊……通引穀水過九龍殿前，為玉井綺欄，蟾蜍含受，神龍吐出。使博士馬均作司南車，水轉百戲。歲首建巨獸，魚龍曼延，弄馬倒騎，備如漢西京之制，築闔閭諸門闕外罘罳……」（第104～105頁）同卷景初元年（237）注引《魏略》云：「是歲，徙長安諸鐘簴、駱駝、銅人、承露盤。盤折，銅人重不可致，留于霸城。大發銅鑄作銅人二，號曰翁仲，列坐于司馬門外。又鑄黃龍、鳳皇各一，龍高四丈，鳳高三丈餘，置內殿前。起土山于芳林園西北陬，使公卿羣僚皆負土成山，樹松竹雜木善草於其上，捕山禽雜獸置其中。」（第110頁）

〔註34〕李太白《鳳凰臺》詩，其中有「吳宮花草埋幽徑，晉代衣冠成古丘」之句，雖為感懷之作，卻也隱約契合於建康城，特別是建康宮苑建設的發展歷史，孫吳所建之宮殿苑囿，實為其後東晉、宋、齊、梁、陳的相關建造奠定了基礎。

他還是堅持在華林園中堆起景陽、武壯諸山，並將天淵池進一步擴建。〔註35〕
宋文帝對天淵池所進行的擴建工作〔註36〕，在建康華林園的建園史上意義重
大，原因即在於擴建後的天淵池直接與玄武湖連通，從而造成玄武湖水可以
通過天淵池，直接流入宮中；然後再經太極殿，出東華門（按，東晉時為東
掖門）之後，流到宮城南面，在向西延伸至西城牆的同時，向東左轉經建陽
門後，匯入青溪。〔註37〕樂遊苑、華林園、宮城、青溪水通過水道貫通，玄
武湖水與青溪水形成循環流動的活水體系，其關鍵的連接點就在於天淵池面
積的擴大。從總體效果來看，通過天淵池為溝通媒介的流動活水體系，不僅
有利於京師建康的宮城防火，還有效加強了宮城的禁衛防護能力，同時還具
有美化環境、防暑降溫的效果。經過宋文帝元嘉時期較大規模建設後的建康，
其城市建築佈局不僅進一步將宮城、園林聯為一體，還構建起一個流通於全
城的有機循環活水體系，有史實表明，宋文帝元嘉時期的建康城市建築佈局，
特別是其貫通全城的活水體系，直接為北魏後期的洛陽城內水體建設提供了
借鑒。徵諸史載，北魏後期通過天淵池將穀水引入洛陽華林園，從而將華林
園、宮城、西遊園、翟泉、陽渠水、鴻池陂與洛水、伊水等聯成一體，使得
洛陽形成四面被活水環繞、城內水道縱橫的建築格局，與宋文帝通過擴建天
淵池所構建的活水體系，存在著十分相似之處。〔註38〕

〔註35〕《宋書》卷六十六《何尚之傳》：「二十二年，遷尚書右僕射，加散騎常侍。
是歲，造玄武湖，上欲於湖中立方丈、蓬萊、瀛洲三神山，尚之固諫乃止。
時又造華林園，並盛暑役人工，尚之又諫，宜加休息，上不許……」（第1734
頁）按，何尚之遷尚書右僕射的時間，確在元嘉二十二年，校勘記據《宋書》
本紀已經指明。然而，宋文帝造玄武湖事，則在元嘉二十三年，《何尚之傳》
云「是歲」，將其事置於二十二年，誤。蓋因史家敘事，在文字上有所省略，
以致此誤也。

〔註36〕按，文中所徵引之《資治通鑒》諸書，均不載東晉建康華林園內有山，故知
景陽、武壯諸山當為宋文帝新起；天淵池則為東晉時已有，故相關文獻所載
宋文帝「鑿池名天淵」，措辭並不嚴謹，準確地說，宋文帝只是對天淵池進行
了擴建。

〔註37〕參見前揭《中國古代都城制度史研究》所附圖43「東晉都城建康平面圖」、圖
44「南朝梁都建康平面圖」，第151、152頁。

〔註38〕請對照參閱《洛陽伽藍記圖》，按，此圖主要參考楊守敬《水經注圖‧洛陽城
圖》（清光緒三十一年刻本）及勞榦《北魏洛陽城圖的復原》（《中央研究院歷
史語言研究所集刊》第20本上，1948年，第299～312頁）。另外，還可參閱
【北魏】楊衒之撰，范祥雍校注：《洛陽伽藍記校注》（上海，上海古籍出版
社，1978。）所附之相關示意圖。

　　我們這裏要特別指出的是，魏晉南北朝時期的建康與洛陽，二者在城市建設方面，其實存在相互借鑒、相互學習的關係。諸史所記載的六朝都城建康華林園係模仿「京洛」之制，應當是指東晉南朝都城建康對漢、魏、西晉洛陽城建的借鑒〔註39〕；北魏孝文帝遷都後的洛陽城市建設，則是在借鑒平城城市規劃的基礎上，作了進一步發展，而平城的城市建築佈局，則除了「量準魏晉基址」之外，還曾參考了南朝首都建康的城市建築設計。〔註40〕所以，從這個層面來說，孝文帝遷都後的洛陽城市建設，實際上也受到南朝建康城市佈局的深刻影響，易言之，北魏孝文帝遷都後，洛陽的城市建設在參考舊有漢魏洛陽城建佈局的基礎上，又融入了東晉南朝都城建康城市佈局的特色，一定程度上體現出建築文化上的「南朝化傾向」。如果從園林建設的角度來說，則北魏洛陽之華林園，在某種意義上，又反過來借鑒參考了東晉南朝建康華林園的佈局。

　　總而言之，東晉南朝時期建康華林園的建設，主體工程在東晉時已經完成，但是包括景陽山、天淵池等標誌性建築在內，則主要完成於宋文帝元嘉時期。元嘉時期所奠定的依山傍水，引城外之水進入宮內，使城內形成水道交錯、循環流動的範式，又為其後的北魏新都洛陽所借鑒參考。〔註41〕從這

〔註39〕前揭《中國古代都城制度史研究》有云：「建康宮殿佈局沿用魏晉洛陽的舊制。」（第149頁）證諸《資治通鑑》卷一一三晉安帝元興二年（403）十二月癸丑條胡注云：「洛都華林園北有聽訟觀……建康倣洛都之制，亦置之。」（第3556頁）

〔註40〕《魏書》卷九一《術藝·蔣少游傳》：「後於平城將營太廟、太極殿，遣少游乘傳詣洛，量準魏晉基趾。後為散騎侍郎，副李彪使江南……及華林殿、沼修舊增新，改作金墉門樓，皆所措意，號為妍美。」（第1971頁）按，李彪、蔣少游此次出使南齊，還有另外一個重要使命，據《南齊書》卷五七《魏虜傳》云：「（齊武帝永明）九年，遣使李道固（按，即李彪，彪字道固）、蔣少游報使。少游有機巧，密令觀京師宮殿楷式。清河崔元祖啟世祖曰：『少游，臣之外甥，特有公輸之思。宋世陷虜，處以大匠之官。今為副使，必欲模範宮闕。豈可令氈鄉之鄙，取象天宮？臣謂且留少游，令使主反命。』世祖以非和通意，不許。少游，安樂人。虜宮室制度，皆從其出。」（第990頁）按，齊武帝永明九年，即公元491年，正處於北魏孝文帝正式遷都洛陽前夕，蔣少游前往建康，密觀其京師建築「楷式」，既是為了平城建設的需要，也是為未來的新都洛陽建設作準備。由此可知，北魏新都洛陽在城市建設方面，模擬南朝都城建康處甚多。

〔註41〕前揭《中國古代都城制度史研究》亦云：「東晉、南朝建康的佈局，對北魏重建洛陽是很有影響的。北魏孝文帝在改建平城的過程中，除了派蔣少游到洛陽丈量魏晉宮室基址以外，還派蔣少游作為李彪副使一同出使南齊觀摹建康

個角度來說，宋文帝對建康華林園的建設，對於南北朝時期的華林園甚至所有園林建築的佈局都有重要影響，以言南朝，其後的齊、梁、陳三代，對華林園儘管也都曾進行過一些建設，但主要是增建或擴建了一些殿堂樓閣，卻不能對華林園的總體佈局進行重新謀劃。

四、六朝建康華林園之建築格局及其文化意蘊

中國古典園林建築藝術以魏晉南北朝爲分界點，此前秦漢時期的園林主要以人工建築爲主體，如秦始皇在渭南修建的上林苑，雖然也曾築山鑿池，但主體建築卻是綿延達 300 餘里的宮殿、臺樹；漢武帝在建章宮、未央宮和上林苑中雖然也曾築山掘池、種花植樹，但總體上仍偏重於離宮別館的建設，因此，秦漢時期的園林建築佈局，主要以樓閣臺樹等建築爲主，並較多地帶有先秦時期古圃遊獵的風情。〔註42〕

從魏晉南北朝時期起，中國古典園林建築佈局開始發生變化，由以前的人工建築爲主體轉向以山水爲主體，由軸線對稱轉向因形隨勢、順其自然，強調人工與自然和諧統一爲建築風格。〔註43〕作爲魏晉南北朝時期園林建築的傑出代表，華林園在中國古代園林建築史上，特別是魏晉南北朝園林建築史上，具有極其重要的地位和影響。作爲魏晉南北朝時期園林建築的典範，華林園不僅集中體現了當時的園林建築藝術水平，更體現了中國園林建築的文化意義。中國傳統園林建築，特別強調人工與自然的和諧一致，在建築藝術上注意融人工建築於自然的同時，更以自然襯託人工之巧妙，這種建築風格和設計理念，正與「天人合一」等傳統哲學思想相吻合，蘊含著中國傳統文化的意義。以華林園中的建築而言，如景陽山、天淵池的興建，就體現了

宮殿規模。後來孝文帝任命大臣設計重建洛陽宮殿和官署，就是綜合過去南北幾個都城佈局的優點，作了進一步的改進。」（第 164 頁）實際上，北魏孝文帝重建洛陽，不僅官署佈局有借鑒建康之處，包括華林園在內的園林建設上，也頗多參考。當然，需要指出的是，東晉南朝都城建康，也是在模擬漢魏舊都洛陽和鄴都等城市建築佈局而有所發展的。

〔註42〕劉策撰：《中國古代苑圃》，第 5 頁，銀川，寧夏人民出版社，1983。
〔註43〕按，中國古典園林建設發生明顯變化，從先秦秦漢時期注重人工建築，轉向師法自然、融於自然、順乎自然、表現自然，既是中國傳統「天人合一」文化觀影響的必然結果，也與佛教的傳入、老莊哲學的重新流行及其玄學化所導致的文化轉型，有某些關係，老莊哲學追求無爲而治、玄學講究遂心適性、佛教則主張四大皆空，這些思想體現到園林建設方面，那就是轉向崇尚自然。

「仁者樂山，智者樂水」的儒家思想。〔註44〕再如，魏文帝曹丕始創、歷代都有所立的「茅茨碑」、「茅茨堂」，則是模仿堯、舜、禹卑宮室而天下承平所建，體現了「儉以養德」的儒家思想。一言以蔽之，華林園中的所有建築，包括其建築格局、建築風貌，均有其特定的文化含義。

魏晉南北朝華林園的基本建築格局和風貌，可從洛陽、建康、鄴城三地的園林建築中窺見一斑，其中尤以洛陽、建康最具代表性。故本文在闡述六朝建康華林園建築格局及其文化意蘊時，將洛陽、鄴城華林園作爲比對參考的對象。

（一）華林園之山水林木

山水林木乃是構成園林的最基本要素，故大凡園林，其中必定堆山成水、廣植花草樹木。作爲魏晉南北朝園林的傑出代表，華林園中的山水林木，集中體現了中國古代園林文化的意蘊，其中北魏洛陽華林園的山水林木佈局，乃是在繼承漢魏舊制和參考南朝都城建康華林園的基礎之上而完成，可謂冶古今之華、萃南北之英，其園林建築佈局之影響，不僅下及唐、宋，甚至到明、清時代，園林建築仍受其影響，有學者指出，清朝皇宮北面的景山、北海形制，就是淵源於北魏洛陽皇家園林。〔註45〕

洛陽華林園中不僅樹木茂盛，而且種類繁多。洛陽華林園中的樹木，自魏明帝曹叡即已開始經營，史言魏明帝於芳林園西北陬起土山，使公卿群僚皆負土成山，「樹松竹雜木善草於其上，捕山禽雜獸置其中」。〔註46〕時至西晉，華林園中樹木種類更多，僅據《晉宮閣銘》所載即有 32 種之多。〔註47〕現代植物學研究學表明，爲增強樹木的抗病能力和提高植物花粉的授粉率，

〔註44〕如北魏孝文帝遷都洛陽後，郭祚就曾勸説其重建華林園，據《魏書》卷六四《郭祚傳》云：「高祖曾幸華林園，因改故景陽山，祚曰：『山以仁靜，水以智流，願陛下修之。』高祖曰：『魏明以奢失於前，朕何爲襲之於後？』祚曰：『高山仰止。』」（第 1422 頁）

〔註45〕許鎖孚撰《河洛定鼎地‧洛陽卷》有云：「北魏洛陽城在城市的總體規劃上……爲唐、宋、元、明、清宏大的京都規劃提供了借鑒。它把秦漢以來分散的宮苑佈局，集中於皇宮區域，是我國園林史上轉折的里程碑。至今尚存的北京清朝皇宮北的景山、北海形制，就淵源於北魏洛陽皇家園林。」（第 148 頁，北京，中國人民大學出版社，1994。）

〔註46〕《三國志》卷三《魏書‧明帝紀》景初元年十二月，注引《魏略》，第 110 頁。

〔註47〕關於《晉宮閣名》所載洛陽華林園中的樹木的種類及其具體統計數字，前揭拙文《魏晉南北朝時期的華林園——以洛陽、建康兩地爲中心論述》有較爲詳細的考論，茲不贅述。

樹木種植必須在允許範圍內盡可能地多樣化，華林園中樹木種類繁多，說明當時的樹木栽培技術已達到相當水平。西晉洛陽華林園樹木中果樹尤多，據陸機與弟陸雲書信記載：「天淵池東南角有果，各作一林，無處不有，縱橫成行，一果之間，輒作一堂。」〔註48〕西晉華林園中果樹栽培之成規模，由此可見一斑。及至北魏，洛陽華林園中的果樹種類更多，數量更成規模，據楊衒之《洛陽伽藍記》所載，北魏洛陽華林園中有「百果園」，顧名思義，果樹種類之多可想而知，其中所載王母棗、王母桃則是百果中的珍品。

北魏華林園中樹木種類之所以如此眾多，除了出於皇家遊玩休閒的需要之外，與洛陽城的整體綠化也是和諧一致的。研究表明，儘管中國古代城市建設向來就有植樹造林、綠化居住環境的傳統，但一般情況下並無統一規劃，而北魏洛陽的城市綠化則完全是有目的和有規劃的。〔註49〕因此，從這個意義上說，華林園中的樹木種植，更是經過了精心的設計和規劃，從而與整個城市的綠化環境達到完美的統一。

六朝都城建康，其地理、氣候等條件，與洛陽相比，更適合樹木生長，因此建康華林園中的樹木，史籍所載雖不如洛陽華林園詳細具體，但其中的奇花異木，必定不會比洛陽遜色。對於建康華林園的樹木植被情況，我們可以從時人所撰有關華林園的辭賦見其一斑。如劉宋江夏王劉義恭曾撰《華林清暑殿賦》，其中有云：「列喬梧以蔽日，樹長楊以結陰……業芳芝以爭馥，合百草以競馨」〔註50〕；又如，江總《芳林園天淵池銘》描寫了陳朝華林園的景色，其中云：「前瞰萬雉，列樹參差，卻拒三襲，危巒聳峭，璊鳥異禽，自學歌舞，神木靈卉，不知搖落。」〔註51〕梁朝的裴子野，則以其華麗的文辭，為我們描述了建康華林園山水樹木與宮殿樓閣的渾然一體，以及這種美景給遊園者所帶來的身心俱醉的感受，賦云：

> 諒無庸於殿省，且棲遲而不事。譬籠鳥與池魚，本山川而有思。
>
> 伊暇日而容與，時遨遊以蕩志。正殿則華光弘敞，重臺則景陽秀出。

〔註48〕【宋】李昉編：《太平御覽》卷九六四引《陸機與弟雲書》，第4277頁下欄，北京，中華書局（縮印商務印書館景宋本），1960。

〔註49〕【韓】金大珍撰：《北魏洛陽城市風貌研究——以〈洛陽伽藍記〉為中心》（北京師範大學歷史學博士學位論文，完成時間：2002年12月，指導教師：黎虎教授；文藏北京師範大學圖書館），第20頁。

〔註50〕《藝文類聚》卷六十二《居處部二》「殿」條引，第1125頁。

〔註51〕《藝文類聚》卷九《水部下》引江總《芳林園天淵池銘》，第174頁。

赫奕翬煥，陰臨鬱律，絕塵霧而上征，尋雲霞而蔽日。經增城而斜趣，有空甖巇之石室。在盛夏之方中，曾匪風而自慄。溪谷則沱潛派別，峭峽則險灘壁立。積峻寶，溜闌干，草石苔蘚，駮犖叢攢。

既而登望徙倚，臨遠憑空，廣觀逖聽，靡有不通。〔註52〕

從中可見，六朝都城建康華林園的營構，充分體現出人工美與自然美的合諧統一，遊人一入園中，不僅能夠飽覽雲蒸霞蔚、峭壁流溪之美景，更會直接感受到一種暇日容與、遨遊蕩志的恬淡從容。可以說，正是華林園綠樹成蔭、山水連綿的建築佈局，才給人帶來了這種身心俱醉、怡然自得的閒情逸致，對此晉孝武帝可謂感同身受，他在一次遊園時，曾大發感慨，說道：「會心處不必在遠。翳然林水，便自有濠、濮間想也。覺鳥獸禽魚，自來親人。」〔註53〕本來，這種翳然林水、鳥獸親人、超然物外的感受，只有置身野外、親近自然，才有可能體會得到。而今，這種體驗竟然在移步華林園之後，便已獲得。建康華林園之美景如畫、意境如詩，由此不難想見！

（二）華林園之亭臺樓閣

六朝建康華林園人工建築頗多，包括山水（景陽山、武壯山、天淵池）、館舍、室宇、樓閣、亭臺等。前揭許嵩《建康實錄》，記述建康華林園的建築名稱最爲集中，大致包括如下：通天觀，景陽樓（或作慶雲樓、景雲樓），靈曜前、後殿，芳香（琴）堂（或作連玉堂），日觀臺，光華殿，鳳光殿，醴泉堂，一柱臺，層城觀，興光殿，重雲殿（閣），朝日明月樓，聽訟殿，臨政殿。

還有一些建築名稱散見於其它文獻，如：大壯觀，迎風殿，商飆觀（以上見《建康宮殿簿》）；聽訟觀（《通鑒》卷一一三、《晉書》卷九九）；延賢堂（《通鑒》卷一二〇、一二三，《宋書》卷三、五、二九，《晉書》卷二七）；宴居殿（《南史》卷二五）；竹林堂（《宋書》卷七，《魏書》卷九七）；清暑殿（《晉書》卷八三）。

上述建康華林園人工建築，其命名是否帶有一定規律性？其名稱又蘊含著什麼樣的文化意義？這些都值得深入探究。如前所言，中國古典園林建築

〔註52〕《藝文類聚》卷六十五《產業部下》引裴子野《遊華林園賦》，第1162頁。

〔註53〕【南朝宋】劉義慶著，【南朝梁】劉孝標注，余嘉錫箋疏，周祖謨、余淑宜、周士琦整理：《世說新語箋疏》卷上之上《言語第二》「簡文入華林園」條，第120～121頁，上海，上海古籍出版社，1993。

至魏晉南北朝時期發生明顯轉型，即由此前的強調人工建築，轉而爲注重順應自然的山水形勢，這個轉變在很大程度上，其實意味著對園林佈局意境的關注。以六朝建康華林園而言，其中的人工建築，也必須在順應山水自然形勢的基礎上，表現其特定的文化涵義。按，中國古典園林中景的意境，大致分爲治世、神仙、自然三種境界，以上三種境界分別對應著儒家、道家和佛、道二教的某些理念。以言儒家，其所關注的重點爲人世，故強調社會責任感，重視倫理道德價值和國家治理的政治意義，這種思想反映到園林造景上，就是治世境界。以老莊哲學爲代表的道家，則以順乎自然爲準則，喜歡恬淡幽靜、講究修身養性，故園林置景上，更多地表現爲充滿浪漫氣息的自然境界。至於佛、道二教，前者追求涅槃、後者幻想成仙，故在園林造景上，很自然地就表現爲神仙境界。以六朝而言，東晉時期玄學流行，進入南朝逐漸表現爲玄佛交融，但儒家學說作爲封建君主專制政治體制的文化思想基礎，其核心地位卻是從來也沒有動搖過。這就是我們分析探求建康華林園人工建築所蘊含的意義，所必須關注的時代背景。

首先要指出的是，並非所有的建築名稱都蘊含有特別的文化意義，如洛陽華林園中的「藏冰室」，應當就是儲藏冰塊的房舍，其之所以名爲「藏冰室」，應該因其實際功能而來。再如，建康華林園有「清暑殿」、洛陽華林園中有「寒露館」，二者大概都是爲了夏天避暑納涼而建造，其得名亦因實際生活中的用途而來，因此也不一定蘊含有特殊的文化意義。再如「竹林堂」，建康、洛陽兩地華林園均有以此爲名的堂室，儘管不排除其可能含有追慕「竹林七賢」之涵義，但四周環植竹林，則可能是其得名「竹林堂」的主要原因。

不過，華林園中的建築名稱，多數還是有其文化層面上的意蘊，尤其是具有關懷現實的儒家文化涵義，有些名稱甚至可以直接表明該建築之政治用途。茲舉例言之。

1、聽訟觀、聽訟殿、臨政殿、宴居殿：據《資治通鑒》載，晉安帝元興二年（303）十二月癸丑，「桓玄臨聽訟觀閱囚徒。」胡三省注云：「洛都華林園北有聽訟觀，本平望觀也。魏明帝以刑獄天下大命也，每斷大獄，常幸觀聽之，大和三年，更名聽訟觀。建康倣洛都之制，亦置之。」〔註54〕洛陽華林園聽訟觀的具體位置，又據《資治通鑒》胡注引《水經注》云：「平望觀在

〔註54〕《資治通鑒》卷一一三晉安帝元興二年（303）十二月，第3556頁。此事《晉書》卷九九《桓玄傳》亦載，云：「是月，玄臨聽訟觀閱囚徒。」（第2596頁）

華林園東南，天淵池水徑觀南。」〔註55〕可見，洛陽聽訟觀位於華林園的東南角，天淵池水流經聽訟觀的南面。

　　魏晉南北朝華林園置聽訟觀，始於曹魏，其後歷代華林園均有設置。以建康而言，當自司馬睿渡江創建東晉以後，即在華林園中設置，宋、齊、梁諸朝皇帝於聽訟觀理獄事，頗見史載（詳見下文所論）。至於聽訟殿，即聽訟觀之正殿也。

　　與聽訟堂或聽訟殿情況相類者，如「臨政殿」、「宴居殿」，之所以得名，也是因為其實際政治用途。蓋臨政殿者，皇帝臨朝聽政之殿也；宴居殿者，皇帝居中宴賞之殿也。無論是臨朝聽政，還是宴賞臣僚，均為封建政治之重要內容。

　　2、延賢堂：據《資治通鑑》載，宋文帝元嘉三年（426）五月，「丙午，上臨延賢堂聽訟」，胡三省注云：「延賢堂在建康華林園。」〔註56〕延賢堂之得名，顧名思義，意為招納賢才。徵諸史載，建康華林園延賢堂始建於東晉，據《晉書·五行志》載，晉孝武帝太元十三（388）年十二月，「乙未，延賢堂災。是月丙申，螽斯則百堂及客館、驃騎府庫皆災。于時朝多弊政，衰陵日兆，不哲之罰，皆有象類，主相不悟，終至亂亡。會稽王道子寵幸尼及姆母，各樹用其親戚，乃至出入宮掖，禮見人主。天戒若曰，登延賢堂及客館者多非其人，故災之也。」〔註57〕《晉志》記錄此條災變，旨在說明修建延賢堂之本義，乃是為了招聚賢士，然而，當時「登延賢堂及客館者多非其人」，上天因此降下災禍，以示天譴不爽。

　　及至南朝，尤其是在劉宋一朝，延賢堂的政治功能進一步拓展，就史料所顯示的信息來看，劉宋時期延賢堂經常常被皇帝用作聽訟的地點，有時也策試秀才孝廉——這正符合「延賢」之名。如永初元年（420）十二月「辛巳朔，車駕臨延賢堂聽訟。」〔註58〕永初二年（421）二月「乙丑，車駕幸延賢堂策試諸州郡秀才、孝廉。揚州秀才顧練、豫州秀才殷朗所對稱旨，並以為著作佐郎。」〔註59〕同年十月「癸卯，車駕於延賢堂聽訟。」〔註60〕宋文帝

〔註55〕《資治通鑑》卷七一魏明帝太和三年（229）十月「改平望觀曰聽訟觀」條胡注，第2257頁。

〔註56〕《資治通鑑》卷一二〇宋文帝元嘉三年（426）五月，第3785頁。

〔註57〕《晉書》卷二七《五行志上》，第807頁。

〔註58〕《宋書》卷三《武帝紀下》，第56頁。

〔註59〕《宋書》卷三《武帝紀下》，第56頁。

也經常在延賢堂聽訟，如元嘉三年（426）五月，「丙午，車駕臨延賢堂聽訟……六月……丙寅，車駕又於延賢堂聽訟。」〔註61〕元嘉五年（428）十月，「甲辰，車駕於延賢堂聽訟。丙子，又聽訟。」〔註62〕元嘉八年（431）三月，「甲申，車駕於延賢堂聽訟。」〔註63〕

　　根據上述諸例，我們似可進一步推測，建康華林園中的建築名稱，多數可能含有特定意蘊，即便這些建築原本是爲帝王享樂之用而興造，也往往包含一定的傳統文化意蘊，或因其實際政治用途，或以契合儒家思想內涵的稱號爲之命名。

五、建康華林園之政治化：華林園與東晉南朝政治之關係

　　建康華林園的功能，首先在於它是東晉南朝皇室休憩、遊樂的場所。有關這方面的記載史不絕書，舉凡宴飲慶賀、蕩舟垂釣、博戲騎射諸般遊戲，均可在華林園中進行。

　　南朝一些被目爲「昏君」的少年皇帝，最喜歡的遊戲，竟然是在華林園中扮演乞丐，或是模擬市場交易。如劉宋少帝劉義符，就經常在華林園中與弄臣嬉笑取樂，據《宋書·少帝紀》載，少帝常在園中與左右「引船唱呼，以爲歡樂」，甚或時至夜晚，也樂不思歸，「夕游天淵池，即龍舟而寢。」後來，徐羨之、傅亮等人發動政變，就選擇少帝在華林園嬉耍的時候，史載徐、傅等擁兵而至，少帝依然作樂園中，渾不知大禍已經逼近，「時帝於華林園爲列肆，親自酤賣。」〔註64〕前廢帝劉子業，也喜歡在華林園中遊玩，如史書記載他經常在華林園竹林堂中，令宮女玩裸體追逐的遊戲〔註65〕；宋明帝劉彧率阮佃夫等人發動政變時，前廢帝正在華林園竹林堂中玩「射鬼」的遊戲。〔註66〕

　　實際上，不僅這些「荒主」、「幼主」耽溺於華林園嬉戲，就是那些所謂的「明君英主」，也經常流連其間，文獻典籍有關南朝帝王「駕臨」、「駕幸」

〔註60〕　《宋書》卷三《武帝紀下》，第 58 頁。
〔註61〕　《宋書》卷五《文帝紀》，第 75 頁。
〔註62〕　《宋書》卷五《文帝紀》，第 77 頁。
〔註63〕　《宋書》卷五《文帝紀》，第 80 頁。
〔註64〕　《宋書》卷四《少帝紀》，第 66 頁。
〔註65〕　《資治通鑑》卷一三〇宋明帝泰始元年（465）十一月，「先是帝遊華林園竹林堂，使宮人倮相逐，一人不從命，斬之……」（第 4088 頁）
〔註66〕　《宋書》卷七《前廢帝紀》，第 146 頁。

華林園的記載，可謂俯拾皆是。由此看來，我們對於南朝帝王每每遊幸華林園，不能僅僅從貪圖享樂的角度去分析其中原因，其背後可能還有值得深入挖掘的內容。

按，君主專制集權的政治體制，賦予封建帝王以至高無上的權力，皇宮禁地的高牆大院，的確富麗堂皇，威風顯赫。然而，「侯門一入深如海」，巍峨崇高的禁宮大內，既是無限權力的來源地，同時也是壓抑人性的囚籠。從「人性」的角度來說，封建帝王與普通人一樣，也渴望能夠獲得自由表達胸臆的機會，從而一舒沉悶壓抑的心情。與深宮大院的壁壘森嚴相比，華林園的旖旎風光、天然情趣，對於這些平日難得閒暇、疏離自然的帝王來說，也就具有無法抗拒的誘惑力。完全能夠想像得出，如詩如畫的蔥蔥綠蔭、嚶嚶成韻的禽鳥爭鳴、淙淙流淌的碧水清溪，該是多麼令人耳熱目迷，該是如何讓人心醉神往！可以說，華林園令人心曠神怡的自然風光，讓那些平時最不得自由的帝王們，一時間獲得了「人性」的舒張，於是，他們便依依不捨地徜徉於此山水間矣！當他們在享受華林園的愜意之餘，不免在有些時候，把一些急切的軍政大事，就近在華林園中加以處理。一為之甚，其可再乎？類似的情況多了，偶然也就不再是偶然了。久而久之，皇帝們便開始有意識地將一些不拘場地的政事，從莊嚴廟堂挪到園中辦理，於是華林園就在不知不覺中充當了「第二廟堂」，從而與現實政治產生密切聯繫。

對於華林園與現實政治之間的關係，我們姑且稱之為「華林園的政治化」，其確切時間尚難判定。這是因為君主專制的政治體制，決定了皇帝的意志就是法律，他可以不分場合、隨時隨地決策施政。所以，即便在興建之初，華林園之用途原本在為帝王提供一處遊樂的場所，也不能排除帝王因為一時興之所至，而對某件政事，甚至是國家大政方針做出決策，例如魏明帝曹叡，自芳林園修成以後，就曾在此處理政務。這樣一來，華林園就在無形之中充當了封建帝王的一個辦公地點。不過，其時華林園的「辦公」職能，還具有較大偶然性，無論皇帝本人，還是奏事大臣，對此大概都不會有明確意識，在華林園中參決政事，也僅僅是一種少見的非常態化政治現象。但是，隨著這種「非常態」政治現象的增加，華林園與現實政治的聯繫愈發緊密，由此造成它在政治生活中的作用日益重要。

需要指出的是，由於遊樂功能為華林園的天然屬性，因此即使在華林園與政治發生聯繫、甚至這種聯繫日益密切以後，這項功能也始終保持下來。

只不過這樣一來，就造成了一種新的狀況，由於華林園的政治功能與遊樂功能已然混雜，從而造成一些政治問題的決斷，恰恰是在皇帝遊樂的時候做出。類似這種政治與娛樂交錯混雜的情況，在某種意義上，正可視爲封建政治的弊病和隨意性之所在。蓋政治決策與嬉戲遊樂，本爲風馬牛不相及的兩種社會活動，前者之爲事，可謂極嚴肅、極刻板而容易令人身心俱勞；後者正好相反，爲輕鬆、隨意而令人身弛情怡之娛樂活動。如今，它們卻在封建政治中合而爲一，這就不禁使我們產生疑問：這究竟是政治，還是娛樂？或者政治在某些時候就是娛樂，而反之亦然？若兩者之間能夠以等號連接，那麼是不是也可以這樣理解：封建帝王的娛樂，也是一件極不輕鬆的事情。總之，由於封建政治體制本身存在的弊端，結果使得一切都「是彼而非彼」，政治因娛樂而變得隨意任性、有失嚴肅莊重，娛樂則因政治而變得鬱悶沉重、無法眞正做到放鬆身心、怡情舒性。

就文獻所透露的信息來看，魏晉時期華林園作爲處理政治的場所，尚屬罕見之偶然現象，進入南北朝時期以後，就較爲普遍了。我們甚至可以說，南北朝時期的華林園，儼然已經變成僅次於朝堂的第二個辦公場所，此時的華林園，政治色彩已經十分濃厚，「華林園的政治化」進程已經完成。南北朝時期「華林園的政治化」，可以概括爲如下四個方面：（1）華林園發生的自然現象，被看成治亂的標誌；（2）華林園成爲審理冤滯的法庭、宣揚恩德的講壇以及臣民上疏言事的重要場所；（3）華林園觀見或賜賞，成爲宣示帝王恩寵、表揚臣子榮耀的標誌性事件；（4）華林園由帝王遊冶的樂園，變成政治角逐的舞臺和政治謀殺的屠宰場。

以下試對此稍作具體闡述。

（一）華林園發生的自然現象，被理解爲治亂興衰的標誌，表明它已經政治化。

人類文明的初始階段，由於科學尚未昌明，人們對自然界所發生的種種異常現象，難以理解而對其充滿神秘畏懼之感，並往往賦予其特定意義，後來更是將這些自然現象同社會政治聯繫起來，舉凡一切祥瑞、災異的發生，在古人的觀念中，可能都是上天對人的某種啓示。中國古代「天人感應」、「天人合一」的思想觀念即由此而生。魏晉南北朝時期，以災異靈徵爲主題的五行學說，之所以能夠再次流行，既有傳統影響的因素，也與雅道淩遲、社會乖亂的時代背景有著密切的關係。

關於祥瑞、災異的記述，在魏晉南北朝相關典籍文獻中眾多蕪雜，如：《晉書》有《五行志》三卷、《天文志》三卷；《宋書》有《符瑞志》三卷、《天文志》四卷；《南齊書》有《祥瑞志》一卷、《五行志》一卷、《天文志》二卷；《魏書》有《靈徵志》二卷、《天象志》四卷；《隋書》有《天文志》三卷、《五行志》二卷。上述諸志，林林總總地記錄著當時所發生的種種「祥瑞」或「災異」。其時，無論南朝還是北朝，最高統治者無不迷信此道。徵諸史籍所載，發生於華林園的諸般「靈徵」、「災異」，在「靈徵」信仰中佔有非常重要的地位，舉凡華林園所發生的一切異常現象，有關負責人員都必須詳加記錄，並及時上報朝廷。

對於「靈徵」、「災異」的記錄，自曹魏已然，如魏文帝黃初四年（220）冬，「甘露降芳林園」〔註67〕，這是史籍所見華林園「靈徵」的最早文獻記載。其後，這方面的記載就日漸其多，如《宋書·符瑞志》所記載的發生在華林園中的「祥瑞」有：樹木「連理」5例、「異花同蒂」或「雙蓮同株」6例、「嘉禾」生園5例、「甘露」降園5例、「白雀見華林園」1例、「青雀見華林園」1例、「黃紫雲」出於園1例。所有這些都有人及時上報，其中「園丞」梅道念、陳襲祖上報次數最多，其它如「園令」臧延之、長沙王劉瑾等也都曾就此上報過。除專錄「靈徵」、「祥瑞」的《志》書而外，一些紀、傳中也有這方面的記述，如《梁書·武帝紀》就有「甘露連降華林園」〔註68〕的記載。

徵諸史載，發生於南朝華林園的「靈徵災異」，數量遠多於北朝。例如，《魏書·靈徵志》相關記載僅有兩條，一為世祖拓拔燾太平眞君五年（444）八月，「華林園諸果盡花」〔註69〕（按，此條記載爲平城華林園）。二爲肅宗元詡正光三年（522）十月，「甘露降華林園柏樹」〔註70〕。其中原因何在？竊意，這可能與南、北朝不同的政治局面存在某種聯繫，蓋因南朝政局動蕩、政變不時而有，北魏卻保持了較長時間的相對安定，而根據「天人感應」、「天人合一」的理論，社會的治亂興衰，上天必定會發出具有針對性的警示信號。

〔註67〕《三國志》卷二《文帝紀》注引《魏書》：「（黃初四年）十二月丙寅，賜山陽公夫人湯沐邑，公女曼爲長樂郡公主，食邑各五百戶。是冬，甘露降芳林園。臣松之按：芳林園即今華林園，齊王芳即位，改爲華林園。」（第84頁）

〔註68〕《梁書》卷二《武帝紀中》：天監四年（505）夏四月，「是月，自甲寅至壬戌，甘露連降華林園。」（第42頁）

〔註69〕《魏書》卷一一二上《靈徵志上》，第2912頁。

〔註70〕《魏書》卷一一二下《靈徵志下》，第2939頁。

（二）皇帝頻繁「聽訟」於華林園，也是華林園政治化的重要標誌。

這裏主要說東晉南朝建康華林園中的「聽訟」。

南朝華林園「聽訟」，主要發生在劉宋時期。宋高祖劉裕登基後，即頻繁「聽訟」，從永初元年（420）十二月第一次到延賢堂「聽訟」開始，於永初二年四月、五月、六月、八月、十月，先後 5 次「聽訟」於華林園或延賢堂（按，延賢堂在華林園中）。〔註71〕至宋文帝即位，華林園聽訟竟然已成「故事」，史載宋文帝元嘉元年（424）八月，「有司奏車駕依故事臨華林園聽訟。」〔註72〕有史可查的宋文帝「聽訟」，還有：元嘉三年（426）五月 1 次、六月 2 次、元嘉五年（428）十月 2 次、元嘉八年（431）三月 1 次，地點均在華林園延賢堂。〔註73〕孝武帝劉駿「聽訟」也頗爲頻繁，不過，他第一次「聽訟」的時間是元嘉三十年（453）十月，地點則在閱武堂（不知是否在華林園中？），巧合的是，他最後一次聽訟地點也是閱武堂，時間則爲大明五年（461）五月。在這個時間段中，孝武帝先後 11 次「聽訟」於華林園，時間分別爲：大明元年（457）五月、八月、十二月，大明二年三月、九月、十二月，大明三年四月、十二月，大明四年五月、九月、十二月。

與劉宋相較，齊、梁、陳三朝「聽訟」記錄相對要少得多，且均與華林園無涉。

《宋書》所載劉宋帝王「聽訟」，在某種意義上，正反映了該時期劉宋政治的某些特點，茲總結如下：

（1）在劉宋諸帝中，宋武帝、文帝、孝武帝三者，相對來說，尚屬「有爲之君」，他們勤於「聽訟」，至少表明他們確曾有意於勵精圖治。

（2）「聽訟」在某種意義上，可能反映了三朝政局的某些特點。以言宋武帝劉裕，作爲開國君主，他在一年左右的時間裏先後六次「聽訟」，「聽訟」如此頻繁，正反映了王朝草創時的政治背景，故其「聽訟」目的在很大程度上是爲了穩定新生的劉宋皇朝，而非審理冤獄。

宋文帝劉義隆的「聽訟」次數，較諸乃父乃子，都遠遠不及，而且都發生在統治初年，則可反映「元嘉之治」的某些特點，元嘉前期乃是宋文帝穩固皇權的重要時期，尤其是要通過一些舉措，在削弱少帝劉義符政治影響的同時，

〔註71〕詳參《宋書》卷三《武帝紀下》。
〔註72〕《資治通鑒》卷一二〇宋文帝元嘉元年（424）八月，第3772頁。
〔註73〕詳參《宋書》卷四《文帝紀》。

樹立起自己的政治威信。故而他要經常「聽訟」以順民情、應人心。當政權安定之後，宋文帝又開始將注意力轉移到北伐方面，此後處理與北朝的關係，成為貫穿元嘉一朝的中心政治問題，於是對「聽訟」便無暇顧及。

至於孝武帝劉駿，他對「聽訟」樂此不疲，與其說是他勤於政事，毋寧看作他猜忌成性的體現。在劉宋諸帝中，孝武帝劉駿和宋明帝劉彧是猜疑心特別嚴重的兩位皇帝。孝武帝對臣下的猜防，雖不似宋明帝那樣病態，但對左右群臣也是時時留意、處處提防。因此，他「聽訟」的行為，不免就令人心生狐疑。聯繫到許多政治事件都在華林園中發生或演繹，竊意那絕非單純意義上的「聽訟」，而可能另有政治圖謀，因為在每一次「聽訟」之後，長則十餘日，短不過二、三日，差不多都要發生政治上的重要變動——或是人事方面的較大調整，或是誅貶重臣，或是創設職官。如，大明元年（457）八月「壬寅（二十五），於華林園聽訟」，「甲辰（二十七），司空、南徐州刺史竟陵王誕改為南兗州刺史，太子詹事劉延孫為鎮軍將軍、南徐州刺史。」〔註74〕又如，大明三年（459）四月「癸卯（初六），上於華林園聽訟」，「乙卯（十八），司空、南兗州刺史竟陵王誕有罪，貶爵」〔註75〕；同年十二月「戊午（二十五），上於華林園聽訟」，「辛酉（二十八），置謁者僕射官。」〔註76〕諸如此類，幾乎概莫能外。

（3）孝武帝以後，基本就沒有再見到華林園「聽訟」的記錄，則反映了此後劉宋政治的荒亂局面，以言統治階級內部，權力之爭更加劇烈頻繁；以言外部環境，南北交爭、戰火頻仍，北強南弱的趨勢愈加明顯。如此內外交困的政治形勢下，自然就不會再有時間和精力去「聽訟」了。

總之，眾多華林園「聽訟」的史料記錄，不論其真相如何，究竟是真正的審理冤獄，抑或是進行其它政治謀劃，均足以說明南朝建康華林園的政治化，蓋華林園已成南朝政治策動之重要場所矣。

（三）華林園觀見或賜賞，成為宣示帝王恩寵、表揚臣子榮耀的標誌性事件，表明華林園已經政治化。

有關華林園「賞賜」、「燕射」等情況，南北朝均頗多記載。這裏主要說

〔註74〕《宋書》卷六《孝武帝紀》，第120頁。按，查陳垣《二十史朔閏表》，大明元年八月戊寅朔，壬寅為二十五日，甲辰為二十七日。

〔註75〕《宋書》卷六《孝武帝紀》，第123頁。按，大明三年四月戊戌朔，癸卯為初六，乙卯為十八日。

〔註76〕《宋書》卷六《孝武帝紀》，第125頁。按，大明三年十二月甲午朔，戊午為二十五日，辛酉為二十八日。

魏晉南朝的情況。

西晉泰始四年（268）三月，晉武帝司馬炎在華林園宴請蜀人羅憲，向他詢問蜀中賢才可敘用者，羅憲遂向他推薦了常忌、杜軫等人。〔註77〕在舉行的華林園宴會上，有時還要賦詩助興，如應貞就曾在晉武帝舉行的一次華林園宴會上，「賦詩最美」〔註78〕。宴飲或賜見於華林園，對於臣民來說，乃是一種至高無上的榮寵，因為能夠在華林園受到皇帝的召見，大都是朝廷重臣或近臣心腹。據諸史載，東晉孝武帝曾在華林園通天觀講孝經，當時「僕射謝安侍坐，尚書陸納侍講，黃門侍郎謝石、吏部侍郎袁宏執經，丹陽尹王緝讀句，論者榮之。」〔註79〕又如，孝武帝寵幸王雅，「深加禮遇，雖在外職，侍見甚數，朝廷大事多參謀議……帝起清暑殿於後宮，開北上閣，出華林園，與美人張氏同游止，惟雅與焉。」〔註80〕再如，何點與梁武帝有舊，及帝即位，手詔徵點以敘故友之情，「點以巾褐引入華林園，高祖甚悅，賦詩置酒，恩禮如舊。」〔註81〕由上述可見，能夠與宴或覲見於華林園，在魏晉南朝已成為顯示榮耀和地位的標誌。為了表現自己所獲得的與眾不同的榮寵，竟出現了臣下向皇帝借華林園以請客的事情，如史載陳朝司空侯安都，「自以有安社稷之功，驕矜日甚……又借華林園水殿，與妻妾賓客，置酒於其上，帝甚惡之。後竟誅死。」〔註82〕

魏晉南朝，華林園還成為皇帝與臣下講習藝文的場所，如劉宋泰始六年（470），宋明帝在華林園茅堂講《周易》，袁粲為其執經。〔註83〕梁武帝蕭衍本人文學素養甚高，經常在華林園中講藝，在侫佛以後，更是親自在園中撰製經文，宣講教義。除此而外，華林園宴會時賦詩，也可視為講習藝文的一種特殊方式，南朝文風綺靡，帝王將相幾乎都能吟詠幾句，因此每當華林宴聚時，免不了要附庸風雅一番，這方面的材料，《藝文類聚》記錄頗為不少，如劉宋孝武帝、江夏王劉義恭、尚書何尚之在一次聚會上，都撰寫了《清暑

〔註77〕《三國志》卷四一《霍峻傳》注引《襄陽記》（第 1009 頁）、《晉書》卷五十七《羅憲傳》（第 1552 頁）

〔註78〕《晉書》卷九二《文苑·應貞傳》，第 2370 頁。

〔註79〕前揭《景定建康志》卷二十二《城闕志》「通天觀舊在華林園內，宋元嘉中與景陽樓同造」條注引《金陵故事》，清文淵閣四庫全書本。

〔註80〕《晉書》卷八三《王雅傳》，第 2179 頁。

〔註81〕《梁書》卷五一《處士·何點傳》，第 734 頁。

〔註82〕《隋書》卷二二《五行志上》，第 624 頁。

〔註83〕《宋書》卷八九《袁粲傳》，第 2231 頁。

殿賦》〔註84〕；另一次聚會上，君臣又以華林都亭曲水爲對象，進行聯句遊戲。〔註85〕梁武帝也曾與臣下以清暑殿爲題，聯句賦詩。〔註86〕其它如晉武帝、劉宋徐爰、陳朝江總等，或賦詩、或撰銘，這些詩詞銘賦，主要內容不外是歌頌皇恩浩蕩，但從中也不難想見華林園景色、建築之美麗精緻。

（四）華林園的政治化，最重要的表現是這裏已經成爲政治謀劃、
　　　政治「屠殺」的重要場所，南北朝時期，有許多宮廷政變都
　　　在這裏進行。

在華林園發動政變，南、北朝均有，這裏主要說魏晉南朝的情況。

早在西晉時期，華林園就已成爲政變策源地之一，如趙王司馬倫發動政變，從誅殺張林開始，地點就選擇在華林園，史載「（孫）秀勸倫誅（張）林，倫從之。於是倫請宗室會於華林園，召林、秀及王輿入，因收林，殺之，誅三族。」〔註87〕

時至南朝，發生於華林園的政治鬥爭尤多。如劉宋初年，徐羨之等人發動政變，廢黜少帝劉義符，時少帝正在華林園中遊樂〔註88〕；前廢帝劉子業被廢殺，也是在華林園中。〔註89〕南齊武帝蕭賾也是在華林園中，不動聲色、兵不血刃地收捕了悍將張敬兒，「會上於華林園設八關齋，朝臣皆預，於坐收敬兒。」〔註90〕南齊宗室蕭諶恃功自傲，頗干朝政，所欲選用，輒命尚書使爲申論，齊明帝蕭鸞「聞而忌之，以蕭誕、蕭誄方將兵拒魏，隱忍不發。壬戌，上遊華林園，與諶及尚書令王晏等數人宴，盡歡；坐罷，留諶晚出，至華林閣，仗身執還省。」〔註91〕華林園已成南朝政變淵藪，在張敬兒與王敬則的一番對話中，有形象生動的展示，一次宮廷宴集，「既拜，王敬則戲之，呼爲褚淵。敬兒曰：『我馬上所得，終不能作華林閣動也。』敬則甚恨。」〔註92〕徵諸史傳，王敬則的政治生涯與宮廷政變聯繫至密，在宋明帝殺害前廢帝劉子業的政變中，

〔註84〕《藝文類聚》卷六十二《居處部二》，第1125頁。
〔註85〕《藝文類聚》卷五十六《雜文部二》，第1004頁。
〔註86〕《藝文類聚》卷五十六《雜文部二》，第1004頁。
〔註87〕《晉書》卷五九《趙王倫傳》，第1603頁。
〔註88〕詳參《宋書》卷四《少帝紀》。
〔註89〕詳參《宋書》卷七《前廢帝紀》。
〔註90〕《資治通鑒》卷一三五齊武帝永明元年（483）五月，第4255頁。
〔註91〕《資治通鑒》卷一四〇齊明帝建武二年（495）六月，第4388頁。
〔註92〕《南齊書》卷二五《張敬兒傳》，第473～474頁。

王敬則、壽寂之二人乃是主謀加元兇；在廢殺蒼梧王（即後廢帝）劉昱的政變中，王敬則既是蕭道成最重要的謀主，也是窮兇極惡的刀斧手；及逼宮宋順帝劉準，又是王敬則首當其衝，「以兵陳於殿庭」。〔註93〕與王敬則的政治生涯不同，張敬兒則「屬值宋季多難，頗獲野戰之力。拔迹行伍，超登非分。」〔註94〕即主要靠戰功得官。因此，張敬兒這番話的意思也就非常明確，意即自己的功名富貴，乃是疆場搏殺而來，不似王敬則一味依靠參與政變、弒殺前君主而來，可謂一語擊中王敬則的痛處，故「敬則甚恨」。不過，我們要加以注意的是，「華林閣勳」一語，正說明政變多發生於華林園。〔註95〕頗具諷刺意味的是，儘管張敬兒也知道華林園乃政變多發之地，但不久他自己卻也是敗亡於其中。〔註96〕

除流血的政變在華林園中演繹外，其它一些重要政治活動也經常在這裏進行，如「侯景之亂」發生後，侯景曾逼梁簡文帝在重雲殿上與自己禮佛為誓，云：「自今君臣兩無猜貳，臣固不負陛下，陛下亦不得負臣。」侯景與梁簡文帝發誓的地點，實際上也可以說是華林園，蓋重雲殿即在園中也。〔註97〕徵諸相關史載，還可以發現，諸如講武閱兵、召見大臣、宴請外賓等重大軍事、國事活動，也經常在華林園中進行，此例頗夥，這裏就不再羅列。

六、建康華林園管理機構略論

六朝建康華林園的管理工作，具體由哪個部門負責，也是一個必須解決的問題。為此，我們先大致追溯此前皇家園囿管理的相關情況。

據《漢書·百官公卿表》可知，西漢時期，主管皇家園囿的機構主要有鉤盾令、水衡都尉及其屬官；另外，步兵校尉因為「掌上林苑門屯兵」，也與皇家園林的管理具有一定關係。又徵諸《續漢書·百官志》，可知知東漢時期

〔註93〕詳參《南齊書》卷二六《王敬則傳》。
〔註94〕《南齊書》卷二五《張敬兒傳》，第474頁。
〔註95〕前揭李文才、賀春燕撰：《張敬兒、王敬則政治生涯之異同及其時代意義》，《許昌師專學報》2000年第1期，第67～71頁。
〔註96〕《南齊書》卷二五《張敬兒傳》：「永明元年，敕朝臣華林八關齋，於坐收敬兒。」（第474頁）
〔註97〕《資治通鑑》卷一六三梁簡文帝大寶元年（550）十一月：「（簡文）帝之即位也，（侯）景與帝登重雲殿，（胡注：據《梁紀》，重雲殿在華林園。項安世曰：梁華林園重雲殿前置銅儀。）禮佛為誓云……」（第5057頁）重雲殿既在華林園中，那麼說此事發生於華林園，並無不妥。

大致如此，亦由鈎盾令、上林苑令分工負責皇家園林之管理事宜。那麼，這些管理機構中，究竟哪些與後來華林園的管理機構有著直接的淵源關係？這種分工管理的方式，對華林園的管理有無影響？如果有，影響程度又如何？諸如此類的問題，都需加以辨析。

徵諸《漢書·百官公卿表》，鈎盾為少府屬官八官令丞之一，「主近苑囿」〔註98〕；除鈎盾以外，同為少府屬官的還有十六官令丞中的「甘泉居室」、「上林中十池監」〔註99〕，也都或多或少地與皇家園林的管理運作有一定關係。

水衡都尉及其官屬官，則為上林苑的直接管理機構，據《漢書·百官公卿表》「水衡都尉」條載：

> 水衡都尉，（〔一〕應劭曰：「古山林之官曰衡。掌諸池苑，故稱水衡。」張晏曰：「主都水及上林苑，故曰水衡。主諸官，故曰都。有卒徒武事，故曰尉。」師古曰：「衡，平也，主平其稅入。」）武帝元鼎二年初置，掌上林苑，有五丞。屬官有上林、均輸、御羞、禁圃、輯濯、鍾官、技巧、六廄、辯銅九官令丞。又衡官、水司空、都水、農倉，又甘泉、上林、都水七官長丞皆屬焉。上林有八丞十二尉，均輸四丞，御羞兩丞，都水三丞。禁圃兩尉，甘泉、上林四丞。成帝建始二年省技巧、六廄官。王莽改水衡都尉曰予虞。初，御羞、上林、衡官及鑄錢皆屬少府。〔註100〕

據諸所引《百官公卿表》可知，與西漢皇家園林——上林苑之管理有直接關係的官員，為水衡都尉，其下設五丞。水衡都尉之眾多屬官中，與皇家園林管理事務有關者，包括上林苑令、丞（二丞，後改為八丞、十二尉），御羞令、丞（二丞），禁圃令、丞（二丞，後加二尉），輯濯令、丞。

將鈎盾令與水衡都尉所屬之上林苑令二職加以比較，可知二者職掌有交叉重合之處，但側重點卻有較大區別。蓋鈎盾所主為「近苑囿」，即皇室附近的園林，這與後來華林園這一類職能主要在於為皇帝提供遊樂服務的園囿，更有相似之處。至於上林苑令，其所轄範圍卻要寬廣許多，只有其中的「禁圃」可能與後來的華林園主管機構關係稍為密切，因為就當時情況來看，上林苑雖然也是西漢皇家園林，但主要職能並非供帝王遊樂，而且上林苑面積

〔註98〕《漢書》卷一九上《百官公卿表上》「少府」條注引「師古曰」，第732頁。
〔註99〕《漢書》卷一九上《百官公卿表上》「少府」條，第731頁。
〔註100〕《漢書》卷一九上《百官公卿表上》「水衡都尉」條，第735頁。

廣大，域限不止於京師近畿，如前揭漢代水衡都尉屬官之一的「御羞」，顏師古注引如淳曰：「御羞，地名也，在藍田，其土肥沃，多出御物可進者，《揚雄傳》謂之御宿。《三輔黃圖》，御羞、宜春皆苑名也……師古曰：『御宿，則今長安城南御宿川也，不在藍田。羞、宿聲相近，故或云御羞，或云御宿耳。羞者，珍羞所出；宿者，止宿之義」〔註101〕且不論「御羞」或「御宿」，是否位於藍田，其本為皇家苑囿，且主要功能是為皇室提供御膳所需食材，有點類似皇室御用的菜園，則並無疑義。再者，「御羞」無論位於藍田縣境內，或是長安城南之御宿川，其距離皇宮頗遠，亦無需爭議。完全能夠想像得出，皇帝要到花園中遊玩，總不會驅車前往十數里之外的藍田或御宿川吧？綜合御羞「多出御物可進者」之特點，以及水衡都尉下屬職官多與經濟事務有關等情況，可知，上林苑的職能偏重於皇家所需物資的供應方面，有似於皇帝為自己保留的一塊「自留地」——負責提供皇家生活所需之物。上林苑既為皇家禁地，嚴加衛護自屬必須，上林苑的守衛任務，由步兵校尉承擔，即所謂「步兵校尉掌上林苑門屯兵」。

綜合而言，西漢時期的皇家園囿，已經有專門機構管理，少府屬官之上林苑令、鈎盾令負責園林之日常管理工作，而分工有所側重。皇家園囿的守衛工作，則由步兵校尉負責。由於這是一種多頭分責管理的機制，因此各署之職能，就難免有交叉重合之處，既有交叉重合，則分工不精、職責含糊不清的情況也就在所難免。當然，這種狀況，也正是一項制度或舉措初創時的正常現象。

相比之下，東漢皇家園林的管理職責及分工，就相對明確得多。據《續漢書·百官志》云：

> 上林苑令一人，六百石。本注曰：主苑中禽獸。頗有民居，皆主之。捕得其獸送太官。丞、尉各一人。〔註102〕

> 鈎盾令，一人，六百石。本注曰：宦者。典諸近池苑囿遊觀之處。（〔一〕《漢官》曰：「吏從官四十人，員吏四十八人。」）丞、永安丞各一人，三百石。本注曰：宦者。永安，北宮東北別小宮名，有園觀。苑中丞、果丞、鴻池丞、東園丞各一人，二百石。本注曰：

〔註101〕《漢書》卷一九上《百官公卿表上》「水衡都尉」條，第735頁。

〔註102〕〔晉〕司馬彪撰，〔梁〕劉昭注補：《續漢書志》第二十六《百官志三》「上林苑令」條，第3593頁，北京，中華書局，1965。

苑中丞主苑中離宮。果丞主果園。鴻池，池名，在雒陽東二十里。
南園在雒水南。濯龍監、直里監各一人，四百石。本注曰：濯龍亦
園名，近北宮。直里亦園名也，在雒陽城西南角。〔註103〕

從中可見，上林苑令與鈞盾令分工明確，上林苑的職官構成有令、丞、尉三
種，其職能較爲單一，主要負責各苑囿中的禽獸管理，凡捕得苑中禽獸者，
均需送交太官。此外，對於苑囿轄區附近居民，上林苑令亦有管理之責。

相對而言，鈞盾令的辦公機構較爲龐大，職官構成也更爲複雜，計有鈞盾
令、丞、永安丞、苑中丞、果丞、鴻池丞、東園丞、濯龍監、直里監諸職，祿
秩自六百石至二百石不等，其中鈞盾令及其下屬部門各有所司，所轄皆爲「近
池苑囿遊觀之處」，任職者全爲宦官。因爲「近池苑囿遊觀之處」，乃東漢皇帝
在處理朝政後之休憩、遊樂的處所，故爲其服務者均爲宦官，且人數眾多，僅
以鈞盾令而言，其下就統領者「吏從官四十人，員吏四十八人」的龐大隊伍。
眾所週知，宦官爲皇帝家奴，爲其左右最貼身之侍從人員，一般情況下，皇帝
到哪裏，宦官就出現在哪裏。所以，負責管理這些園林的鈞盾令及其屬官，就
必須用最體己的人擔任，論與封建皇帝最體己者，顯非宦官莫屬！

需要指出的是，無論西漢還是東漢，由於宦官屬內官系統，因此不可能
總攬園囿一切事務，如園林興造等土木事宜，就必須有外朝系統的官員承
擔。這一點在文獻中有明確記載，如《續漢書・百官志》「民曹尚書主凡吏
上書事」條，注引蔡質《漢舊儀》曰：「典繕治功作，監池、苑、囿、盜賊
事。」〔註104〕可見，民曹尚書不但要負責陂池苑囿等皇家園林的工程興造，
還同時擔負其治安的職責。至於上林苑，雖也是皇家禁苑，但由於距離皇宮
遠，皇帝如去巡幸，安全保衛等任務，就不再僅僅是宦官所能承擔得了的，
肯定需要朝官及禁衛軍的護駕。

魏晉南北朝時期，皇家苑囿的管理情況發生較大變化，主要表現爲鈞盾、
園池等機構依然存在，同時卻已經出現一個專職機構——華林園令，負責華
林園的管理工作。據《晉書・職官志》云：「大鴻臚，統大行、典客、園池、
華林園、鈞盾等令，又有青宮列丞、鄴玄武苑丞。及江左，有事則權置，無
事則省。」〔註105〕華林園令之職的出現，適足說明華林園地位的重要性，已

〔註103〕前揭《續漢書志》第二六《百官志三》「鈞盾令」條，第3595～3596頁。
〔註104〕前揭《續漢書志》第二六《百官志三》「尚書」條，第3597頁。
〔註105〕《晉書》卷二四《職官志》，第737頁。

經超過其它一般的皇家園林。華林園令一職的出現，應該在曹魏時期，因爲華林園地位的上陞，正是在這個時期。據前揭《晉志》所載，華林園令係大鴻臚屬官。然同志「光祿勳」條載：「光祿勳，統武賁中郎將、羽林郎將、冗從僕射、羽林左監、五官左右中郎將、東園匠、太官、御府、守宮、黃門、掖庭、清商、華林園、暴室等令。哀帝興寧二年，省光祿勳，并司徒。孝武寧康元年復置。」〔註106〕據此，則華林園令又爲光祿勳的屬官。

如何解釋華林園令兩屬這一現象呢？一種可能是，華林園令同時隸屬於大鴻臚、光祿勳，是在沿襲漢朝皇家園林多頭管理制的基礎上，進行了一些變革：另一種可能是，光祿勳省併以後，以華林園隸屬於大鴻臚，大鴻臚罷置時，則隸屬光祿勳，因爲江左以後，不僅大鴻臚「有事則權置，無事則省」，光祿勳也是如此（哀帝時省併，孝武時復置，正可以說明）。由此造成華林園令亦隨而置罷無常，而二者廢置的時間可能正好交錯開來。當然，第一種的可能性要大一些。但不論是何種情況，華林園令之職的出現，正表明華林園在皇家園林中的重要地位，已遠非其它園林可比。

華林園令及其屬官有哪些職掌？華林園管理工作的多頭領導體制，其分工側重點又是如何？由於史料囿限，這裏仍然只能作一些推測性判斷。據《隋書·百官志》載：

> 光祿卿，位視太子中庶子，掌宮殿門户。統守宮、黃門、華林園、暴室等令。〔註107〕

> 大長秋，主諸宦者，以司宮闈之職。統黃門、中署、奚官、暴室、華林等署。〔註108〕

> 光祿寺，掌諸膳食，帳幕器物，宮殿門户等事。統守宮、太官、宮門、供府、肴藏、清漳、華林（注：掌禁籞林木等事。）等署。〔註109〕

> 長秋寺，掌諸宮閤……領中黃門、掖庭、晉陽宮、中山宮、園池、中宮僕、奚官等署令、丞……園池署，又別有桑園部丞。〔註110〕

〔註106〕《晉書》卷二四《職官志》，第736頁。
〔註107〕《隋書》卷二六《百官志上》，第725頁。
〔註108〕《隋書》卷二六《百官志上》，第726頁。
〔註109〕《隋書》卷二七《百官志中》，第755頁。
〔註110〕《隋書》卷二七《百官志中》，第757頁。

據諸《隋志》可知，華林園之多頭管理體制，後來又演變爲外朝官（光祿卿、光祿寺）、內廷宦官（大長秋、長秋寺）的雙重領導體制。由於宦官主要在後宮爲帝王后妃服務，因此在領導華林園工作時，大長秋的職掌應該是負責皇帝、嬪妃遊園時的有關事宜，屬具體事務；光祿卿領導之華林園令，則承擔養護林木等事務，又因它屬於外部編制，因此看管門戶、外部戒嚴等警衛工作，也可能由其擔當。

華林園管理的雙重領導體制，至隋朝發生了一些變化。隋初雖屬王朝草創時期，但隋文帝對承繼下來的制度還是進行了一些釐革，就華林園的管理而論，華林園署仍歸諸光祿寺統領，但內官系統的長秋寺卻已經不再有華林園署的設置，據前揭《隋志》所載長秋寺的機構組成中，有園池署、桑園部丞，此二者職掌可能有涉及華林園管理事宜者，但已與當初設置專門管理機構的情況大爲不同，應該視爲轉型時期的一種過渡性措施。及至隋煬帝即位，情況再次發生變化，華林園的多頭管理體制開始演變爲單一的管理機制，而且，其上級主管部門也發生了變化，據《隋書・百官志》載，隋煬帝時，華林園不再屬於鴻臚寺，而歸諸司農寺：「司農寺統太倉、典農、平準、廩市、鉤盾、華林、上林、導官等署。各置令。（注：二人。鉤盾、上林則加至三人，華林惟置一人。）」〔註111〕這種變化在一定程度上固然是「煬帝即位，多所改革」的結果，但從另一方面說來，這也是勢所必然的事情，隨時間的流逝，社會各個方面都已發生重大變化，作爲制度本身，當然也要進行一些變革。

對於華林園令及其屬官的品級，也可以略作分析。據《隋書・百官志》載，隋煬帝改革後的職官品級，「光祿已下八寺卿，皆降爲從三品。少卿各加置二人，爲從四品。諸寺上署令，並增爲正六品，中署令爲從六品，下署令爲正七品。始開皇中，署司唯典掌受納，至是署令爲判首，取二卿判。丞唯知勾檢。令闕，丞判。五年，寺丞並增爲從五品。」〔註112〕據此可知，隋開皇三年（583）以前，華林園令的品級應爲正、從六品或正七品；開皇五年（585）以後，升爲從五品。又，隋唐制度源於南北朝，由此或可推論，魏晉南北朝時期的華林園令、丞之品級，大致也在六、七品之間（蕭梁因實行班位制，則可對應爲與六、七品相應的班數）。隋代華林園署的歸屬，雖或爲光祿寺、或爲司農寺，但在外朝官系統內，其品級應當保持不變，即爲六品或七品。

〔註111〕《隋書》卷二八《百官志下》，第777頁。
〔註112〕《隋書》卷二八《百官志下》，第797頁。

　　如前所言，南北朝時期，華林園是雙重管理體制，除了存在一個屬外朝
官系統的華林園署外，還有一個屬內官系統的長秋寺（監）可以對它進行領
導，「大長秋，主諸宦者，以司宮闈之職。統黃門、中署、奚官、暴室、華林
等署。」由於史籍沒有這方面的直接記載，因此我們只能根據隋代情況進行
一些大致的比附性推測。據《隋書・百官志》，長秋監置令一人，正四品，少
令一人，從五品，丞二人，正七品。長秋監的最高長官之品級，比其它寺監
的長官正好低一級，依理而論，其屬官自然應該依次降低。因此，我們大致
推測，南北朝時期屬內官系統的華林園署及其屬官，其品級相較於外官系統
的華林園署及屬官要低，大概爲從七品或者更低。不過，需要指出的是，在
封建政治制度下，與外朝官相較，內朝官更容易同皇帝接近，故而它所獲得
的實際權力往往要比制度規定的大得多，也更容易弄權。因此，就實際情況
而言，屬外官系統的華林園署及其屬官，雖然品級比內官系統的華林園署及
屬官略高，但實際權力卻可能比不上後者。

魏晉南北朝佛教史二題

言外來文化對中華傳統文化和中國社會影響之大者，當以佛教爲最。作爲世界三大宗教之一，佛教自東漢明帝時始傳入中土，至魏晉南北朝時期，通過與玄學的結合，得以在中土迅速傳播，至隋唐時期，逐漸完成了中國化的過程，從此走上獨立發展的道路，進而演化成爲中華傳統文化的一個重要組成部分。

佛教之傳入及其廣泛傳播，尤其是完成中國化以後，對傳統中國的社會、經濟、政治、思想文化等各個方面都產生了深刻影響。由於魏晉南北朝乃是佛教傳播的高潮時期，也是其開始中國化進程的準備時期，因此對於這一時期佛教進行研究，不僅對於佛教史的研究有意義，亦有助於我們認識和理解魏晉南北朝時期社會、政治、經濟、文化發展的歷史。由於自有其獨特的概念及細密繁瑣的思辨邏輯，不敏如我，斷不敢妄言對佛教有所研究，唯於平日研習中國中古史的過程中，不免涉及相關的佛教著述，思索處竟不無一得，不意草成篇章。茲不揣淺薄謭陋，以就正於方家。

之一：讀《高僧傳》述東晉南朝巴蜀僧人事蹟並推論

梁朝沙門釋慧皎所著《高僧傳》，不僅在佛教發展史上佔有重要地位，對於研究魏晉南北朝時期的社會、政治、經濟、文化，亦具有獨特的史料價值，因此倍受歷代學人之推崇。〔註1〕昔年攻讀博士學位期間，爲準備學位論文，

〔註1〕陳垣氏在《中國佛教史籍概論》一書中，從「主旨及內容」、「在史學上之利用」兩方面，對《高僧傳》加以介紹，其在「史學上之利用」一節引清人孫

曾翻閱此書，因論題屬南北朝時期益、梁地區政治變遷史範疇，故對於其中所載巴蜀地區或與巴蜀地區有過某些聯繫的「高僧」事蹟，曾稍加措意，然終因時間所限，對於這些史料，只能作一些片言隻語式的闡釋。近日偶有閒暇，能夠稍爲從容地重新閱讀該書，對於其中曾經關注過的巴蜀「高僧」事蹟，貫通推衍，竟似有所得，故以「推論」爲名，草成此篇。

一、巴蜀「高僧」與政府官員的交往

《高僧傳》所記載有關巴蜀地區僧人與政府官員往還的事例，頗爲不少，以下對此現象略加解釋。

《高僧傳》卷五《晉荊州長沙寺釋曇翼》：「釋曇翼，姓姚，羌人也，或云冀州人。年十六出家，事安公（按，指釋道安）爲師。少以律行見稱，學通三藏，爲門人所推。經遊蜀郡，刺史毛璩深重之，爲設中食，躬自瞻奉。見翼於飯中得一粒穀，先取食之，璩密以敬異，知必不孤信施。得後餉米千斛，翼受而分施。」〔註2〕此爲益州刺史毛璩禮重高僧。毛氏禮重高僧，其例尚不止於此，同書載蜀中龍淵寺僧釋慧持、惠巖、僧恭三人，均曾受到毛氏的禮敬，據其本傳略云：「釋慧持者，慧遠之弟也……持後聞成都地沃民豐，志往傳化，兼欲觀矚峨嵋，振錫瑶岫，乃以晉隆安三年（公元三九九年）辭（慧）遠入蜀……遂乃到蜀，止龍淵精舍，大弘佛法，井絡四方，慕德成侶，刺史毛璩雅相崇挹。時有沙門慧巖、僧恭，先在岷蜀，人情傾蓋，及持至止，皆望風推服，有昇（慧）持堂者，皆號登龍門。恭公幼有才思，爲蜀郡僧正，巖公內外多解，素爲毛璩所重。」〔註3〕這是說，慧持於東晉隆安三年（399）入蜀，因爲在龍淵寺弘揚佛法，而受到益州刺史毛璩的推崇。不僅慧持受到毛璩的禮重，先他來到巴蜀的慧巖、僧恭二僧，亦受到敬重。

星衍手記云：「慧皎《高僧傳》，《四庫全書》未及收。……僧人事蹟，率多文人粉飾，然六朝士夫，無所自存，遁入釋道，故多通品，辭理可觀，且足資考史，地方古迹亦可借證，實爲有用之書」（陳垣撰：《中國佛教史籍概論》卷二「《高僧傳》」條，第22～28頁，北京，中華書局，1962。）湯用彤氏素以研究中古宗教史聞名於世，他對《高僧傳》一書亦尤爲重視，並親自校注此書，以刊佈流傳，本文所引用之《高僧傳》版本，即爲湯用彤校注、湯一玄整理之版本，中華書局1992年出版。

〔註2〕《高僧傳》卷五《義解二·晉荊州長沙寺釋曇翼》，第198頁。
〔註3〕《高僧傳》卷六《義解三·晉蜀龍淵寺釋慧持》暨附《惠巖、僧恭傳》，第229～230頁。

　　再如，武擔寺僧釋道汪，則先後受到益州刺史張悅、劉思考等人的禮待，張悅還曾向宋孝武帝闡述道汪的品德學行，孝武帝因而敕令張悅將道汪禮請至京師建康，希望由他出任京師中興寺之住持；蕭慧開出鎮益州，聽到道汪已經圓寂，而大感遺憾。又，長樂寺僧釋道嵩，則以學兼內外、尤善談吐，而被刺史張裕禮拜爲戒師。以上詳載於《高僧傳》諸僧本傳，略云：

　　　　釋道汪，姓潘，長樂人……後聞河間玄高法師禪慧深廣，欲往
　　　從之。中路值吐谷渾之難，遂不果行，於是旋于成都。

　　　　徵士費文淵初從受業，乃立寺於州城西北，名曰祇洹。化行巴
　　　蜀，譽洽朝野。梁州刺史申坦與汪有舊，坦後致故，汪將往省之，
　　　乃欲停彼。費文淵乃上書刺史張悅曰：「道汪法師，識行清白，風霜
　　　彌峻，卓爾不羣，確焉難拔。近聞梁州遣迎，承教旨許去，闔境之
　　　論，僉曰非宜。鄙州邊荒，僧尼出萬，禪戒所資，一焉是賴。豈可
　　　水失其珠，山亡其玉！願鑒九俗之誠，令四輩有憑也。」悅即敦留，
　　　遂不果行。悅還都，具向宋孝武述汪德行，帝即勅令，迎接爲中興
　　　寺主。汪迺因悅固辭以疾，遂獲免。於是謝病下帷，絕窺人世。

　　　　後劉思考臨州，大設法祀，請汪講說，迺應請。或問法師常誓
　　　守靖，何以虧節？答曰：「劉公篤信，方欲大法憑之，何辭小勞耶？」
　　　先是峽中人，每於石岸之側，見神光夜發。思考以大明之中，請汪
　　　於光處起寺。即崖鐫像，因險立室，行途瞻仰，咸發淨心。後王景
　　　茂請居武擔寺爲僧主，勗眾清謹，白黑歸依。以宋泰始元年（公元
　　　四六五年）卒於所住，顧命令闍維之。劉思考爲起塔於武擔寺門之
　　　右。景和元年（公元四六五年），蕭慧開西鎮成都，承汪高譽，思共
　　　講道。行至中途，聞汪已逝，迺歎曰：「惜也，吾不及其人。文舉之
　　　追康成，曾何足道。」其爲時賢所惜如此。

　　　　時蜀江陽寺釋普明、長樂寺釋道嵩，並戒德高。明蔬食誦經，
　　　苦節通感。嵩學兼內外，尤善談吐，吳國張裕請爲戒師云。〔註4〕

　　實際上，宋齊時期巴蜀地區僧人與當地政府官員之往還，其例頗夥，遠不止以上幾例。如劉宋時，岷山通雲寺僧邵碩，曾受到刺史蕭惠開、劉孟明

〔註4〕《高僧傳》卷七《義解四・宋蜀武擔寺釋道汪》、附《普明、道嵩傳》，第283
　　～284頁。

等人的禮遇。〔註5〕宋文帝元嘉時期，東海王劉懷素出鎮巴西，曾禮請釋法成會於涪城。〔註6〕安樂寺僧釋普恒，圓寂後，州將王玄載爲之寫作贊詞。〔註7〕益州仰禪師，在劉宋孝武帝時期，曾被迎奉至京城建康供養，釋智稱隨而歸依，後於蜀中出家。〔註8〕蜀武擔寺釋僧慶，焚身供養佛祖，刺史張悅親往臨視，天水太守裴方明爲之收灰起塔。〔註9〕蕭惠開被任命爲益州刺史，曾禮請釋僧侯和自己同去，及惠開負罪東還，僧侯亦隨之一起返回建康，並於後崗創建石室，以爲安禪之地。〔註10〕

蕭齊時，蜀齊后山齊興寺僧釋玄暢，先後受到益州刺史傅琰、豫章王蕭嶷、竟陵王蕭子良、文惠太子蕭長懋的禮敬。傅琰曾待以師禮；蕭嶷則希望他能夠到前往荊州；而吐谷渾國主河南王，也因心生敬慕，試圖禮請他前往吐谷渾傳教。〔註11〕

何以巴蜀地區官員都熱衷於同僧人交往？事實上，不僅巴蜀地區如此，其它地區也都是一樣，甚至有過之而無不及。其中最主要的原因，乃與東晉南朝時期佛學昌盛，有著直接而必然的聯繫。東晉南朝，玄風勁吹，其內容已雜有許多佛教的教義，甚而佛學已逐漸成爲清談之主要內容。其時，無論帝王將相，抑或士人學子，幾乎都與僧人有所交往，在某種意義上，與「高

〔註5〕《高僧傳》卷十《神異下・宋岷山通雲寺邵碩》：「邵碩者，本姓邵名碩，始康（國）人……刺史蕭惠開及劉孟明等人，並把事之。」（第388～389頁）
〔註6〕《高僧傳》卷十一《習禪・宋廣漢釋法成》：「釋法成，涼州人……元嘉中，東海王懷素出守巴西，聞風遣迎，會於涪城。夏坐講律，事竟辭反。」（第417頁）
〔註7〕《高僧傳》卷十一《習禪・宋蜀安樂寺釋普恒》：「釋普恒，姓郭，蜀郡成都人也……宋昇明三年（公元四七九年）卒，春秋七十有八……州將王玄載乃爲之讚曰……」（第421頁）
〔註8〕《高僧傳》卷十二《明律・齊京師安樂寺釋智稱》：「釋智稱，姓裴，本河東聞喜人……宋孝武時迎益州仰禪師下都供養，（智）稱便束意歸依，仰亦厚相將接。及仰反汶江，因扈遊而上，於蜀裴寺出家，仰爲之師，時年三十六。」（第438頁）
〔註9〕《高僧傳》卷十二《亡身・宋蜀武擔寺釋僧慶》：「釋僧慶，姓陳，巴西安漢人……到大明三年（公元四五九年）二月八日，於蜀城武擔寺西，對其所造淨名像前，焚身供養。刺史張悅躬出臨視……天水太守裴方明，爲收灰起塔。」（第454頁）
〔註10〕《高僧傳》卷十二《誦經・齊京師後崗釋僧侯》：「釋僧侯，姓龔，西涼州人……蕭惠開入蜀，請共同遊。後惠開協同義嘉，負罪歸闕，侯乃還都，於後岡創立石室，以爲安禪之所。」（第472頁）
〔註11〕《高僧傳》卷八《義解五・齊蜀齊后山釋玄暢》，第314～316頁。

僧」之間的往還唱和，已經成為是否入預清流的新標準。因此，《高僧傳》中所載「高僧」，幾乎無人不曾受到政府官員的禮拜，這種風氣在佛教最盛的三吳地區，早已司空見慣。長江上游的益、梁地區，受佛教的影響雖較之下游晚，且在程度上也有所不及，但也開始有此趨向。此外，我們還注意到，以上所列與「高僧」有密切交往的各位官員，幾乎都是從三吳地區或荊雍一帶，遷官到益、梁地區，在入蜀之前他們早就有與「高僧」交往的經歷。

除了玄佛交融這一新學風的因素以外，高僧與政府官員來往，還有著更加現實的原因。事實上，自傳入中國起，佛教與俗世政權就產生了密不可分的關係，特別是在戰亂年代，如果沒有俗世政權的保護，佛教根本無法弘揚。對此，佛教徒自己也有清醒的認識。如，釋道安被慕容儁所逼，被迫向南方遷徙，行至新野，道安對徒眾說：「今遭凶年，不依國主，則法事難立，又教化之體，宜令廣布。」〔註12〕作為在中國佛教史佔有重要地位的高僧，釋道安的最大貢獻就是弘揚佛教，魏晉南北朝時期佛教在中國南方的快速傳播，道安可謂功莫大焉。

前揭武擔寺僧釋道汪之例，更是直接證明，佛教之弘闡，離不開官府的支持，以及佛教與俗世政權之間的相互利用。劉思考出任益州刺史以後，大設法祀，禮請道汪講經說法，道汪應請而就。有人問他，您平常一向誓言甘守清淨，這麼做不是有虧名節嗎？道汪是怎樣回答的呢？他說：「劉公篤信，方欲大法憑之，何辭小勞耶？」道汪的話很直白，就是希望通過與官府的合作，借助劉思考手中的權力為僧、寺爭取更大特權，並擴大佛教的影響，所以當有人以「虧節」質疑他的做法，道汪做出了上面的解釋。也算是投桃報李吧，及道汪死後，劉思考在武擔寺門之右為之建塔紀念。景和元年（465），蕭慧開出刺益州，因為早就聽說道汪的崇高名譽，非常希望能夠與之坐而論道。行至中途，聽聞道汪圓寂的消息，喟然長歎：「惜也，吾不及其人。文舉之追康成，曾何足道。」事實上，道汪之為劉思考禮遇隆重，又被蕭慧開追歎不已，並不僅僅是他的的學問、道德、風範，而更有其政治和社會方面的原因。

不過，世俗政權與佛教之間的相互利用，最顯著者莫過釋玄暢的事蹟。據前揭《齊蜀后山釋玄暢》載：

> 釋玄暢，姓趙，河西金城人。少時家門為胡虜所滅，禍將及暢，

〔註12〕《高僧傳》卷五《義解二·晉長安五級寺釋道安》，第178頁。

虜帥見暢而止之曰：「此兒目光外射，非凡童也。」遂獲免，仍往涼州出家。本名慧智，後遇玄高，事爲弟子，高每奇之，事必共議，因改名玄暢，以表咐囑之旨。其後虐虜翦滅佛法，害諸沙門，唯暢得走。以元嘉二十二年（公元四四五年）閏五月十七日，發自平城，路由岱郡上谷，東跨太行，路經幽冀南轉，將至孟津……以八月一日達于揚州。

洞曉經律，深入禪要……初《華嚴》大部，文旨浩博，終古以來，未有宣釋。暢乃竭思研尋，提章比句。傳講迄今，暢其始也。又善於《三論》，爲學者之宗。宋文帝深加歎重，請爲太子師，再三固讓，弟子謂之曰：「法師之欲弘道濟物，廣宣名教。今帝主虛己相延，皇儲蓄禮思敬，若道揚聖君，則四海歸德。今矯然高讓，將非聲聞耶？」暢曰：「此可與智者說，難與俗人言也。」及太初事故，方知先覺……

迄宋之季年，乃飛舟遠舉，西適成都。初止大石寺，乃手畫作金剛密迹等十六神像。至昇明三年（公元四七九年），又遊西界，觀矚岷嶺，乃於岷山郡北部廣陽縣界，見齊后山，遂有終焉之志。仍倚巖傍谷，結草爲菴。弟子法期見神人乘馬，著青單衣，繞山一匝，還示造塔之處。以齊建元元年（公元四七九年）四月二十三日建刹立寺，名曰齊興。正是齊太祖受錫命之辰，天時人事，萬里懸合。時傅琰西鎮成都，欽暢風軌，待以師敬。暢立寺之後，乃致書於琰曰：「貧道栖荊累稔，年衰疹積，厭毒人諠。所以遠託岷界，卜居斯阜。在廣陽之東，去城千步……以去年四月二十三日創功覆簣。前冬至此，訪承爾日，正是陛下龍飛之辰。蓋聞道配太極者嘉瑞自顯，德同二儀者神應必彰，所以河、洛昞有周之兆，靈石表大晉之徵。伏謂茲山之符驗，豈非齊帝之靈應耶？檀越奉國情深，至使運屬時徵，不能忘心，豈能遺事？輒疏山贊一篇，以露愚抱。贊曰：峨峨齊山，誕自幽冥。潛瑞幾昔，帝號仍明。岑載聖宇，兆祚休名。巒根雲坦，峯岳霞平。規巖擬刹，度嶺締經。創工之日，龍飛紫庭。道侔二儀，四海均清。終天之祚，岳德表靈。」琰即具以表聞，勅蠲百戶以充俸給。

齊驃騎豫章王（蕭）嶷作鎮荊、峽，遣使徵請。河南吐谷渾主，遙心敬慕，乃馳騎數百，迎於齊山。值已東赴，遂不相及。至齊武升位，司徒文宣王啓自江陵，旋于京師。文惠太子又遣徵迎，既勑令重疊，辭不獲免。於是泛舟東下，中途動疾，帶患至京，傾眾阻望，止住靈根，少時而卒，春秋六十有九。是歲齊永明二年（公元四八四年）十一月十六日，即窆于鍾阜獨龍山前。臨川獻王立碑，汝南周顒製文。〔註13〕

這段材料，我當年做博士論文時，已經有所指陳，認爲它與現實政治有著直接的聯繫。〔註14〕

　　本傳所言玄暢少年即有神異之資，其中自不無誇飾之辭。不過，其中所述玄暢人生經歷，則尤需措意，玄暢後來刻意於觀察時事，並能因時因事而變通，實與其早年之經歷頗有關係。正是由於早年親歷北魏太武帝拓跋燾毀滅佛法，故玄暢對於佛教之弘揚與現實政治之關係，有著深刻而直接的認識，特別是帝王支持與否對佛教之影響，事莫大焉。我們注意到，當玄暢輾轉來到劉宋都城建康，宋文帝劉義隆禮請他出任太子的老師，玄暢卻予以婉詞謝絕。門人不解，因而問道：「今帝王虛己相延，皇儲蓄禮思敬，若道揚聖君，則四海歸德。今矯然高讓，將非聲聞耶？」門人所以有此疑問，自然與他平時有過這方面的教導有所關係。至於傳中所述元兇劉劭弒逆事發，以證玄暢有先知先覺之明，此事雖未必盡爲虛構，但我以爲這與玄暢平時既留意於現實政局的習慣，有著更爲直接的關係，因爲沒有人能夠眞正做到未卜先知。

　　不過，最能體現玄暢與俗世政權之間相互利用，以弘揚佛法的事蹟，還是後來他到蜀中創立齊興寺一事。他所以要在劉宋末年遠走巴蜀，大概也是出於他對長江中下游的局面，將因內戰而陷於混亂狀態的預判有關係，巴蜀地區在整個南朝時期，局勢則相對比較穩定。南齊建元元年四月二十三日創建齊興寺，而這一天正是蕭道成受禪登基的日子，二者時間完全相同，固然不能說全無巧合之可能，然而，山名「齊后（按，后者，王也，「齊后」者，

〔註13〕《高僧傳》卷八《義解五·齊蜀齊后山釋玄暢》，第314～316頁。
〔註14〕李文才撰：《南北朝時期益、梁地區研究》（北京師範大學歷史學博士學位論文，指導教師：黎虎教授；完成時間：1998年7月）第六章，後經整理，該學位論文更名《南北朝時期益梁政區研究》，由商務印書館於2001年出版。

「齊王」也）、寺名「齊興」，豈非太過於神奇了麼！再具體剖析玄暢給寫給益州刺史傅琰的書信，以及所作的「贊詞」的內容，不難發現，所有文字全部是對蕭道成「天命」赤裸裸的吹捧，當然更是為了向蕭齊朝廷邀功請賞！最後的結果，自然是雙方皆大歡喜，各得其宜：對於蕭道成來說，其受禪乃是天命的顯示；對佛教徒而言，其靈驗則得到了證實，而且，他們還馬上就得到了實際好處，當傅琰將玄暢立寺的事蹟及其所寫贊詞呈上以後，蕭道成立即下敕，「蠲百戶以充俸給」。

　　蕭齊建立後，玄暢立寺事蹟的影響迅速擴散，豫章王蕭嶷出刺荊州後，立即派人禮請玄暢到荊州弘法；河南王吐谷渾國主慕其聲望，也派人前往齊后山迎接；及齊武帝蕭賾即位，竟陵王蕭子良、文惠太子蕭長懋競相遣人延聘。這麼多王公貴族爭相禮請，在進一步提高玄暢在佛學界知名度的同時，自然也有益於佛教的弘闡。

　　佛教與世俗政治之間無法割捨的聯繫，還表現在佛教徒有時自覺或不自覺扮演了國與國間和平使者的角色。如，劉宋中興寺僧釋慧覽，「姓成，酒泉人。少與玄高俱以寂觀見稱。覽曾遊西域……還至于闐，復以戒法授彼方諸僧，後乃歸。路由河南。河南吐谷渾慕延世子瓊等，敬覽德問，遣使並資財，令於蜀立左軍寺，覽即居之。後移羅浮天宮寺。宋文請下都止鍾山定林寺。孝武起中興寺，復勅令移住。」〔註 15〕河南國世子、宋文帝、宋孝武帝之敬問善待慧覽，固然有其崇仰佛法的因素，同時也都有其深層政治用意，因此，從某種意義上可以說，慧覽在無意之間扮演了聯絡大使的角色。再如，蕭齊定林寺僧釋法獻，「以宋元徽三年（公元四七五年），發蹠金陵，西遊巴蜀，路出河南，道經芮芮。既到于闐，欲度蔥嶺，值棧道斷絕，遂於于闐而反。」〔註 16〕在南北紛爭時期，正是這些求法僧人的四方遊歷，傳達了一般民眾之間的友誼，以及各國人民對和平的渴望之情。

　　佛教與政治之間的聯繫，還表現在佛教徒對於現實政治的關心。如前揭《慧持傳附慧嚴、僧恭傳》云：

> 恭公幼有才思，為蜀郡僧正，嚴公內外多解，素為毛璩所重。
> 後蜀人譙縱，因鋒鏑之機，攻殺毛璩，割據蜀土，自號成都王，乃
> 集僧設會，逼請嚴公，嚴不得已而赴。璩既宿昔檀越，一旦傷破，

〔註15〕《高僧傳》卷十一《習禪・宋京師中興寺釋慧覽》，第 418 頁。
〔註16〕《高僧傳》卷十三《興福・齊上定林寺釋法獻》，第 488 頁。

觀事增悲，痛形顏色，遂爲譙縱所忌，因而被害，舉邑紛擾，白黑
危懼。〔註17〕

僧恭、慧嚴一方面是出家修行之僧侶，另一方面與益州刺史交往密切，他們
之間存在利益的交叉，因爲僧恭所任「蜀郡僧正」，雖爲僧官系統，但也屬俗
世政權所任命，與益州地方政府本就有著千絲萬縷的聯繫。譙縱割據巴蜀，「集
僧設會」，之所以要逼請僧恭、慧嚴等人與會，其實也是出於政治目的，即希
望利用他們在宗教方面的號召力，爲其割據政權服務。反過來說，慧嚴追念
故人毛璩，不肯爲譙縱效力，則是他政治傾向的曲折反映，要言之，慧嚴雖
是出家人，實際上卻不可能眞正做到四大皆空！

尤其值得我們關注的是，作爲本傳傳主的釋慧持，曾經成爲幾個地方爭
相「搶奪」的高僧大德。據前揭本傳載：

（慧）持後聞成都地沃民豐，志往傳化，兼欲觀矚峨嵋，振錫
瑤岫，乃以晉隆安三年（公元三九九年）辭（慧）遠入蜀……於是
兄弟收淚，憫默而別。行達荊州，刺史殷仲堪禮遇欣重。時桓玄亦
在彼，玄雖涉學功疎，而一往神出，見持有鄰幾獨絕，尤歎是今古
無比，大欲結歡。持既疑其爲人，遂棄而不納，殷、桓二人苦欲留
之，持益無停意，臨去與玄書曰……玄得書惆悵，知其不可止。遂
乃到蜀，止龍淵精舍，大弘佛法，井絡四方，慕德成侶，刺史毛璩
雅相崇挹。〔註18〕

慧持之爲包括殷仲堪、桓玄、毛璩等人在內的眾多方鎮大員優禮，固然與他
們本身對佛教有一定信仰，以及慧持的道德風範令讓人欽服有所關係，然與
殷、桓諸人欲借佛教之力以資治道，更有關係。

佛教與政治關係之密不可分，還表現在當時的一些所謂「高僧」，在出家
前曾是政治上的風雲人物，他們在出家後，果眞能做到六根清淨，與世無爭
嗎？如前揭蕭齊樂安寺僧釋智稱，「姓裴，本河東聞憙人。魏冀州刺史（裴）
徽之後也。祖世避難，寓居京口。稱幼而慷慨，頗好弓馬。年十七，隨王玄
謨、申坦北討獫狁。每至交兵血刃，未嘗不心懷惻怛，痛深諸己。卻乃嘆曰：
『害人自濟，非仁人之志也。』事寧解甲。遇讀《瑞應經》，乃深生感悟。知

〔註17〕《高僧傳》卷六《義解三‧晉蜀龍淵寺釋慧持附惠嚴、僧恭》，第 230～231
頁。
〔註18〕《高僧傳》卷六《義解三‧晉蜀龍淵寺釋慧持》，第 230 頁。

百年不期，國城非重。乃投南澗禪房宗公，請受五戒……稱辭家入道，務遣繁累，常絕慶弔，杜〔塞〕人事。每有凶故，秉戒節哀。唯行道加勤，以終斯功之制。末方沙門慧始請稱還鄉講說，親里知舊皆來問訊，悉懇懃訓勖，示以孝慈。」〔註 19〕既然對於親情故舊，仍六根未淨，無法忘卻，那麼，對於現實政治，智稱就真的能夠全然無動於衷？未必！另外，前揭釋道汪之例，更可說明俗世政治對於佛教的深刻影響，道汪與梁州刺史申坦係舊有故交，時有益州徵士費文淵，曾受業於道汪，深知其佛學精妙，非常希望他能繼續留在益州，遂上書刺史張悅，請求張悅出面挽留道汪。費文淵的說辭有云：「……近聞梁州遣迎，承教旨許去，闔境之論，僉曰非宜。鄖州邊荒，僧尼出萬，禪戒所資，一焉是賴。豈可水失其珠，山亡其玉！願鑒九俗之誠，令四輩有憑也。」由於道汪為巴蜀地區少有之「高僧」，故當時益州、梁州爭相請他去做主持，梁州方面是最高長官——刺史申坦親自出馬，利用故舊關係以相邀請；益州方面為了挽留道汪，也動用了最高長官，並獲得成功。此事可謂行政干預宗教事務的典型事例，我們注意到，費文淵的說辭中，所謂「闔境之論，僉曰非宜」、「鑒九俗之誠」云云，實際上是提醒張悅，要認真對待益州的民意呼聲。

綜合以上所論，在整個魏晉南北朝時期，佛教與現實政治始終有密切聯繫，這從巴蜀地區政府官員多與「高僧」頻有交往的事實中，可以窺其一斑。

二、巴蜀地區佛教與道教之關係

十六國後趙末年，接連發生冉閔之亂、鮮卑慕容俊南下等重大變動，中原地區大亂，釋道安因此率徒眾南下傳法。行至襄陽，道安決定將徒眾分為幾路，四出傳教，云：「（道安）乃令法汰詣楊州，曰：『彼多君子，好尚風流。』法和入蜀，山水可以修閑。安與弟子慧遠等四百餘人渡河……」〔註 20〕我們注意到，法汰、法和前往傳法的地點，一為揚州，一為益州，前者的優勢在於其人文環境，後者則自然環境優越。換言之，在道安的眼中，揚州地區（亦即三吳地區）的佛教信仰已經有了較好的群眾基礎，而益州則不然，大概只有山水方面的優勢。應當說，道安的判斷符合當時的實際情況。

「南朝四百八十寺，多少樓臺煙雨中」，杜牧的這兩句詩，正是對長江下

〔註 19〕《高僧傳》卷十二《明律·齊京師安樂寺釋智稱》，第 438～439 頁。
〔註 20〕《高僧傳》卷五《義解二·晉長安五級寺釋道安》，第 178 頁。

游三吳地區佛教昌盛發達的眞實寫照。從整體上說，與吳越之地佛學相比，同時期的巴蜀地區，就不免顯得較爲稚嫩，佛學境界不高。這從益、梁二州爭相迎取釋道汪一事，已然可見一斑，這說明巴蜀地區的大德高僧較少，唯其如此，兩地才會如此賣力地進行爭取，以至於雙方都由最高行政長官出面干預。巴蜀地區佛學境界不高，還可以舉出一些例子。如蕭齊靈根寺僧釋法瑗傳記載：

> 釋法瑗，姓辛，隴西人，辛毗之後……初出家，事梁州沙門竺慧開。開懿德通神，時人謂得初果。開謂瑗曰：「汝情悟若此，必能綱總末化，宜競力博聞，無得獨善。」於是辭開遊學，經涉燕、趙，去來鄴、洛。值胡寇縱橫，關隴鼎沸，瑗冒險履危，學業無怠。
>
> 元嘉十五年（公元四三八年）還梁州，因進成都，後東適建鄴，依道場慧觀爲師。篤志大乘，傍尋數論。外典墳素，頗亦披覽。」〔註21〕

竺慧開爲益梁地區「懿德通神」之高僧，但也只是「得初果」而已。對於蜀地的佛學水平，慧開本人還是有著清醒的認識，他之所以建議法瑗「競力博聞」、出外求學，就是因爲他感到，以法瑗的悟性，如果不能佛學境界更高的地方去學習參悟，最終也不過是得以「獨善」，而不足以「綱總末化」。

類似的例子，還有蕭齊時期蜀中靈建寺僧釋法琳，據諸本傳云：

> 釋法琳，姓樂，晉原臨卬人。少出家，止蜀郡裴寺。專好戒品，研心《十誦》，常恨蜀中無好師宗。俄而隱公至蜀，琳乃剋己握錐，以日兼夜。及隱還陝西，復隨從數載。諸部毗尼，洞盡心曲。後還蜀，止靈建寺。益部僧尼，無不宗奉。〔註22〕

釋法琳「常恨蜀中無好師宗」，並隨隱公外出求學，及外出學成返回後成爲當地佛教界之翹楚，凡此諸事，均爲巴蜀地區佛學境界不高的明證。

蕭齊白馬寺僧釋曇憑的故事，更是表明蜀中佛學境界，與三吳地區甚至是廣大北方中原地區，差距甚大。對此，《高僧傳》亦有記載，據《釋曇憑傳》略云：

> 釋曇憑，姓楊，犍爲南安人。少遊京師，學轉讀，止白馬寺。音調甚工，而過旦自任，時人未之推也。於是專精規矩，更加研習，

〔註21〕《高僧傳》卷八《義解五·齊京師靈根寺釋法瑗》，第312～313頁。
〔註22〕《高僧傳》卷十一《明律·齊蜀靈建寺釋法琳》，第437頁。

晚遂出羣，翕然改觀。誦《三本起經》，尤善其聲。後還蜀，止龍淵寺，巴漢懷音者，皆崇其聲範。每梵音一吐，輒烏（或作「象」）馬悲鳴，行途住足。因製造銅鍾，願於未來常有八音四辯。庸蜀有銅鍾，始於此也。後終於所在。

時蜀中有僧令道光，亦微善轉讀。〔註23〕

我們看到，釋曇憑少年遊學京師，學習「轉讀」，雖然他自我感覺還不錯，但在佛教發達的三吳地區，仍不能得到社會的承認，這就促使他更加專心的研習，後來終於有所成就。當他學成回到蜀中，很快便成爲受人推重的經師。並且，他還模習京師建康的做法，第一個將銅鐘在巴蜀寺院中敲響，使得巴蜀的寺院從此鐘聲長鳴。另外，道光「微善轉讀」，也表明其「轉讀」佛經的水平並不太高。

上述幾例均可說明巴蜀地區的佛學境界，還需要向三吳地區學習，水平還有待於進一步提高。關於這一點，我們還想通過幾個數字的比較，再作一些申述。《高僧傳》正傳及附傳者，共有501人。〔註24〕在這501位「高僧」中，確知籍貫出自巴蜀地區者，共有7人，他們分別是：卷十一《宋荊州長沙寺釋法期》，「姓向，蜀郡脾人」；同卷《宋蜀安樂寺釋普恒》，「姓郭，蜀郡成都人」；同卷《宋廣漢釋道房》，「姓張，廣漢五城人」；同卷《宋蜀靈建寺釋法琳》：「姓樂，晉原臨卭人」；卷十二《宋蜀武擔寺釋僧慶》，「姓陳，巴西安漢人」；同卷《晉蜀三賢寺釋僧生》，「姓袁，蜀郡脾人」；卷十三《齊白馬寺釋曇憑》，「犍爲南安人」。先從數據統計的角度來看，籍貫爲巴蜀地區的「高僧」，共7人，比例僅占總數501的1.4%弱。由此可見，蜀中佛學名師人數之少。

再從釋慧皎對他們的分類來看，釋法期、釋普恒入「習禪」類；釋道房、釋法琳，入「明律」類；釋僧慶，入「亡身」類；釋僧生，入「誦經」類；釋曇憑，入「唱導」類。這種情況，也從一個側面說明蜀中佛學境界之不高，因爲在對文化素養要求較高的「譯經」、「義解」兩類高僧中，竟沒有一個出自巴蜀地區！

〔註23〕《高僧傳》卷十三《經師·齊白馬寺釋曇憑》，第504頁。
〔註24〕據湯用彤氏校注之《高僧傳》所附《高僧傳分科分卷人數對照表》（第568頁），《高僧傳》所收錄之「高僧」人數統計爲：《大正藏本》正傳257人、附見244人，總計401人；《金陵本》正傳257人、附見259人，總計516人；《海山仙館本》正傳257人、附見244人，總計501人。今取《大正藏本》、《海山仙館本》的統計數字，即501人。

造成巴蜀地區佛教不及下游三吳地區發達，其主要原因在哪裏呢？如所週知，巴蜀密邇佛教發源地天竺（今之印度）。如單純從地理位置而言，此地接受佛風的薰染，論理應當比三吳地區爲早；其次，即便從佛教入境中華的途徑而論，也理應如此，因爲佛教最初也是沿著所謂的「絲綢之路」傳入中國，相較之下，巴蜀依然較三吳地區更爲接近天竺。因此，這不可能是主因所在。

既然主要原因與地緣構成無關，那麼，原因又在哪裏？竊意造成上述狀況的主要原因，乃在於巴蜀地區爲五斗米道的發祥地，道教在當地的強大勢力以及潛在影響，對佛教的流佈形成了頑強阻擊。這表現在，佛教即使在入土巴蜀以後，還是不自覺地、不同程度地受到了道教的影響，巴蜀地區一些佛教徒的行爲，或多或少帶有一種詭異色彩，似乎總也擺脫不了神仙怪異之迹。這方面的例子，可以舉出一些，如劉宋時有僧人釋道法，本姓曹，來自敦煌地區，「棄家入道，專精禪業，亦時行神咒。後遊成都，至王休之、費鏗之，請爲興樂、香積二寺主。」〔註25〕「時行神咒」，是比較典型的道教傳教行爲之一，在佛教流傳初期，有許多僧侶都接受並使了這個方法，不過到南朝時期，三吳地區的高僧已多數不再用這個方法了，釋道法到達成都以後，仍然「時行神咒」，很大程度上可能是爲了適應巴蜀地區的實際情況。

再如，前揭武擔寺僧釋僧慶，「姓陳，巴西安漢人。家世事五斗米道。慶生而獨悟，十三出家，止義興寺。淨修梵行，願求見佛，先捨三指，末誓燒身，漸絕糧粒，唯服香油。到大明三年（公元五四九年）二月八日，於蜀城武擔寺西，對其所造淨名像前，焚身供養。」〔註 26〕這裏當然不能排除釋僧慶爲弘揚佛法而獻身的可能，然而，如果我們聯繫天師道、五斗米道有所謂水解、尸解等「升仙法」，釋僧慶又出生於五斗米道世家，這樣看來，其焚身供養之行爲，並無法排除受到家傳五斗米道的啓發而爲之的可能。

又如，來自北魏平城的高僧釋玄高，「姓魏，本名靈育，馮翊萬年人也。母寇氏，本信外道⋯⋯母以僞秦弘始三年（公元四〇一年），夢見梵僧散華滿室，覺便懷胎，至四年（公元四〇二年）二月八日生男。家內忽有異香，及光明照壁，迄旦乃息。母以兒生瑞兆，因名靈育。時人重之，復稱世高。」〔註 27〕我以爲釋玄高出生的「瑞兆」，肯定是後來編造出來的情節，理由之一，他出生的

〔註25〕《高僧傳》卷十一《習禪・宋成都釋道法》，第 420 頁。
〔註26〕《高僧傳》卷十二《亡身・宋蜀武擔寺釋僧慶》，第 454 頁。
〔註27〕《高僧傳》卷十一《習禪・宋僞魏平城釋玄高》，第 409 頁。

日期二月初八，恰好是佛祖誕辰，顯係附會；理由之二，玄高極可能出身於一個道教家庭，這從其母親寇氏「本信外道」可以推知，魏晉南北朝時期，佛教徒所言「外道」，多數情況下即指道教，因此，寇氏原本應是道教信徒，而且極可能出自北朝道教領袖寇謙之的家族；理由之三，魏晉南北朝時期，人名中有「靈」字者，在很多情況下就是道教徒的標誌。〔註28〕因此，釋玄高可能出身於天師道家庭，其母親原本信奉道教，故而其小名爲「靈育」，至於所謂夢見梵僧散花，而取名「靈育」云云，則顯是玄高在佛教界成名以後，他本人或門徒故意編造杜撰，以此掩蔽他本出身於與道教密切相關之道教家庭的眞相，從而有利於弘闡佛法。

范材的事蹟，似更能說明巴蜀地區佛教與道教之間相互影響的相關問題。據《高僧傳》所載范材事蹟略云：「時有范材者，巴西閬中人，初爲沙門，賣卜于河東市。徒跣弊衣，冬夏一服，言事亦頗時有驗。後遂退道染俗，習張陵之教云。」〔註29〕類似范材這樣棄佛從道的例子，在巴蜀地區一定還有不少，這從一個側面，說明巴蜀地區五斗米道的潛在影響仍然比較大。

正是因爲巴蜀地區道教勢力相對強大，所以佛教在那裏的傳播，就遇到了相當大的阻力，而且道教的一些教義、行爲方法，也對當地的佛教徒不可避免地產生了影響，巴蜀地區的一些「高僧」之所以會有許多詭異的行爲，原因實在於此，因爲「古者巫醫不分。我國古代神話以崑崙爲中心源泉，巫醫神仙多在隴蜀間。」〔註30〕而神仙巫醫，歷來就是道教的幾件致勝法寶。

最後，再就巴蜀地區究竟是大乘，還是小乘佛教較爲流行的問題，略說幾句。據前揭蕭齊京師靈根寺釋法瑗傳載，「元嘉十五年，還梁州，因進成都，後東適建鄴，依道場慧觀爲師，篤志大乘，傍尋數論。」這似乎可以告訴我們，釋法瑗信奉、弘揚大乘佛教，是在離開益州、來到京師建康以後的事。據此，我推測法瑗在巴蜀時弘闡的，可能是小乘佛教的教義。因爲根據《高僧傳》所載巴蜀地區（或曾與該地有某些聯繫的）「高僧」，他們的行爲多側重於自身的

〔註28〕 對於釋玄高之家庭背景，前揭湯用彤氏也曾有推測性分析，云：「《高僧傳》曰，釋玄高，姓魏，本名靈育，馮翊萬年有也。母寇氏，本信外道……按寇謙之亦爲馮翊萬年人，玄高與之同縣。而其母又姓寇氏，高本名靈育，又似道教稱號，則其母或原奉道者也。」（湯用彤撰：《漢魏兩晉南北朝佛教史》第十四章《佛教之北統》，第 349～350 頁，北京，北京大學出版社，1997。）
〔註29〕 《高僧傳》卷十《神異下·晉襄陽竺法慧附范材》，第 372 頁。
〔註30〕 卿希泰撰：《道教與中國傳統文化》，第 449 頁，福州，福建人民出版社，1990。

修煉，而不太注重「普渡眾生」，前面所列「習禪」、「誦經」、「明律」、「唱導」等，多數屬於小乘佛教的「自度」行為。對此，我們還可以舉出一些具體的例證，如「時涼州復有沙門智整，亦貞苦有異行，為〔土〕主楊難當所事，後入寒峽山石穴中不返。」〔註31〕又如，釋賢護，「姓孫，涼州人。來止廣漢閬興寺，常習禪定為業，又善於律行，纖毫無犯。」〔註32〕釋法緒，「姓混，高昌人。德行清謹，蔬食修禪。後入蜀，於劉師塚間頭陀山谷，虎兕不傷。誦《法華》、《維摩》、《金光明》，常處石室中，且禪且誦。」〔註33〕諸如釋賢護、釋法緒一類的禪誦，均屬小乘佛教的自度行為。不過，需要強調指出的是，我們雖然認為小乘為巴蜀地區佛教的主流，但並不是說蜀中全無講說大乘的僧人。

之二：佛教傳播與魏晉南北朝圖書事業的發展

自東漢末年傳入中土，佛教對中國人民的生活，以及中國傳統思想文化的影響，隨著它的廣泛傳播，而愈來愈深刻。以中國古代圖書事業的發展歷史而論，其在魏晉南北朝時期的快速發展，雖不能說全由佛教傳播的緣故，但如果說佛教的廣泛流傳，對於豐富其間圖書出版的內容和促進圖書需求量的擴大，產生了重要推動作用，當非無根之談。佛教傳播對於魏晉南北朝圖書事業發展所產生的重要影響，約略可以概括為如下幾個方面。

一、佛經譯注——擴大了圖書出版總量

佛教傳播對魏晉南北朝時期圖書出版事業的影響，首先表現為佛經的翻譯與注解，不僅進一步豐富了圖書出版的內容，且直接擴大了圖書出版的總量。魏晉南北朝是佛教在中國傳播的高峰時期，為了傳播佛教，佛教徒就必須將佛教經典由梵文翻譯為漢文，因為梵文原著佛經，中國極少人能夠看懂。最早的譯經者均為異邦僧侶，載諸史籍的第一批來華僧人，為東漢明帝永平十年（67）應邀前來洛陽的天竺僧人攝摩滕和竺法蘭，這兩位天竺僧人在洛陽白馬寺所編譯的佛經《四十二章經》等，乃是中國最早的佛經譯本。〔註34〕

〔註31〕《高僧傳》卷十《神異下·宋高昌釋法朗附智整》，第388頁。
〔註32〕《高僧傳》卷十一《習禪·晉廣漢閬興寺釋賢護》，第407頁。
〔註33〕《高僧傳》卷十一《習禪·晉蜀石室山釋法緒》，第408頁。
〔註34〕按，關於《四十二章經》之譯本，學界頗有爭議。此經究為攝摩騰，抑或竺法蘭所譯，早在南朝蕭梁時，已無定說，《高僧傳》的作者釋慧皎以為係二人共譯，《出三藏記集》的作者釋僧祐則以為係攝摩騰譯出。近代學者梁啟超氏，

　　魏晉以後，來華異國僧人日益增多，佛經的翻譯與注解工作也進一步展開。三國時期，孫吳統治的江南地區爲佛經翻譯之一重鎮，孫吳歷史上記載最早的譯經僧，爲大月支人支謙（亦名支越，字恭明），支謙於漢獻帝末年，避亂來到三吳地區。孫權聞其才而召拜爲博士，令其與韋昭等人共同輔導東宮，其時孫吳地區雖然已有譯經流傳，但支謙認爲「經多梵文，未盡翻譯」，於是開始收集各種胡語經本，加以翻譯，自黃武元年（222）至建興（252～253）年間，支謙先後譯出《維摩》、《大般泥洹》、《法句》、《瑞應本起》等四十九種經書，還依據《無量壽》、《中本起》製作菩提連句梵唄，並對《了本生死經》進行了注疏。支謙所譯注的佛經，據說「曲得聖意，辭旨文雅」，對於佛教在三吳地區的流播，具有一定推動作用。〔註35〕需要指出的是，其時三吳地區對於佛教還是相對陌生，故而康僧會初至此地，傳法頗爲不易，曾經受到孫吳官方的檢察質詢，後孫權親自考問後，大爲歎服，並爲之建造建初寺，「由是江左大法遂興」。康僧會對於孫吳佛法傳播的貢獻，主要還是體現在佛經的翻譯方面，他先後翻譯出《阿難念彌》、《鏡面王》等經書，還曾注解《安般守意》、《法鏡》、《道樹》三經，並爲這些佛經寫出序言。〔註36〕孫吳黃武三年（224），天竺僧人維祇難，與同伴竺律炎一起來到武昌，隨身攜帶梵本《曇鉢經》，後應孫吳士人之請，二人合作將之譯成漢文，由於維祇難、竺律炎二人漢語水平有限，故此譯文質量不高；至西晉惠帝末年，沙門僧法立，又將該經重新譯爲五卷，並經沙門法巨修飾其辭。〔註37〕

　　魏晉南北朝早期佛經翻譯的代表性人物，當推魏晉之際的竺法護。竺法護，本名竺曇摩羅剎，原爲大月氏人，世居敦煌，八歲出家，師事外國高僧，及年長，遊歷西域諸國，由於法護篤志好學，故而「貫綜詁訓，音義字體，無不備識」，至西晉時，「遂大齎梵經，還歸中夏」，並從此專門從事將佛經「寫爲晉文」的工作。法護「終身寫譯，勞不告倦」，共譯出佛經 169 部，

　　　則認爲此經係攝取群經精要，模仿《孝經》、《老子》，別撰成篇，乃撰本而非
　　　譯本，故梁氏疑《四十二章經》係僞書。湯用彤氏則指出，梁氏之說未爲確
　　　論，湯氏詳列漢晉間諸譯本，指出此經當不止一次譯出，但其源出西土，非
　　　中華所造，則可肯定無疑。此外，湯氏還對《四十二章經》之版本系統、經
　　　書之性質等問題，均有精到之考論。湯氏之說是也。詳參前揭氏著《漢魏兩
　　　晉南北朝佛教史》第三章《〈四十二章經〉考證》，第23～32頁。

〔註35〕《高僧傳》卷一《譯經上‧魏吳建業建初寺康僧會附支謙》，第15頁。
〔註36〕《高僧傳》卷一《譯經上‧魏吳建業建初寺康僧會》，第15～18頁。
〔註37〕《高僧傳》卷一《譯經上‧魏吳武昌維祇難暨附法立、法巨》，第21～22頁。

爲佛經翻譯做出了重要貢獻。〔註38〕稍後則有釋道安，不僅延請梵僧翻譯佛經，還親自對譯本加以音注，以利於佛經更好地流播，史言道安「既篤好經典，志在宣法，所請外國沙門僧伽提婆、曇摩難提及僧伽跋澄等，譯出眾經百餘萬言。常與沙門法和詮定音字，詳覈文旨，新出眾經，於是獲正。」〔註39〕後秦時的名僧鳩摩羅什（344～413），於公元401年到達長安。後秦主姚興專門關出逍遙園作爲譯經的場所，以鳩摩羅什擔任譯主，僧肇篤等百餘名僧人協助，專門從事佛經的譯寫工作。〔註40〕至409年鳩摩羅什圓寂，總共譯出佛經98部、425卷，數量之多，僅次於後來的唐僧玄奘，但他所譯經、論範圍，卻比玄奘廣泛。特別難得的是，鳩摩羅什精通梵、漢兩種語言，故而譯經的水平遠勝前代，其譯文典雅而不失原意，既不同於生硬的直譯，同時也保存了西域之天然語趣。〔註41〕鳩摩羅什所翻譯的佛教經論，不僅對傳播佛教文化起到了重大作用，而且也奠定了中國翻譯文學的基礎。

隨著佛經翻譯事業的開展，許多中國僧侶也紛紛加入譯經的行列。魏晉南北朝是佛經翻譯的重要時期，其間外國來華及中國本土僧侶從事佛經翻譯者很多，而且他們絕大多數都能夠得到所在政府的支持，因而所翻譯出來的佛教典籍更加系統，無論是大、小乘，還是經、律、論，大體都翻譯過來了。僅據唐僧釋智昇《開元釋教錄》所載，從三國以來至北周、北齊爲止，包括「十六國」政權時期在內，各朝譯經者合起來有118人，所譯佛經共有1621部、4180卷。〔註42〕特別要指出的是，此時佛經翻譯，並不僅限於由胡、梵文譯爲漢文，亦有漢著譯爲外國文字者。如北魏融覺寺僧人曇謨最，善於禪學，曾著《大乘義章》，天竺胡僧菩提流支讀後，大加讚歎，遂把它譯爲胡書，傳之西域，「西域沙門常東向遙禮之，號曇謨最爲東方聖人。」〔註43〕再如，北齊人劉世清通曉四夷諸語，後主高緯命其將《涅槃經》譯爲突厥語以賜突厥可汗，並命令中書侍郎李德林爲之作序。〔註44〕

〔註38〕《高僧傳》卷一《譯經上‧晉長安竺曇摩羅剎（竺法護）》，第23～24頁。

〔註39〕《高僧傳》卷五《義解二‧晉長安五級寺釋道安》，第184～185頁。

〔註40〕《晉書》卷一一七《姚興載記下》，第2984～2985頁。

〔註41〕《高僧傳》卷二《譯經中‧晉長安鳩摩羅什》，第52～54頁。

〔註42〕前揭《漢魏兩晉南北朝佛教史》第十二章《傳譯求法與南北朝之佛教》，第290～291頁。

〔註43〕【北魏】楊衒之著，范祥雍校注：《洛陽伽藍記校注》卷四《城西》「融覺寺」條，第231頁，上海，上海古籍出版社，1978。

〔註44〕【唐】李百藥撰：《北齊書》卷二〇《斛律羌舉傳附劉世清傳》，第267頁，

　　無論梵文漢譯，還是漢語胡譯，大量佛教典籍的翻譯，既促進了佛教的傳播與胡漢人民的友好交往，也大大豐富和增加了魏晉南北朝時期圖書出版的內容與數量。由於其時譯經數量眾多，加上複本、偽經的不斷出現，使得編制佛經目錄勢在必行。東晉名僧釋道安於 374 年編成了我國佛教史上第一部漢譯佛經目錄——《綜理眾經目錄》（簡稱「安錄」），對東漢以來的漢譯佛經加以綜錄；南北朝時代，佛經目錄的編制仍在繼續，據隋代費長房《歷代三寶記》記載，大概在劉宋時修成的一部《眾經目錄》（作者不詳），共 2 卷，著錄漢譯佛經 1089 部、2596 卷，及至齊梁之際，釋僧祐編成《出三藏記集》15 卷（簡稱「祐錄」），此為我國第一部保存完整的佛經目錄，共著錄 2162 部、4328 卷，並記述了歷代僧人翻譯家 32 人。因此，佛經翻譯對於魏晉南北朝圖書事業所產生的巨大影響，正如有學者所指出的那樣，「佛經的大量翻譯，不僅使社會圖書的總量大大增加，而且使圖書的結構發生變化。」〔註45〕

　　魏晉南北朝時期曾多次整理編製圖書目錄，及包括佛經目錄在內的宗教專業目錄的始創，均表明這個時期圖書總量的增加和圖書結構所發生的變化，漢譯佛經及圍繞佛教而撰著的各種作品，在當時所有出版物中，確實是增長速度最快、數量最為巨大的圖書品種。

二、僧侶著述——拓展了圖書出版種類

　　隨佛經翻譯事業的發展，及佛教的廣泛傳播，越來越多的中國僧侶和信徒，已經不再僅僅滿足於對譯經的研讀，他們在理解、領悟佛經基本教義的基礎上，也開始獨立撰著，以闡發本人對佛教的見解，其結果促成了大量中國本土僧侶撰著的問世。魏晉南北朝時期佛教著述的盛況，由釋僧祐的記述可窺一斑，略云：「自尊經神運，秀出俗典。由漢屆梁，世歷明哲。雖復緇服素飾，並異跡同歸。至於講議讚析，代代彌精。注述陶練，人人競密。所以記論之富，盈閣以牣房；書序之繁，充車而被軫矣。」〔註46〕中國僧侶、信徒的相關佛教撰著，對於促進魏晉南北朝時期圖書出版事業的發展，在豐富和增加圖書出版內容的同時，進一步拓展了其時圖書出版的種類。僧侶著述拓展了魏晉南北朝時期圖書出版種類，約略可以概括為如下幾個方面：

　　　　　　北京，中華書局，1972。
〔註45〕　前揭《中國古代圖書流通史》，第 161 頁。
〔註46〕　【梁】釋僧祐撰，蘇晉仁、蕭鍊子點校：《出三藏記集》卷十二《雜錄序》，
　　　　　　第 428 頁，北京，中華書局，1995。

其一、理論著作。隨著譯經事業的持續進行，中國本土僧侶在參與、協助翻譯佛經的過程中，也開始獨立撰著，為後來佛教的中國化及佛教宗派在唐代的形成奠定了理論基礎。如三論宗的奠基人僧肇，本為鳩摩羅什的弟子，在協助鳩摩羅什翻譯佛經的過程中，也開始獨立撰著，僧肇一生著述甚多，代表作為《不眞空論》、《物不遷論》、《般若無知論》等所謂「三論」〔註47〕。從哲學體系來看，僧肇三論儘管仍然使用一些玄學家習用的詞彙，但實際上已是獨立的佛教哲學著作。再如，竺道生，彭城人，幼年從竺法汰出家，為鳩摩羅什座下四大弟子之首，一生著述甚多，如《維摩經義疏》、《泥洹經義疏》、《法身無色論》《維摩詰經法》等，但這些著作今天大都散佚，流傳下來的只有《妙法蓮華經疏》兩卷。〔註48〕類似僧肇、道生這樣的僧人很多。據劉宋時人陸澄所撰《法論》輯錄，僅劉宋以前中國人所撰寫的有關理論著作，不算序言在內，共有 16 帙，103 卷。〔註49〕中國僧侶或信徒能夠獨立撰寫有關佛教義理的理論著作，一方面表明中國本土僧人在佛教經義理論的探討及佛學水平上已經有了很大提高，同時，他們所撰寫的大量著作，也豐富和拓展了當時圖書編撰出版的內容和範圍。

其二、佛經注疏。中國僧侶信徒不僅獨立撰著，還開始對已經翻譯成漢文的佛經進行注疏。佛經注疏之所以出現，主要是因為佛經譯本，或卷帙過多，或意義深奧隱晦，理解起來比較困難，普通僧侶和一般信仰者很難明白其中深意，不利於佛教的廣泛傳播。故而魏晉南北朝時期一些名僧大德，便開始模仿儒學經典注疏的做法，對這些翻譯過來的佛教經典進行注疏。對佛經加以注疏，始自晉僧釋道安，經過道安注疏的《般若道行》、《密迹》、《安般》諸經，據說「序致淵富，妙盡深旨，條貫既敘，文理會通，經義克明，自安始也。」〔註50〕也就是說，以上幾部經過釋道安注疏的佛經，非常方便中國人閱讀和理解。釋道安以後，對佛經的注疏，日漸其多，不僅成為「中土佛教典籍之要項」〔註51〕，也在事實上豐富了魏晉南北朝時期圖書編撰出版的內容。

〔註47〕 詳參《高僧傳》卷六《義解三‧晉長安釋僧肇》，第 248～252 頁。

〔註48〕 《高僧傳》卷七《義解四‧宋京師龍光寺竺道生》，第 255～257 頁。

〔註49〕 據《出三藏記集》卷十二第 428～447 頁，《法論》共十六帙，從第一至十六帙之種類、卷數分別為：26/15（按，指 26 種、15 卷，下同）、13/7、29/6、14/4、2/1、33/12、23/8、12/4、22/7、26/10、8/6、25/9、3/3、7/2、13/6、4/3，總計 260/103，亦即 260 種、103 卷。

〔註50〕 《高僧傳》卷五《義解二‧晉長安五級寺釋道安》，第 179 頁。

〔註51〕 前揭《漢魏兩晉南北朝佛教史》第十五章《南北朝釋教撰述》，第 391 頁。

其三、地理書籍。魏晉南北朝時期地理遊記類的著作蔚爲大觀，也是當時圖書出版事業發展過程中頗爲值得關注的現象。地理遊記類的著作，何以會出現一時繁榮的景象呢？其中原因與佛教傳播也有關係，對此，向達氏在《漢唐間西域及海南諸國古地理書敘錄》一文中，曾有精闢闡釋，云：「漢唐之間世亂最甚，而地志之作，亦復稱盛。其時佛教初入中國，宗派未圓，典籍多闕，懷疑莫決。於是高僧大德發憤忘食，履險若夷。輕萬死以涉蔥嶺，重一言而之柰苑。魏晉以降，不乏其人，紀行之作，時有所聞。」向氏從取經僧的角度，對此現象做出解釋，可謂精準，他在這篇宏文中，總共考論今已亡佚的諸多「地志」著作，如《吳時外國傳》、《扶南記》（康泰）、《扶南異物志》（一卷，朱應）、《南州異物志》（一卷，萬震）、《外國事》（支僧載）、《遊行外國傳》（一卷，釋智猛）、《外國傳》（五卷，釋曇景）、《歷國傳》（二卷，釋法盛）、《佛國記》（竺法維）、《扶南記》（竺枝），其中後6種，均可確定爲西行取經的求法僧所撰寫。〔註52〕

其四、佛經抄寫。由於佛教的廣泛流傳和統治階級的提倡，佛教在民眾當中的影響越來越大，信仰佛教的人日益增多。爲了表示對佛的虔誠和皈依，人們除了建塔造像之外，或抄寫佛經，或爲禪師樹立碑文。至於那些貴族或富豪之家，他們很多時候並不需自己親自抄寫，而是花錢雇人抄寫經書，由此一來，其時社會出現一批專靠抄經爲生的人。正是由於這個緣故，故而佛教經典或與佛教有所相關的文章典籍，一時竟成魏晉南北朝時期圖書編撰中的犖犖大者。

由於抄寫佛經被看成是禮佛的重要功德，故當時有不少王公貴族爲佛經抄寫提供讚助。如劉宋彭城王劉義康，不僅集合眾僧，將《勝鬘經》翻譯過來，還雇人將譯本廣爲抄寫，四處傳播。〔註53〕再如，南齊竟陵王蕭子良開府聚士，抄寫五經及佛教經典。〔註54〕基於對佛教的信仰，蕭子良不僅資助

〔註52〕 向達撰：《唐代長安與西域文明》，第563～576頁，石家莊，河北教育出版社，2001。

〔註53〕 《出三藏記集》卷九《勝鬘經序第十七》：「《勝鬘經》者，蓋方廣之要路，超昇之要洪軌……司徒彭城王殖根遐劫，龍現茲生……請外國沙門求那跋陀羅手執正本，口宣梵音，山居苦節，通悟息心。釋寶雲譯爲宋語。德行諸僧慧嚴等一百餘人，考音詳義，以定厥文。大宋元嘉十三年，歲次玄枵，八月十四日，初轉梵輪，訖于月終。公乃廣寫雲布，以澤未洽，將興後世，同往高會道場。」（第348～349頁）由此可見，彭城王劉義康不僅組織眾僧翻譯《勝鬘經》，還出錢雇人廣爲抄寫，以資傳播。

〔註54〕 《南齊書》卷四〇《武十七王·竟陵王子良傳》，第698頁。

別人抄寫佛經，還親自動手，如他曾手抄《華嚴經》、《貧女爲國王夫人經》等 36 部、122 卷，《抄成實論》9 卷則是他禮請定林上寺僧釋僧柔、小莊嚴寺僧釋慧次抄寫。〔註 55〕由於競相抄經以爲功德，結果還形成了抄寫佛經替死者超度亡魂的社會習俗，而這個社會習俗，則進一步說明抄寫佛經已成爲一個普遍的社會現象。〔註 56〕

　　佛教徒或自行抄寫，或雇人抄寫佛經的事例，蕭梁以後更爲普遍，這與梁武帝蕭衍佞佛可能有一定關係。如梁朝人劉慧斐，「少博學，能屬文……尤明釋典，工篆隸，在山手寫佛經二千餘卷，常所誦者百餘卷。晝夜行道，孜孜不怠，遠近欽慕之。簡文臨江州，遺以几杖。論者云，自遠法師沒後將二百年，始有張、劉之盛矣。」〔註 57〕這是佛教信徒自己動手抄寫經書。陳朝人徐孝克，「後東遊，居于錢塘之佳義里，與諸僧討論釋典，遂通《三論》。每日二時講，旦講佛經，晚講《禮傳》，道俗受業者數百人……太建四年，徵爲祕書丞，不就，乃蔬食長齋，持菩薩戒，晝夜講誦《法華經》，高宗甚嘉其操行」，及陳後主在位，以石頭津稅收賜予孝克，然而孝克卻將這些稅收，「悉用設齋寫經，隨得隨盡。」〔註 58〕陳後主賜予徐孝克石頭津稅收，本意是爲了幫助他改善生活，但出於對佛教的信仰以及救濟災民（其中也有信佛的因素），徐孝克將這些收入全部用來雇人抄寫佛經。這屬於個人出資雇傭抄手寫經。寺院有時也會雇人抄寫經書。

　　不僅南朝如此，北朝這方面也不遑多讓。如北魏人劉芳，在年輕時「常爲諸僧傭寫經論，筆迹稱善，卷直以一縑，歲中能入百餘匹。如此十數年，賴以頗振。由是與德學大僧，多有還往。」〔註 59〕這是北魏寺院雇人抄寫佛經，從劉芳每年能抄一百多卷，一直抄了十幾年的情況來看，可見當時寺院

〔註 55〕據《出三藏記集》卷五《新集抄經錄第一》：「《抄貧女爲國王夫人經》一卷「下注云：「從《華嚴經》至《貧女爲國王夫人》凡三十六部，並齊竟陵文宣王所抄。凡抄字在經題上者，皆文宣所抄也。」「《抄成實論》九卷」下注云：「齊武帝永明七年十二月，竟陵文宣王請定林上寺釋僧柔、小莊嚴寺釋慧次等於普弘寺共抄出。」（第 220 頁）

〔註 56〕據《陳書》卷三六《始興王叔陵傳》載，太建十一年，叔陵母彭氏死，「初喪日，僞爲哀毀，自稱刺血寫《涅槃經》」（第 495 頁），陳叔陵所以要僞稱刺血寫《涅槃經》，蓋在於當時已經形成一種習俗，即父母死後，爲超度其亡靈，孝子要抄寫《涅槃經》等佛經以禮敬佛陀。

〔註 57〕《南史》卷七六《隱逸・劉慧斐傳》，第 1902 頁。

〔註 58〕《陳書》卷二六《徐陵附弟孝克傳》，第 337～338 頁。

〔註 59〕《魏書》卷五五《劉芳傳》，第 1219 頁。

抄寫佛經數量之多。

需要說明的是，佛經抄寫的過程還對當時的文學創作產生過一些積極影響，出現了一批以佛教、佛經、寺院為創作題材的著作。如陳朝人姚察，幼年即從鍾山明慶寺尚禪師受菩薩戒，及其入仕陳朝，所得俸祿都用於建塔造寺，並親自為尚禪師撰寫碑文，由於他諳熟佛典，故所撰眾塔及眾僧文章，無不綺密遒麗。後來，姚察「遇見梁國子祭酒蕭子雲書此寺禪齋詩，覽之愴然，乃用蕭韻述懷為詠，詞又哀切，法俗益以此稱之。」〔註60〕這是以僧侶、塔寺為題材撰寫文章，抒發情懷。另外，南朝有許多詩詞歌賦的內容，都不同程度地受到過佛教的影響，有些甚至直接以佛教內容作為寫作題材，凡此不僅表明佛教對當時的文學創作產生了日益深刻的影響，同時也進一步拓展和豐富了其時圖書出版的內容。

三、偽經造作——增添了圖書出版內容

隨著佛教在中國的廣泛傳播，佛教經書的社會需求量大增，於是就有人偽造經書。大量佛教偽經的出現，對於弘揚佛教的僧徒而言，雖然極其可惡，但就對中國古代圖書出版事業的發展來說，卻從一個獨特的方面增添和豐富了魏晉南北朝時期圖書出版的內容。

六朝時期盛行偽造之風，偽風所及，佛教經典亦不能幸免。早在釋道安編撰佛典目錄東晉時期，他就已經發現有偽經出現，釋道安在《疑經錄序》中，對造作偽經的行為進行了深刻批判，並簡要說明自己為何要將這些偽經指出的原因，他說：「外國僧法，學皆跪而口受。同師所受，若十、二十轉，以授後學。若有一字異者，共相推校，得便擯之，僧法無縱也。經至晉土，其年未遠，而喜事者以沙糅金，斌斌如也，而無括正，何以別真偽乎！農者禾草俱存，后稷為之歎息；金匱玉石同緘，卞和為之懷恥。安敢預學次，見涇渭雜流，龍蛇並進，豈不恥之？」〔註61〕釋道安在他所編撰的佛教典籍目錄著作《綜理眾經目錄》中，指出當時有偽經25部、28卷；到釋僧祐撰寫《出三藏記集》時，偽經又增加了45部、257卷。及至隋初法任等人撰寫佛典目錄時，共有疑惑之經55部、68卷，偽惑之經則有143部、314卷。〔註62〕魏

〔註60〕《陳書》卷二七《姚察傳》，第352頁。
〔註61〕《出三藏記集》卷五《新集疑經偽撰雜錄第三》，第221～222頁。
〔註62〕前揭《漢魏兩晉南北朝佛教史》第十五章《南北朝釋教撰述》，第420～421頁。

晉南北朝時期僞造佛經之盛行，由此可見一斑。

　　僞造佛經之最早見於史籍者，爲僧人慧達，釋僧祐在《出三藏記集》中曾嚴肅指出：「自像運澆季，浮競者多，或憑眞以構僞，或飾虛以亂實。昔安法師（按，指釋道安）摘出僞經二十六部，又指慧達道人以爲深戒。古既有之，今亦宜然矣。」〔註63〕從釋僧祐的這段話中，我們瞭解到，造作僞經自古而有，釋道安曾經舉出僧慧達作爲反面事例，原因就在於他僞造佛經。被釋僧祐認定爲「疑經僞撰」的佛經，合計46部、56卷，在這批「疑經僞撰」中，只有8部作者可考，其餘38部已無從考證。〔註64〕魏晉南北朝時期，僞造佛經者代不乏人，如帛尸梨密的弟子覓歷，因僞造《大比丘尼戒》，而受到法汰、道林的指斥。〔註65〕宋文帝元嘉時期竺法度所造《異威儀》（一卷）、南齊時僧法度所造《毗跋律》（一卷）、東魏時期孫敬德所造之《高王觀世音經》等，均是作者姓名可考的佛教僞經。還有一些僞經，則造作者已不可考，如《淨土盂蘭盆經》即是。〔註66〕佛教僞經何以層出不窮呢？其中原因固然很多，但主要者無非如下：

　　其一，因爲精神錯亂或爲祈福免禍而造僞經。如漢獻帝建安末年，濟陰人丁氏之妻，突然患病，便能「胡語」，又向旁人索要紙筆，自爲「胡書」，所寫內容，後來經過一個西域胡人的鑒別，據說是梵文佛經。〔註67〕這顯然是因爲迷信佛經教義，以致於精神錯亂，需知當時中國人能識「胡文」者甚少，丁氏妻信筆塗鴉經「西域胡人」指認後而成爲「佛經」，自然只能是僞經。類似的例子，還有南齊末年，太學博士江泌有女尼子，據說從九歲到十六歲期間，常常閉目靜坐，先後寫出了21種佛經，有時說是上天所傳，有時說是神仙所授，她的舅舅孫質認爲是「眞經」，於是好事者四出傳寫，後來佞佛的梁武帝還曾召見了她，她也因此而出家，取名僧法。〔註68〕可以想像，此女精神亦非正常，其胡言亂語自然不可能是「眞經」。再如，被釋智昇《開元釋教錄》列入「僞妄」類的《高王觀世音經》，其造作時間爲東魏天平年間（534

〔註63〕《出三藏記集》卷五《新集疑經僞撰雜錄第三》，第224頁。

〔註64〕《出三藏記集》卷五《新集疑經僞撰雜錄第三》，第224～226頁。

〔註65〕《出三藏記集》卷十一引《尼受大戒法後記》云：「此土無大比丘尼戒文，乏斯一部僧法久矣。吳土雖有《五百戒比丘尼》，而戒是覓歷所出，尋之殊不似聖人所制。法汰、道林聲鼓而正之，可謂匡法之棟樑也。」（第417頁）。

〔註66〕前揭《漢魏兩晉南北朝佛教史》第十五章《南北朝釋教撰述》，第421頁。

〔註67〕《出三藏記集》卷五《新集疑經僞撰雜錄第三》，第231頁。

〔註68〕《出三藏記集》卷五《新集疑經僞撰雜錄第三》，第230～231頁。

～537），時人孫敬德犯下死罪，臨刑前他曾夢見一沙門教他念誦《救生觀世音經》一千遍，說如果這樣的話，則刀斫之而不傷。後此事被執政者高歡得知，遂上表免其一死，因而此經便定名為《高王觀世音經》。到了隋朝，又有人造《觀音無畏論》（一卷）來解釋《高王觀世音經》。〔註69〕這兩本經書，顯然均是偽造，目的則在於免禍，當然也有可能是佛教徒為了宣傳佛教而編造出來的，但無論是出於何種目的，它們都肯定是偽經。

其二，偽造佛經以圖錢財。任何一種事物，只要社會有需求，就會有人以之謀利，隨佛教的廣泛傳播，佛經的社會需求量也越來越大，於是就有人造作偽書以牟利。如，蕭梁時郢州（今湖北武昌）僧人妙光，因不守戒律被郢州僧正趕走。妙光來到京師建康後，先是造作《薩婆若陀眷屬莊嚴經》一卷，後又「抄略諸經，多有私意妄造，借書人路琰屬辭潤色。」為牟取暴利，妙光使人四處傳抄這些偽經，以誘惑供養施捨。後來事情敗露，梁武帝下敕令僧正慧超等二十餘人，審訊妙光，並將搜索出的二十多本偽經悉數燒毀。〔註70〕

其三，因為與道教爭先後而造偽經。自王浮作《化胡經》之後，佛教徒對於老子為佛弟子之說堅信不疑，遂有人繼續偽造佛經以堅定這個說法。其中《清淨法行經》最為著名，該經被《法經錄》列入大乘疑惑經中。除此而外，《首羅比丘經》（按，即《首羅比丘見月光童子經》）、《鉢記經》、《周書異記》、《法本內傳》、《佛說決罪福經》、《小法滅盡經》（或作《法滅盡經》）、《法要捨身經》等，也都被學者認定為疑偽經書。〔註71〕

四、佛教圖畫——豐富了圖書出版形式

隨著佛教傳入中國及其流行，西方繪畫藝術也大量傳入中國，這也豐富了魏晉南北朝時期圖書出版的內容和形式。佛教壁畫的出現很早，徵諸史籍所載，東漢明帝時所建佛寺中，就已經施用壁畫：「世傳（漢）明帝夢見金人，長大，頂有光明，以問羣臣。或曰：『西方有神，名曰佛，其形長丈六尺而金黃色。』帝於是遣使天竺問佛道法，遂於中國圖畫形像焉。」〔註72〕此事當

〔註69〕【唐】釋智昇撰：《開元釋教錄》卷十八，大正藏本。
〔註70〕《出三藏記集》卷五《新集疑經偽撰雜錄第三》，第231頁。
〔註71〕前揭《漢魏兩晉南北朝佛教史》第十五章《南北朝釋教撰述》，第422～424頁。
〔註72〕《後漢書》卷八八《西域‧天竺國傳》，第2922頁。

即《高僧傳》所載：「（蔡）愔又於西域得畫釋迦倚像，是優田王栴檀像師第四作也。既至雒陽，（漢）明帝即令畫工圖寫，置清涼臺中，及顯節陵上。舊像今不復存焉。」〔註73〕不過，這個時候的佛教畫像還比較簡單，也比較少見。

　　到魏晉南北朝時代，佛教圖畫已經在中國大行其道，中亞地區與今印度半島的繪畫技法也開始爲中國畫家所吸收借鑒。如南朝劉宋人戴逵、戴顒，就已經熟練掌握了天竺畫法的技巧，史載：「自漢世始有佛像，形制未工，（戴）逵特善其事，（戴）顒亦參焉。宋世子鑄丈六銅像於瓦官寺，既成，面恨瘦，工人不能治，乃迎顒看之。顒曰：『非面瘦，乃臂胛肥耳。』既錯減臂胛，瘦患即除，無不歎服焉。」〔註74〕戴顒能通過人體各個部位肥瘦對比，找出銅像所存在的問題，實與他接受並掌握了天竺「暈染法」的繪畫技巧有關係。隨著佛教的流播和佛教繪畫的增多，天竺繪畫技巧中的暈染法，爲越來越多的中國畫家所掌握，如蕭梁著名畫家張僧繇，即擅長寺院壁畫，其筆法頗受印度技法的影響，史言張氏「殊方夷夏，實參其妙」，在張僧繇以前，中國畫面多是線條型，凹凸不易顯示，在吸取了天竺的暈染法後，就增添了畫面的立體感，這方面的具體例證，如梁武帝大同三年（537）新建一寺，「寺門遍畫凹凸花，代稱張僧繇手跡，其花乃天竺遺法，朱及青綠所成，遠望眼暈如凹凸，就視即平，世人咸異之，乃名凹凸寺。」〔註75〕暈染法在中國繪畫史上影響頗大，以後便成爲中國畫的基本技法之一。當時掌握這種繪畫方法的人很多，如梁元帝蕭繹的長子蕭方等，尤其擅長人物畫，他可以在宴席上隨手揮上幾筆，就完成數個人物肖像畫，就是隨便問一個孩童，他也能說出畫的是誰。〔註76〕再如，彭城人劉岳，「才學快士，而畫絕倫。後隨武陵王（按，

〔註73〕《高僧傳》卷一《譯經上・漢雒陽白馬寺竺法蘭》，第 3 頁。
〔註74〕《宋書》卷九三《隱逸・戴顒傳》，第 2277～2278 頁。
〔註75〕《建康實錄》卷一七《梁・高祖武皇帝紀》，第 686 頁。
〔註76〕【北齊】顏之推撰，王利器集解：《顏氏家訓集解》卷七《雜藝第十九》，第579 頁，北京，中華書局，1993。按，據注〔二〕引《歷代名畫記》七：「梁元帝長子方等，字實相。尤能寫真，坐上賓客，隨意點染，即成數人，問兒童皆識之。後因戰歿，年二十二。贈侍中、中軍將軍、揚州刺史，諡忠莊太子。」案，據《南史・梁元帝諸子傳》：「元帝即位，改諡武烈世子。」宋長白《柳亭詩話》卷十五：「描貌曰寫真，又曰寫照，又曰寫生，俗所謂傳神肖像也。《顏氏家訓》曰：「武烈太子偏能寫真。」梁簡文《詠美人看畫詩》：「可憐俱是畫，誰能辨寫真。」）蕭方等之擅長人物畫，及其人物畫水平之高，由此可見。

即蕭梁武陵王蕭紀）入蜀，下牢之敗，遂爲陸護軍（按，即陸法和）畫支江寺壁，與諸工巧雜處。」〔註77〕

　　如果說外國繪畫技法純粹是由於佛教的原因而被中國人所接受，這種說法可能過於絕對，但我們必須充分認識到，在當時採取印度畫技的壁畫或圖畫中，絕大多數應爲佛經或寺院所作，則可以肯定，如上述諸人繪畫之主體部分，均以佛教內容爲題材，即可以爲明證。再如，梁元帝蕭繹就是一位畫佛高手，他的畫多以僧侶和蕃客爲表現對象，並曾因善畫受到當然武帝蕭衍的稱讚，史載蕭繹「初生便眇一目，聰慧俊朗，博涉技藝，天生善書畫……嘗畫聖僧，武帝親爲贊之。任荊州刺史日畫《蕃客入朝圖》，帝極稱善。又畫《職貢圖》并序，善畫外國來獻之事。姚最云：『湘東天挺生知，學窮性表，心師造化，象人特盡神妙，心敏手速，不加點理。聽訟之暇，眾藝之餘，時遇揮毫，造化驚絕，足使荀、衛閣筆，袁、陸韜翰。』」〔註78〕又如，劉宋時代的畫家顧長康，也擅長畫佛，他所繪的「維摩畫圖」即維摩畫像，與師子國所貢獻玉佛像、徵士戴安道手製之五軀佛像，在宋、齊、梁三代一直並稱爲瓦官寺「三絕」。〔註79〕梁武帝大同年間，擴建瓦官寺，「其圖諸經變，並吳人張（僧）繇運手。」〔註80〕可見，外國繪畫技法，絕大多數情況下，特別在傳入初期，確實主要運用於佛教繪畫方面。因此我們可以認爲，正是佛教的廣泛傳播，促進了外國繪畫技法在中國的流行，西方繪畫技法流入中國，一方面促進了中國繪畫技法的進步，另一方面也豐富了中國圖書編撰出版的內容和形式。

　　綜上所述，魏晉南北朝圖書出版事業的蓬勃發展，在一定程度上得益於佛教的廣泛傳播。佛教對於魏晉南北朝圖書事業發展的推動作用，可以概括爲如下三個方面：1、無論是佛經的翻譯注疏，還是僧侶信徒的撰作著述，以及西方繪畫技法爲中國作者所使用，不僅從多個方面豐富了魏晉南北朝圖書出版的內容和形式，也增加了圖書出版的數量。2、僞造佛經的盛行，也從某一方面滿足了圖書的社會需求，同時對於藏書、抄書風氣的形成也具有一定的促進作用，從而有力地推動了佛教的廣泛傳播及其中國化的進程。3、佛經

〔註77〕前揭《顏氏家訓集解》卷七《雜藝第十九》，第 578 頁。
〔註78〕前揭《顏氏家訓集解》卷七《雜藝第十九》注【一】引《歷代名畫記》七，第 579 頁。
〔註79〕《梁書》卷五四《海南諸國・師子國傳》，第 800 頁。
〔註80〕《梁書》卷五四《海南諸國・扶南國傳》，第 793 頁。

譯注工作由個人自發的行為，轉向有規模、有組織的政府性行為，不僅促進了翻譯質量的不斷提高和中國古代翻譯事業的進步，也在一定程度上擴大了圖書出版的速度，促進了圖書市場的繁榮。基於以上幾點，我們可以認為，魏晉南北朝時期圖書事業的快速發展，與佛教的廣泛傳播實有著不可分割的密切關係。

太極東堂與魏晉南北朝政治

太極殿爲魏晉南北朝時期正殿的通用名稱，太極東堂則是太極正殿的東廂房，相關史籍一般簡稱「東堂」〔註1〕。關於東堂之功能，《資治通鑒》的音注者胡三省曾有明確闡釋，云：「西堂，太極殿西堂也。建康太極殿有東西堂，東堂以見羣臣，西堂爲即安之地。」〔註2〕由胡氏的解釋可以知道，一般情況下，太極東堂是皇帝與群臣商討國事的地方，而太極西堂則是皇帝的歇息場所，這表明東堂的主要功能在於政治方面。就史籍所透露的信息來看，太極東堂與魏晉南北朝，特別十六國政權的現實政治之間，存在著十分密切的聯繫。以下稽考相關史實，對太極東堂和魏晉南北朝政治的關係略加考釋。

一、東堂決策制度的形成及其在十六國政權中的運用

在魏晉南北朝時期，太極東堂乃是十分重要的政治決策地點，特別對於「五胡十六國」政權來說，甚至可以說是最重要的決策地點。有史實表明，十六國政權以太極東堂作爲中樞決策地點，乃是對魏晉制度的繼承或模擬。

（一）東堂聽政制度之形成

太極東堂之所以成爲魏晉南北朝政治決策的重要場所，主要由其性質決定，因爲在通常情況下，太極東堂乃是魏晉時期皇帝日常聽政的地點，前揭

〔註1〕十六國政權中，只有後趙石虎在鄴城所興建之正殿名曰太武殿，但在建築佈局上，則與太極殿並無二致。關於太極殿的建築佈局，及其與魏晉南北朝政治的關係，筆者曾撰《太極殿與魏晉南北朝政治》一文，有詳細考論，文刊前揭張金龍主編：《黎虎教授古稀紀念——中國古代史論叢》，第502～538頁，北京，世界知識出版社，2006。

〔註2〕《資治通鑒》卷一〇一晉哀帝興寧三年（365）二月丙申「帝崩于西堂」條胡注，第3198頁。

胡三省氏的解釋已經指明。事實上，早在胡氏之前，史家就已經注意到太極東堂與魏晉南北朝政治決策之間的密切關係了，並且從「天命」的角度對太極東堂的這一政治功能加以闡釋。

據《晉書·五行志》記載：「趙王倫篡位，有鶉入太極殿，雉集東堂。天戒若曰，太極（殿）、東堂皆朝享聽政之所，而鶉雉同日集之者，趙王倫不當居此位也。《詩》云：『鵲之強強，鶉之奔奔，人之無良，我以爲君。』其此之謂乎！尋而倫滅。」〔註3〕這裏明確指出，太極殿、太極東堂均爲朝享聽政之地，並徵引儒家經典《詩》句，以說明「天命」之不可違背，趙王司馬倫因爲沒有上天授命的「僭越」行爲，竊居不該居之位，遂決定了他最終敗亡的命運。

又如，晉惠帝曾向王渾詢問郡國計吏方俗之宜，王渾因此上奏章，其中云：「舊三朝元會前，計吏詣軒下，侍中讀詔，計吏跪受……又先帝時，正會後東堂見征鎮長史司馬、諸王國卿、諸州別駕。今若不能別見，可前詣軒下，使侍中宣問，以審察方國，於是爲便。」〔註4〕王渾的奏章清楚地表明，在晉武帝時期，每年元會日大朝會之後，皇帝要在太極東堂召見地方州、鎮、郡、國的主要僚佐，向他們瞭解地方的政治情況。王渾的奏章得到了肯定，並因此獲得「錄尚書事」之頭銜。再如，晉武帝時期曾經舉賢良，摯虞、夏侯湛等十七人策爲下第，晉武帝遂下詔「諸賢良方正直言，會東堂策問」〔註5〕，對於此次東堂策問的主題內容，《晉書·摯虞傳》有記載，略云：

> 因詔諸賢良方正直言，會東堂策問，曰：「頃日食正陽，水旱爲災，將何所修，以變大眚？及法令有不宜於今，爲公私所患苦者，皆何事？凡平世在於得才，得才者亦借耳目以聽察。若有文武器能有益於時務而未見申敍者，各舉其人。及有負俗謗議，宜先洗濯者，亦各言之。」虞對曰……擢爲太子舍人，除聞喜令。〔註6〕

在這次策問中，摯虞因爲對答得宜，被拔擢爲太子舍人，後除聞喜縣令。策問賢良方正，乃是漢魏晉時期帝王問政的一種重要方式，東堂則爲主要策問地點之一。

〔註3〕《晉書》卷二八《五行志中》，第863頁。
〔註4〕《晉書》卷四二《王渾傳》，第1204頁。
〔註5〕《晉書》卷五一《摯虞傳》，第1423頁。
〔註6〕《晉書》卷五一《摯虞傳》，第1423～1424頁。

又如，山簡曾於晉懷帝永嘉年間上奏章，其中云：「世祖武皇帝應天順人，受禪于魏，泰始之初，躬親萬機，佐命之臣，咸皆率職。時黃門侍郎王恂、庾純始於太極東堂聽政，評尙書奏事，多論刑獄，不論選舉。臣以爲不先所難，而辨其所易。陛下初臨萬國，人思盡誠，每於聽政之日，命公卿大臣先議選舉，各言所見後進儁才、鄉邑尤異、才堪任用者，皆以名奏，主者隨缺先敘。是爵人於朝，與眾共之之義也。」〔註7〕山簡奏疏表明，太極東堂作爲聽政之所，乃是黃門侍郎等門下官員審核尙書奏章、討論刑獄的地方，而且屆時皇帝要在聽政之日，命公卿大臣議論選舉事宜。作爲一項政治制度，東堂聽政至遲到晉武帝時期就已經形成。

上述山簡奏章最終被批准，表明當時朝廷準備恢復這項制度。儘管隨後發生的「永嘉之亂」摧毀了西晉王朝，但有史實表明，皇帝聽政於太極東堂，在「永嘉之亂」以後的西晉末年，依然作爲一項制度得以保持。如史載：「（晉懷帝司馬熾）在東宮，恂恂謙損，接引朝士，講論書籍。及即位，始遵舊制，臨太極殿，使尙書郎讀時令，又於東堂聽政。至於宴會，輒與羣官論眾務，考經籍。黃門侍郎傅宣歎曰：『今日復見武帝之世矣！』」〔註8〕從中可見，晉懷帝於太極殿讀時令、在東堂聽政，乃是「遵舊制」的行爲；另外，晉懷帝在東堂舉行宴會，並與群官論眾務、考經籍，既是效法晉武帝司馬炎（按，引文所載傅宣「今日復見武帝之世」的感歎，即可說明），更可看作對曹魏高貴鄉公做法的繼承。〔註9〕

及至東晉，聽政於東堂就已經成爲「故事」了，如史籍記載咸康六年（340），「秋七月，（晉成帝司馬衍）初依中興故事，朔望聽政于東堂。」〔註10〕所謂「中興故事」，即司馬睿渡江以後所形成的制度。東晉「中興故事」既是對曹魏、西晉舊制的繼承，同時又有所革新，變革之處在於皇帝親臨東堂聽政，開始有相對固定的時間，即每月初一、十五兩天。而在此前的曹魏西晉之際，可能並未規定皇帝東堂聽政的具體日期。

綜上所論，至遲到西晉武帝時期，東堂聽政已經形成爲一項國家制度，只不過那時聽政於東堂還沒有固定時間；及至東晉，皇帝至少必須於朔（初

〔註7〕《晉書》卷四三《山濤附子簡傳》，第 1229 頁。

〔註8〕《晉書》卷五《孝懷帝紀》，第 125 頁。

〔註9〕按，曹魏高貴鄉公在太極東堂論政務、考史籍、講學術之事，下文有較爲詳細的討論，茲不贅述。

〔註10〕《晉書》卷七《成帝紀》，第 182 頁。

一）、望（十五）兩日到東堂聽政，已然有了相對明確的時間。至此，東堂聽政作爲一項重要政治制度，已經基本完善。太極東堂既然是皇帝朔望聽政的場所，又是門下省官員「評尚書奏事」以及討論刑獄的地點，這裏最後發展成爲統治集團進行政治決策的地點，也就有了可能。

（二）十六國政權的東堂決策

頗具戲劇色彩的是，形成於魏晉時期的東堂決策制度，在後來的東晉南朝並不常用，反而是「五胡」建立的十六國政權，不僅繼承了這項制度，還將之作爲最主要的中央決策方式。以下徵諸相關史實，試加說明。

1、漢趙政權：由匈奴建立的漢趙政權，曾採用東堂決策。史載劉淵死後，衛尉‧西昌王劉銳、宗正呼延攸因爲怨恨自己沒能進入顧命大臣的行列，遂挑動嗣君劉和設法除掉劉聰。劉和因此召集劉銳、呼延攸等人，於東堂秘謀決策，史書略云：

> 元海死，和嗣僞位。其衛尉西昌王劉銳、宗正呼延攸恨不參顧命也，說和曰：「先帝不惟輕重之計，而使三王總強兵於內，大司馬握十萬勁卒居于近郊，陛下今便爲寄坐耳。此之禍難，未可測也，願陛下早爲之所。」和即攸之甥也，深然之，召其領軍劉盛及劉欽、馬景等告之。盛曰：「先帝尚在殯宮，四王未有逆節，今忽一旦自相魚肉，臣恐人不食陛下之餘。四海未定，大業甫爾，願陛下以上成先帝鴻基爲志，且塞耳勿聽此狂簡之言也。《詩》云：『豈無他人，不如我同父。』陛下既不信諸弟，復誰可信哉！」銳、攸怒曰：「今日之議，理無有二。」於是命左右刃之。景懼曰：「惟陛下詔，臣等以死奉之，蔑不濟矣。」乃相與盟于東堂，使銳、景攻（劉）聰，攸率劉安國攻（劉）裕，使侍中劉乘、武衛劉欽攻魯王（劉）隆，尚書田密、武衛劉璿攻北海王（劉）乂。〔註11〕

從「相與盟于東堂」一句可知，劉和等人進行決策的地點，顯然就是在太極東堂。參與東堂決策的人員除衛尉‧西昌王劉銳、宗正呼延攸外，另有領軍劉盛、武衛將軍劉欽、馬景。在決策過程中，儘管領軍劉盛曾持異議，但在劉銳、呼延攸二人的脅迫之下，不得已而同意，並最終做出以劉銳、馬景合軍進攻劉聰，呼延攸率劉安國進攻劉裕，侍中劉乘、武衛劉欽進攻攻魯王劉

〔註11〕《晉書》卷一○一《劉元海附劉和載記》，第2652～2653頁。

隆，尚書田密、武衛劉璿進攻北海王劉乂的政治決策。

漢趙政權的東堂決策，在劉曜統治時期還有一次。據諸史載，劉曜在位期間一度頻繁出現「災異」，劉曜遂因此下令公卿推舉博識極諫之士，以商議對策。司空劉均向他推薦了參軍臺產，劉曜於是「親臨東堂，遣中黃門策問之」，及見臺產言辭成理、對策切中要害，便又親自在東堂進行策問，史云：

> 武功豕生犬，上邽馬生牛，及諸妖變不可勝記。曜命其公卿各舉博識直言之士一人，司空劉均舉參軍臺產，曜親臨東堂，遣中黃門策問之。產極言其故，曜覽而嘉之，引見東堂，訪以政事。產流涕獻欷，具陳災變之禍，政化之闕，辭旨諒直，曜改容禮之，即拜博士祭酒、諫議大夫，領太史令。其後所言皆驗，曜彌重之，歲中三遷，歷位尚書、光祿大夫、太子少師，位特進。〔註12〕

這是就天災異常，舉行東堂策問，屬於決策性咨詢。此次「東堂策問」分為兩個階段，先是劉曜親臨東堂，以中黃門負責策問；及聽到臺產所言大有道理之後，劉曜再次引見臺產於東堂，當面向他垂詢政事。

2、後趙政權：羯族建立的後趙政權，也非常重視東堂決策。後趙政權的開創者石勒，已然充分認識到東堂決策制度的重要性，東晉成帝咸和五年（330），石勒稱趙天王、行皇帝事，追尊祖先、封賞功臣，建立職官體系之後，專門就東堂決策制度下了一道詔書，要求：「自今有疑難大事，八坐及委丞郎齎詣東堂，詮詳平決。其有軍國要務須啓，有令僕尚書隨局入陳，勿避寒暑昏夜也。」〔註13〕也就是說，凡是遇到「疑難大事」、「軍國要務」，都必須由八坐丞郎、令僕尚書等重要官員，在東堂進行集議決策。這樣，就以詔書的形式，把東堂決策定為後趙國家的決策制度。

史實表明，東堂決策制度在後趙得到了較好的執行。如石勒在位期間，曾發生嚴重自然災害，石勒因此「正服于東堂」，向相關人員進行咨詢，以圖應對之策。史書略云：

> 暴風大雨，震電建德殿端門、襄國市西門，殺五人。雹起西河介山，大如雞子，平地三尺，洿下丈餘，行人禽獸死者萬數，歷太原、樂平、武鄉、趙郡、廣平、鉅鹿千餘里，樹木摧折，禾稼蕩然。

〔註12〕《晉書》卷一〇三《劉曜載記》，第2698頁。又，此事同書卷九五《藝術·臺產傳》所載略同。

〔註13〕《晉書》卷一〇五《石勒載記下》，第2746頁。

勒正服于東堂，以問徐光曰：「歷代已來有斯災幾也？」光對曰：「周、漢、魏、晉皆有之，雖天地之常事，然明主未始不爲變，所以敬天之怒也。去年禁寒食，介推，帝鄉之神也，歷代所尊，或者以爲未宜替也。一人吁嗟，王道尚爲之虧，況羣神怨憾而不怒動上帝乎！縱不能令天下同爾，介山左右，晉文之所封也，宜任百姓奉之。」勒下書曰：「寒食既并州之舊風，朕生其俗，不能異也。前者外議以子推諸侯之臣，王者不應爲忌，故從其議，儻或由之而致斯災乎！子推雖朕鄉之神，非法食者亦不得亂也，尚書其促檢舊典，定議以聞。」有司奏以子推歷代攸尊，請普復寒食，更爲植嘉樹，立祠堂，給戶奉祀。勒黃門郎韋謏駁曰：「案《春秋》，藏冰失道，陰氣發泄爲雹。自子推已前，雹者復何所致？此自陰陽乖錯所爲耳。且子推賢者，曷爲暴害如此！求之冥趣，必不然矣。今雖爲冰室，懼所藏之冰不在固陰沍寒之地，多皆山川之側，氣泄爲雹也。以子推忠賢，令緜、介之間奉之爲允，於天下則不通矣。」勒從之。於是遷冰室於重陰凝寒之所，并州復寒食如初。〔註14〕

由於連續發生暴風大雨、雷電冰雹等異常自然災害，石勒因此正服於東堂，舉行策問。徐光認爲，類似自然災害歷代皆有，但每逢災變出現，「明主」都要採取相應對策，至於現在的這一系列災變，可能是由去年廢除寒食節所造成。對於徐光的對策，石勒極爲重視，在認眞反思的基礎上，要求尚書省立即檢核相關文獻資料，拿出具體意見後上報。「有司」因此上奏，認爲介子推乃是歷代尊崇的正神，不應該廢除其祭祀，要求在趙國境內普遍恢復祠堂。針對「有司」的建議，黃門郎韋謏提出反對意見，並上奏一道「駁」議，指出：冰雹乃是自然爲害，與祭祀介子推無關，而且介子推是位賢者，不應爲此暴害，因此如果考慮到介子推是位上古忠賢，可以在并州地區恢復對他的祭祀，至於全國其它地方，就沒有這個必要。綜合考慮上述諸奏疏的意見，石勒最終採納韋謏的建議，除將冰室遷到「重陰凝寒」之地外，還下令恢復了并州地區的寒食節。

綜觀此事全部過程，儘管這更似一次政治決策咨詢，但石勒最終根據咨詢所得的建議，及時調整了相關政策。因此，我們還是可以將它視爲一次東堂決策。

〔註14〕《晉書》卷一〇五《石勒載記下》，第2749～2750頁。

石虎乃是著名於中國歷史的「暴君」之一，但有史實表明，石虎對於東堂決策制度也比較重視。徵諸史載，石虎曾就立儲事宜進行決策，當時太尉張舉建議，應該立燕公石斌或彭城公石遵等「長君」，然而石虎卻意在幼子石世，君臣雙方意見分歧甚大，最後只好進行東堂集議決策。史言：

> 季龍議立太子，其太尉張舉進曰：「燕公斌、彭城公遵並有武藝文德，陛下神齒已衰，四海未一，請擇二公而樹之。」初，戎昭張豺之破上邽也，獲劉曜幼女，年十二，有殊色，季龍得而嬖之，生子世，封齊公。至是，豺以季龍年長多疾，規立世爲嗣，劉當爲太后，己得輔政，說季龍曰：「陛下再立儲宮，皆出自倡賤，是以禍亂相尋。今宜擇母貴子孝者立之。」季龍曰：「卿且勿言，吾知太子處矣。」又議于東堂，季龍曰：「吾欲以純灰三斛洗吾腹，腹穢惡，故生凶子，兒年二十餘便欲殺公。今世方十歲，比其二十，吾已老矣。」於是與張舉、李農定議，敕公卿上書請立世。大司農曹莫不署名，季龍使張豺問其故。莫頓首曰：「天下業重，不宜立少，是以不敢署也。」季龍曰：「莫，忠臣也，然未達朕意。張舉、李農知吾心矣，其令諭之。」遂立世爲皇太子，劉氏爲皇后。季龍召太常條攸、光祿勳杜嘏謂之曰：「煩卿傅太子，實希改轍，吾之相託，卿宜明之。」署攸太傅，嘏爲少傅。〔註15〕

這是石虎就立儲一事舉行東堂決策。在一開始，太尉張舉是希望能夠立石斌或石遵等「長君」爲儲，但後來知道石虎真正矚目的人選乃是幼子石世以後，於是在東堂決策的時候，便和李農等人商議後，決定遵照石虎的意思推舉石世爲儲君。

這裏要注意的是，在已經決策立石世爲儲君以後，石虎還是下發敕書，要求公卿百官聯合上奏章，請求建立石世爲太子。這大概是因爲，百官聯名上奏（即百官要在推薦表上簽名）爲其中必要程序。然而，大司農曹莫卻拒絕署名，表明他對這個決策結果持異議。當石虎知道曹莫拒絕署名的消息以後，並未加以責備，反而稱讚他是忠臣，只不過認爲曹莫沒有能夠理解自己的心思。曹莫的遭遇又表明，即使是在立儲等重大政治決策過程中，朝臣如果堅持不同意見，只要不是公開與君主作對或抗爭，一般情況下不會見怒於人主。

〔註15〕《晉書》卷一〇七《石季龍載記下》，第 2785 頁。

　　3、前秦政權：東堂決策制度在氐族建立的前秦政治生活中也十分重要。如前秦攻取洛陽之後，面對國土廣大、人口眾多的關東地區，應該採取何種方式進行有效統治，就成為前秦統治者所亟需解決的問題。為此，苻堅召集君臣進行東堂集議，商定對策：

> 洛既平，堅以關東地廣人殷，思所以鎮靜之，引其羣臣於東堂議曰：「凡我族類，支胤彌繁，今欲分三原、九嵕、武都、汧、雍十五萬戶於諸方要鎮，不忘舊德，為磐石之宗，於諸君之意如何？」皆曰：「此有周所以祚隆八百，社稷之利也。」於是分四帥子弟三千戶，以配苻丕鎮鄴，如世封諸侯，為新券主。堅送丕於灞上，流涕而別。諸戎子弟離其父兄者，皆悲號哀慟，酸感行人，識者以為喪亂流離之象。於是分幽州置平州，以石越為平州刺史，領護鮮卑中郎將，鎮龍城；大鴻臚韓胤領護赤沙中郎將，移烏丸府于代郡之平城；中書令梁讜為安遠將軍、幽州刺史，鎮薊城；毛興為鎮西將軍、河州刺史，鎮枹罕；王騰為鷹揚將軍、并州刺史，領護匈奴中郎將，鎮晉陽，二州各配支（按，據校勘記【一八】：「《通鑑》一〇四『支』作『氐』，疑是。」第 2907 頁。按，「支」當作「氐」，《通鑑》所載是也。）戶三千；苻暉為鎮東大將軍、豫州牧，鎮洛陽；苻叡為安東將軍、雍州刺史，鎮蒲阪。〔註16〕

苻堅通過「東堂集議」的方式，做出了分封子弟鎮於「諸方要鎮」的政治決策。但史實證明，這次東堂集議所做出的決策是不成功的，因為它分散了前秦的核心軍事力量，為前秦後來的迅速崩潰埋下了伏筆。〔註17〕

〔註16〕《晉書》卷一一三《苻堅載記上》，第 2903 頁。

〔註17〕關於「北朝不能過早統一南北的原因」的問題，陳寅恪氏曾有精闢論述，其中附帶討論「淝水之戰」前秦戰敗的原因，並深入分析「淝水戰敗，何以立即導致前秦的瓦解」的根由所在。陳氏指出，前秦之所以在淝水敗後迅速崩潰，主要就在於「淝水之戰」中，受損失最重的是氐族軍隊的精華，即其本部氐兵，而後來淝水之戰所遺留的氐兵部眾，又被苻堅派往戍守山東，於是苻堅回到長安以後，就只能啓用非本部的鮮卑兵及羌兵，而當鮮卑兵、羌兵接連起事後，由於本部氐兵全部不在長安，於是苻堅就只有死路一條，即「苻堅所以敗亡，即在民族的分配與組織上有缺口，鮮卑、羌人無損失，損失的都是本部的氐人。」（詳參前揭《陳寅恪魏晉南北朝史講演錄》第十四篇《南北對立形勢分析》，第 229～233 頁），事實上，苻堅在「民族的分配與組織上有缺口」，即其在處理本部與其它民族的關係問題方面的失誤，早在攻取洛陽、東堂決策將「四帥子弟」分置諸方要鎮時，就已經開始，而這才是後來

前秦東堂決策事例不多，史籍所載僅此一例。不過，前秦在東堂所進行的其它政治活動，史籍卻每有記載。如苻堅即位前夕，其母苟氏擔心苻堅庶長兄苻法爲變，遂遣人殺之，「堅性仁友，與法決于東堂，慟哭嘔血……」〔註18〕；公元370年，苻堅曾在東堂召見慕容垂〔註19〕；淝水戰敗以後，慕容沖起兵反秦，苻堅又在東堂召見慕容暐。〔註20〕以上諸多史實表明，太極東堂可能是苻堅從事政治活動的重要場所，舉凡咨詢政治、宴賞臣僚、慰問大臣、政治決策等，都會在這裏進行。

4、後秦政權：羌族建立的後秦統治者也比較重視東堂決策，如公元401年二月，北魏平陽太守貳塵入侵後秦河東地區，「（姚）興於是練兵講武，大閱于城西，鞦勇壯異者召入殿中，引見羣臣于東堂，大議伐魏。羣臣咸諫以爲不可，興不從。」〔註21〕眼看勸諫不成，司隸姚顯只得力勸姚興，請求他不要親征，派遣諸將領兵攻魏即可。但是，姚顯的這個提議仍然被姚興拒絕了，姚興還是堅持親征。

在隨後的秦魏戰爭中，後秦雖然有勝有敗，但勝之所得，遠不敵敗之所失。姚碩德、姚穆所部雖然擊敗後涼呂隆（時後涼爲拓跋鮮卑附庸），將河西、隴右一帶拓展爲後秦的疆土，此可謂取得軍事勝利。但姚平、狄伯支所統伐魏大軍，卻慘敗於汾水地區，主帥姚平與麾下三十餘騎，在糧絕矢盡的情況下，赴汾水而死，狄伯支等四萬餘人，也全部被北魏俘虜，對於姚平、狄伯支慘敗的景象，姚興只能眼睜睜地看著，卻無力施以援手。〔註22〕

史實表明，後秦此次東堂集議所做出的攻打北魏的決策，乃是一次十分嚴重的決策失誤。因爲它造成了極爲可怕的後果。具體表現爲如下二個方面：

其一，損兵折將，如姚平戰死、狄伯支等十將領及四萬多人被俘，其中姚平、狄伯支二人不僅是後秦統治集團中的核心人物，甚至可以稱得上後秦的政治精英，他們或死或俘，對於後秦統治集團來說，當然是政治上的重大損失。〔註23〕

<hr>

淝水之戰失利及其迅速崩潰的根本原因，所謂「諸戎子弟離其父兄者，皆悲號哀慟，酸感行人，識者以爲喪亂流離之象」，其實已經指出了這個歷史眞相。
〔註18〕《晉書》卷一一三《苻堅載記上》，第2885頁。
〔註19〕《資治通鑑》卷一〇二晉海西公太和五年（370）正月，第3228頁。
〔註20〕《晉書》卷一一四三《苻堅載記下》，第2924頁。
〔註21〕《晉書》卷一一七《姚興載記上》，第2981頁。
〔註22〕詳見《晉書》卷一一七《姚興載記上》，第2981～2982頁。
〔註23〕姚平，具體事蹟史無詳載，但其身爲後秦宗室，在此次極爲重要的軍事行動

其二，導致河曲一帶戰略態勢失衡，差一點造成蒲阪的失守。汾水之戰失利的後果，不止於姚平、狄伯支等人或死或俘，其更爲嚴重者乃是造成河曲一帶戰略均衡局面破壞，蒲阪成爲北魏的攻擊目標，並且差一點失守，若非北魏受到柔然的干擾而撤兵，則蒲阪很難防守得住，而一旦蒲阪失守，北魏兵鋒將直指黃河對岸的後秦腹地。〔註24〕

5、諸燕政權：慕容鮮卑建立的諸燕政權，也十分重視東堂決策。如後燕慕容寶在位期間，北魏進攻并州，驃騎將軍慕容農戰敗，匹馬遁還首都中山，後燕君臣遂進行東堂集議，決策採取何種應對方略。史言：

中，以義陽公的身份，和狄伯支同爲前鋒主力部隊的統帥，政治軍事地位之高，不難推知。狄伯支，天水人，羌族狄氏係西州豪族，當爲狄廣同族。據《晉書》卷一一六《姚萇載記》：「西州豪族尹詳、趙曜、王欽盧、牛雙、狄廣、張乾等率五萬餘家，咸推萇爲盟主。」（第 2965 頁）姚萇遂於太元九年（384）稱大將軍、大單于、萬年秦王，其時狄伯支被任命爲從事中郎；太元十八年（393）十二月，姚萇臨終託孤，狄伯支時任尚書，得與太尉姚旻、僕射尹緯、姚晃、將軍姚大目一起入禁中，受遺詔輔政，姚萇殷切告誡太子姚興，云：「有毀此諸公者，慎勿受之。汝撫骨肉以恩，接大臣以禮，待物以信，遇民以仁，四者不失，吾無憂矣。」（《資治通鑒》卷一〇八晉孝武帝太元十八年十二月，第3411 頁）可見，自姚萇創建後秦起，狄伯支即已廁身後秦統治集團的核心層。及姚興即位，率師討伐前秦符登，以尹緯爲長史，狄伯支爲司馬，狄伯支因此成爲輔佐姚興軍事的主要助手之一。及汾水之戰失利，狄伯支被拓跋珪俘虜，姚興又提出以放還賀狄干，並良馬千匹，希望將其贖回。（據《資治通鑒》卷一一四晉安帝義熙三年/407 五月：「魏主珪歸所虜秦將唐小方于秦。秦王興請歸賀狄干，仍送良馬千匹以贖狄伯支；珪許之。」第 3597 頁；《晉書》卷一一八《姚興載記下》：「至是，復與魏通和，魏放狄伯支、姚伯禽、唐小方、姚良國、康官還長安，皆復其爵位。」第 2991 頁。按，《通鑒》以唐小方等先放還，而狄伯支是在後秦放還賀狄干，並送良馬千匹以後，始得還國；而《晉書》則以爲上述諸人同時返國。兩者記載有所牴牾，竊意《晉書》爲唐初官修史書，對原始文獻篡改較大，且敘事以簡省爲能事，故不足據信。司馬溫公主持編撰《通鑒》時，修史者尚得見一些今已失傳的原始文獻，明白其中原委，故敘事反而更得歷史眞相，觀《晉書》所載北魏放還諸將，唐小方等人政治地位與狄伯支相差甚遠，故拓跋鮮卑先歸還唐小方等人，而以狄伯支爲可居奇貨，待到姚興提出以賀狄干放歸，並送良馬千匹，始肯放歸也。）以上均可見，狄伯支在後秦具有極高的政治地位。

〔註24〕據《資治通鑒》卷一一二晉安帝興元元年（402）十月：「（姚）平糧竭矢盡……計窮，乃帥麾下赴水死，諸將多從平赴水；（拓跋）珪使善游者鈎捕之，無得免者。執狄伯支及越騎校尉唐小方等四十餘人，餘眾二萬餘人皆斂手就禽。（姚）興坐視其窮，力不能救……數遣使求和於魏，珪不許，乘勝進攻蒲阪，秦晉公（姚）緒固守不戰。會柔然謀伐魏，珪聞之，戊申，引兵還。」（第 3544 頁）由此可見，若非柔然謀劃攻魏，則蒲阪有可能被魏軍攻取。

> 魏伐并州……（慕容農）單馬遁還。（慕容）寶引羣臣于東堂
> 議之。中山尹苻謨曰：「魏軍強盛，千里轉鬥，乘勝而來，勇氣兼
> 倍，若逸騎平原，形勢彌盛，殆難爲敵，宜度險距之。」中書令睦
> 邃曰：「魏軍多騎，師行剽銳，馬上齎糧，不過旬日。宜令郡縣聚
> 千家爲一堡，深溝高壘，清野待之，至無所掠，資食無出，不過六
> 旬，自然窮退。」尚書封懿曰：「今魏師十萬，天下之勍敵也。百
> 姓雖欲營聚，不足自固，是則聚糧集兵以資強寇，且動眾心，示之
> 以弱。阻關距戰，計之上也。」慕容麟曰：「魏今乘勝氣銳，其鋒
> 不可當，宜自完守設備，待其弊而乘之。」於是修城積粟，爲持久
> 之備。〔註25〕

此次東堂集議，實爲後燕所舉行的一次最高國防軍事會議，所以文武百官幾
乎全部參加。由於決策錯誤，未能按照苻謨、封懿「阻關距戰」的正確意見
進行相應的軍事部署，而是採取修城積粟、固守孤城的戰法，由此導致了後
燕城破亡國的最後結局。

綜上所述，東堂決策制度形成於魏晉，而爲十六國政權所承用。作爲十
六國政權的一項重要政治制度，東堂決策在十六國政權的政治生活中具有十
分重要的意義，能夠參加東堂決策者，或爲朝廷重臣，或爲君主親任之臣。
在東堂決策的過程中，參加者可以盡抒己見，絕大多數情況下都不會因言獲
罪，尤其在進行決策性咨詢的時候，更是如此，這是因爲參與東堂決策咨詢
的人員，一般情況下都局限於一個較小的範圍，且或親或貴。另外，君主舉
行東堂決策，多數都是希望通過這種方式瞭解政治實情，或是察納雅言，因
此作爲東堂決策咨詢的參與者，心態也往往較爲放鬆，從而做到暢所欲言，
因爲不必擔心言有不當而致君主怪罪。

二、東堂與舉辦喪禮

魏晉南北朝時期，東堂除了是中央政治決策的場所之外，還是舉辦親王、
公主等宗室成員及三公等文武要員喪禮的地點。按制度規定，太極正殿乃是
大行皇帝靈柩停放及哭喪、致祭、發喪的場所，而太極東堂則是親王、公主、
三公等重要成員的發哀地點。〔註26〕

〔註25〕《晉書》卷一二四《慕容寶載記》，第3094頁。
〔註26〕據《通典》卷八一《凶禮三》「皇后爲親屬舉哀議」條載：東晉時諸太后爲從

　　如，後秦姚興曾「以大臣屢喪，令所司更詳臨赴之制。所司白興，依故事東堂發哀。興不從，每大臣死，皆親臨之。」〔註27〕這裏所謂的「故事」，當指漢魏舊制，亦即魏晉南北朝時期通行的慣例；同時也是對古制的繼承和發展。〔註28〕按照漢魏「故事」，每逢大臣死，皇帝無需親至喪事現場，只要在東堂發哀致祭即可。可能是出於籠絡人心的緣故，每逢大臣死，後秦主姚興都要親臨致祭，而親臨致祭，實際上正暗合於「大臣之喪，有三臨之禮」的古制，但人君親臨者爲三公以上的高官，姚興只不過將親臨的範圍擴大，並不限於三公而已。人君親臨致祭，暗合於古禮，在北魏也有其例。據諸史載，北魏孝文帝太和十九年（495）廣川王元略之子元諧死，孝文帝下詔問「三臨之禮」：

　　　　詔曰：「朕宗室多故，從弟諧喪逝，悲痛摧割，不能已已。古者，大臣之喪，有三臨之禮，此蓋三公已上。至於卿司已下，故應□□□。自漢已降，多無此禮。朕欲遵古典，哀感從情，雖以尊降伏，私痛寧爽？欲令諸王有期親者爲之三臨，大功之親者爲之再臨，小功總麻爲之一臨。廣川王於朕大功，必欲再臨。再臨者，欲於大殮之日，爲親臨盡哀，成服之後，總衰而弔。既殯之總麻，理在無疑，大殮之臨，當否如何？爲須撫柩於始喪，爲應盡哀於闔棺？早晚之宜，擇其厥中。」黃門侍郎崔光、宋弁，通直常侍劉芳，典命下大夫李元凱，中書侍郎高聰等議曰：「三臨之事，乃自古禮，爰及漢魏，

<hr/>

弟舉哀，博士王臻等議：「於至尊是族舅，雖不及舉哀，可從太后舉哀於朝堂。」又云：「太后前爲諸衛軍劉夫人舉哀於式乾殿，至尊於朝堂，今宜依故事。」尚書王彪之議：「若至尊自應舉哀外族於朝堂，是也。自若不舉哀，唯應從太后遠出朝堂。未喻其禮，謂從舉哀之禮，自中朝迄於中興，朝廷已粗有常儀。至尊爲内族於東堂舉哀，則三省從臨：爲外族及大臣於朝堂舉哀，則八座丞郎從臨。至尊之奉太后，既率朝臣之儀，又盡家人之禮。二三情敬，實兼參臣子。今不應自舉哀者，謂應從太后臨於式乾殿，太后位西面東向，至尊位北面南向。」（第2213頁）這表明依兩晉禮儀規定，爲皇帝内親舉哀的地點，應爲東堂；爲外親（即皇后族親）及大臣舉哀的地點，則爲朝堂。但在現實生活中，爲外親或大臣舉哀於東堂的事例，在魏晉南北朝時期也較爲普遍。

〔註27〕　《晉書》卷一一八《姚興載記下》，第2997頁。

〔註28〕　據《資治通鑑》卷七三魏明帝青龍三年（235）九月，曹魏中山恭王曹袞疾病，令官屬曰：「男子不死於婦人之手，（胡注：《喪大記》之言。）亟以時營東堂。」堂成，輿疾往居之。（第2313頁）因此，魏晉南北朝時期，大臣王公之死，皇帝發哀於東堂，實爲對古制的繼承與發展。

行之者稀。陛下至聖慈仁，方遵前軌，志必哀喪，應同寧戚。臣等
以爲若期親三臨，大功宜再。始喪之初，哀之至極，既以情降，宜
從始喪。大殮之臨，伏如聖旨。」詔曰：「魏晉已來，親臨多闕，至
於戚臣，必於東堂哭之。頃大司馬、安定王薨，朕既臨之後，復更
受慰於東堂，今日之事，應更哭否？」光等議曰：「東堂之哭，蓋以
不臨之故。今陛下躬親撫視，羣臣從駕，臣等參議，以爲不宜復哭。」
詔曰：「若大司馬戚尊位重，必哭於東堂，而廣川既是諸王之子，又
年位尚幼，卿等議之，朕無異焉。」諧將大殮，高祖素服深衣哭之，
入室，哀慟，撫尸而出。〔註29〕

可見，宗室親王、王公大臣的喪事，皇帝「親臨」致祭，乃是古禮。然而，「魏
晉以來，親臨多闕」，亦即到魏晉以後，多數情況下皇帝不再親臨，而是在東
堂致祭哭喪。東堂發哀至祭，實際上是王公戚臣喪禮制度在魏晉時期所發生
的新變化，就史籍所顯示的相關信息來看，這個新變化在北朝的實踐，比魏
晉南朝似乎更爲普遍。

徵諸史籍，東堂發哀致祭在西晉武帝時尚能很好執行，如泰始八年
（272），安平王、太傅司馬孚死，「（晉武）帝於太極東堂舉哀三日」〔註30〕
按，安平王司馬孚係司馬懿四弟，爲晉武帝司馬炎從祖，屬於元老級的宗室
親王，故其死後，晉武帝在太極東堂爲之舉哀三日。泰始九年（273），密陵
侯鄭袤死，「（晉武）帝於東堂發哀，賜秘器、朝服一具、衣一襲、錢三十萬、
絹布各百匹，以供喪事。」〔註31〕鄭袤乃是由魏入晉的重要人物，又出自司
馬氏想要極力籠絡的滎陽鄭氏，因此歷經司馬懿、司馬昭、司馬炎三個時代，
鄭袤一直都擔任清要之職，故死後晉武帝在東堂爲其發哀，同時賞賜秘器、
朝服，並布帛錢衣等喪事用品。

大概因爲戰亂不休、喪事簡略，或者由於史書記載闕漏的緣故，東晉
南朝「東堂發哀」的事例，史籍所見無多。西晉以後，除陳高祖永定三年
（559）六月，「故司空周文育之柩至自建昌。壬寅，高祖素服哭于東堂，
哀甚」〔註32〕一例，別無所見。

〔註29〕《魏書》卷二〇《文成五王・廣川王略附子諧傳》，第526～527頁。
〔註30〕《晉書》卷三七《宗室・安平獻王孚傳》，第1085頁。
〔註31〕《晉書》卷四四《鄭袤傳》，第1251頁。
〔註32〕《陳書》卷二《高祖紀下》，第40頁。

　　倒是在十六國北朝，特別是孝文帝元和改制以後，王公戚臣之喪，多數都在東堂發哀，前揭孝文帝太和十九年就元諧喪禮與群臣展開的討論，其核心問題正是圍繞東堂發哀進行。北魏東堂發哀之事例，頗有其載，如元嵩被蒼頭李太伯等人謀害後，「世宗爲嵩舉哀於東堂，賻絹一千匹，贈車騎將軍、領軍，謚曰剛侯。」〔註33〕彭城王元勰爲高肇陷害致死，及高肇敗亡，「世宗爲（元勰）舉哀於東堂，給東園第一秘器、朝服一襲、賻錢八十萬、布二千匹、蠟五百斤，大鴻臚護喪事。」〔註34〕靈太后父親胡國珍，即肅宗孝明帝元詡的外祖父，死後，「肅宗服小功服，舉哀於太極東堂。」〔註35〕及國珍續妻趙平君薨，「給東園秘器，肅宗服小功服，舉哀于東堂。靈太后服齊衰期。」〔註36〕熙平元年（516）冬，李平死，「詔給東園秘器、朝服一具、衣一襲、帛七百匹。靈太后爲舉哀於東堂。」〔註37〕孝明帝神龜年間（518～519），高句麗王高雲死，「靈太后爲舉哀於東堂，遣使策贈車騎大將軍、領護東夷校尉、遼東郡開國公、高句麗王。」〔註38〕正光年間（520～524），劉輝妻蘭陵長公主（即宣武帝元恪二姐）因傷致死，「太后親臨慟哭，舉哀太極東堂，出葬城西，太后親送數里，盡哀而還。」〔註39〕

　　東堂發哀，東魏北齊也頗有其例。東魏孝靜帝武定五年（547）六月，高歡死，孝靜帝爲其「舉哀於東堂，服緦繐。詔尚書右僕射、高陽王（元）斌兼大鴻臚卿，赴晉陽監護喪事；太尉、襄城王（元）旭兼尚書令，奉詔宣慰。」〔註40〕武定八年（550）正月，孝靜帝爲齊文襄王高澄「舉哀於東堂。」〔註41〕北齊樂陵郡公段韶，爲北齊屢建奇功之戰將，又是武明皇后婁昭君姐姐的長子，在他病逝後，後主高緯「舉哀東堂，贈物千段、溫明秘器、輼輬車，軍校之士陳衛送至平恩墓所，發卒起冢……謚曰忠武。」〔註42〕

〔註33〕《魏書》卷十九中《任城王澄弟嵩傳》，第 488 頁。

〔註34〕《魏書》卷二一下《彭城王勰傳》，第 583 頁。

〔註35〕《魏書》卷八三下《外戚傳下‧胡國珍傳》，第 1834 頁。

〔註36〕《魏書》卷八三下《外戚傳下‧胡國珍附子祥傳》，第 1836 頁。

〔註37〕《魏書》卷六五《李平傳》，第 1454 頁。

〔註38〕《魏書》卷一○○《高句麗傳》，第 2216 頁。

〔註39〕《魏書》卷五九《劉昶附子輝傳》，第 1312 頁。

〔註40〕《魏書》卷一二《孝靜帝紀》，第 309 頁。

〔註41〕《魏書》卷一二《孝靜帝紀》，第 312 頁。

〔註42〕《北齊書》卷一六《段榮附子韶傳》，第 213 頁。

三、東堂與宴賞大臣

太極東堂既然是君主朝享聽政之所，有時也就不可避免地成爲君主宴賞臣子、講論學術、訪問政治的地點。通過東堂講宴這種小範圍的活動，不僅可以增進君臣之間的互信，改善調節君臣之間的感情，更可以收到籠絡人心、促進臣子盡忠報國的信念。君主在東堂宴賞臣子之事，在魏晉南北朝時期常見，具體又可分爲如下幾種情況：

（一）君主在東堂宴賞近臣，講論學術，請教政治

君主在東堂宴賞群臣、講論學術，最早見於曹魏。曹魏末代君主高貴鄉公曹髦，就經常在東堂宴請群臣、講論學術、評點歷史人物得失。如甘露元年（256）二月，「丙辰，帝宴群臣於太極東堂，與侍中荀顗、尚書崔贊、袁亮、鍾毓、給事中·中書令虞松等並講述禮典，遂言帝王優劣之差……翌日丁巳，講業既畢，顗、亮等議曰……贊、毓、松等議曰……帝曰：『吾學不博，所聞淺狹，懼於所論，未獲其宜；縱有可采，億則屢中，又不足貴，無乃致笑後賢，彰吾闇昧乎！』於是侍郎鍾會退論次焉。」〔註43〕從中可知，這次講論持續了兩天，高貴鄉公和參與者之間進行了問答式的探討，討論結束後，中書侍郎鍾會還對各人所言進行了總結式的整理記錄。

高貴鄉公曹髦喜歡東堂講論，還另有其例，史言：「帝常與中護軍司馬望、侍中王沈、散騎常侍裴秀、黃門侍郎鍾會等講宴於東堂，并屬文論。名秀爲儒林丈人，沈爲文籍先生，望、會亦各有名號。帝性急，請召欲速。秀等在內職，到得及時，以望在外，特給追鋒車，虎賁卒五人，每有集會，望輒奔馳而至。」〔註44〕從中可知，高貴鄉公曹髦經常在東堂舉行類似的討論會，並撰寫時論文章，由於裴秀等人擔任內職，距離東堂較近，可以及時趕到，而司馬望在外，距離較遠，爲了讓司馬望能夠及時與會，高貴鄉公遂特批他乘坐追鋒車。

東堂宴賞講論，東晉南朝雖不見具體事例，然據唐初史家李延壽說，劉宋一朝君主「朝宴所臨」，以太極東、西堂爲主，劉宋此做法係因之於東晉。〔註45〕也就是說，東晉一朝，直到劉裕篡宋以後，大凡皇帝宴賞大臣，不是

〔註43〕《三國志·魏書》卷四《三少帝紀·高貴鄉公紀》注引《魏氏春秋》，第134～135頁。

〔註44〕《三國志·魏書》卷四《三少帝紀·高貴鄉公紀》注引傅暢《晉諸公贊》，第138頁。

〔註45〕據《資治通鑑》卷一二七宋文帝元嘉三十年（453）二月甲子，元兇劉劭弒父政變，「張超之等數十人馳入雲龍門及齋閤，拔刀徑上合殿」條胡注，云：「李

在太極東堂，就是在太極西堂。

東堂宴賞論政之事，在十六國北朝頗多例證。如漢趙後期，劉曜爲慶祝遊子遠平定西戎權渠諸部的勝利，遂在東堂設宴，嘉獎群臣，並在宴會之後，下詔封賞有功人員。〔註 46〕後秦姚興也是一個「留心政事，苞容廣納，一言之善，咸見禮異」的君主，他對耆儒舊德、經明行修的學者特別看重，史載姚興「每於聽政之暇，引（姜）龕等于東堂，講論道藝，錯綜名理。」〔註 47〕這是姚興在聽政之餘，與群臣在東堂講論學術。後燕慕容盛也曾經與中書令常忠、尚書陽璆、秘書監郎敷在東堂「談讌賦詩，賜金帛各有差。」〔註 48〕此外，慕容盛還曾經「引見百僚于東堂，考詳器藝，超拔者十有二人。命百司舉文武之士才堪佐世者各一人。」〔註 49〕這是慕容盛在東堂考詳學術，並從中選拔人才。北燕主慕容雲（即高雲）在位期間，自認無功德以服眾心，爲培養心腹以鞏固自己的地位，遂經常在東堂宴請、賞賜心腹武士。〔註 50〕

東堂宴賞、討論學術或討論大政，北魏也有這方面的例證。如北魏名臣

延壽曰：晉世諸帝多處內房，朝宴所臨，東、西二堂而已。孝武末年，清暑（殿）方構，永初受命，無所改作，所居惟稱西殿，不製嘉名，文帝因之，亦有合殿之稱。」（第 3989 頁）按，《資治通鑑》此條記事，繫於元嘉三十年正月之後，然查陳垣氏《二十史朔閏表》，元嘉三十年正月乙亥朔，因此不可能有「甲子」日，而二月甲辰朔，「甲子」日爲二十一日，故此處引文徑書爲「二月甲子」，特此說明。

〔註 46〕 《晉書》卷一〇三《劉曜載記》：「曜大悅，宴群臣于東堂，語及平生，泫然流涕，遂下書曰：『蓋襃德惟舊，聖后之所先；念惠錄孤，明王之恒典。是以世祖草創河北，而致封於嚴尤之孫；魏武勒兵梁宋，追慟於橋公之墓。前新贈大司徒、烈愍公崔岳，中書令曹恂，晉陽太守王忠，太子洗馬劉綏等，或識朕於童齔之中，或濟朕於艱窘之極，言念君子，實傷我心……有司其速班訪岳等子孫，授以茅土，稱朕意焉。」（第 2687～2688 頁）

〔註 47〕 《晉書》卷一一七《姚興載記上》，第 2979 頁。

〔註 48〕 《晉書》卷一二四《慕容盛載記》：「又引中書令常忠、尚書陽璆、秘書監郎敷于東堂……因而談讌賦詩，賜金帛各有差。」（第 3100～3102 頁）

〔註 49〕 《晉書》卷一二四《慕容盛載記》，第 3103～3104 頁。

〔註 50〕 據《晉書》卷一二四《慕容雲載記》：「雲臨東堂，幸臣離班、桃仁懷劍執紙而入，稱有所啓，拔劍擊雲，云以几距班，桃仁進而弒之……雲自以無功德而爲豪桀所推，常內懷懼，故寵養壯士以爲腹心。離班、桃仁等並專典禁衛，委之以爪牙之任，賞賜月至數千萬，衣食臥起皆與之同，終以此致敗云。」（第 3109 頁）從前後文意可知，慕容雲爲拉攏人心，經常在東堂宴請或賞賜心腹離班、桃仁等人，並以之充當宿衛爪牙。故而離班、桃仁等人在後來的政變中，能夠輕而易舉進入東堂，實施刺殺計劃。

高閭，深受孝文帝的敬重，及宣武帝元恪即位，高閭多次上表請求遜位，「及辭，引見於東堂，賜以餚羞，訪之大政。」〔註51〕這是宣武帝宴請老臣高閭，並向他請教政治。

（二）大臣出任外職或征戰凱旋，皇帝在東堂設宴犒賞，以示嘉勉

魏晉南北朝時期，君主有時會在大臣調任外職，或征戰凱旋等一些特殊場合下，而在東堂設宴，或為餞行、或為嘉勉、或乘機問政。這方面的例子，西晉可以舉出一些。如西晉滅吳之役，賈充曾極力反對，及王濬樓船東下，平吳之役獲勝，賈充「大慚懼，議欲請罪」，晉武帝司馬炎聞聽賈充將至闕下，遂「豫幸東堂以待之」〔註52〕，這是晉武帝為避免賈充難堪，而事先來到太極東堂等待他的到來。又如郤詵，累遷雍州刺史，晉武帝遂「於東堂會送」〔註53〕，這是郤詵即將赴任外職，晉武帝在東堂為他餞行。再如，晉武帝曾在東堂賜宴，款待李密，並下詔令其賦詩。〔註54〕

晉惠帝永寧元年（301）六月，成都王司馬穎出於自身安危考慮（擔心受到齊王司馬冏之謀害），遂採納盧志的意見，主動提出返歸藩國鄴城，於是「（惠）帝見穎于東堂，慰勞之」〔註55〕，晉惠帝在東堂「慰勞」司馬穎，實為餞行送別。東堂餞送大臣，東晉時期也有一例，晉安帝義熙元年（405）三月，權臣劉裕加侍中、車騎將軍、都督中外諸軍事，四月，劉裕還鎮京口，安帝「餞于東堂」〔註56〕。

北燕君主馮跋留心吏治，「每遣守宰，必親見東堂，問為政之要，令極言無隱，以觀其志。」這是說馮跋每派遣大臣出任外職，在其臨行之前，都要在東堂召見，通過詢問為政要領以觀察其人志向。由於馮跋十分注意整頓吏治，因此他位期間吏治清明，史言「於是朝野競勸焉。」〔註57〕

北魏統治者也特別重視在東堂勞遣功臣或出征的將帥，如宣武帝時，廣

〔註51〕《魏書》卷五四《高閭傳》，第1209頁。

〔註52〕《晉書》卷四〇《賈充傳》，第1170頁。

〔註53〕《晉書》卷五二《郤詵傳》，第1443頁。

〔註54〕《晉書》卷八八《李密傳》：「密有才能，常望內轉，而朝廷無援，乃遷漢中太守，自以失分懷怨。及賜餞東堂，詔密令賦詩，末章曰：『人亦有言，有因有緣。官無中人，不如歸田。明明在上，斯語豈然！』武帝忿之，於是都官從事奏免密官。」（第2276頁）

〔註55〕《資治通鑑》卷八四晉惠帝永寧元年（301）六月，第2662頁。

〔註56〕《晉書》卷一〇《安帝紀》，第258頁。

〔註57〕《晉書》卷一二五《馮跋載記》，第3130頁。

平王元匡出任兗州刺史，「匡臨發，帝引見於東堂，勞勉之。」〔註58〕這是勞遣出任外職的大臣。再如，公元 500 年，因裴叔業來降，北魏彭城王元勰、車騎將軍王肅大舉南征壽春，及凱旋京師，「世宗臨東堂引見（元勰）」〔註59〕；及王肅返回京師洛陽，「世宗臨東堂引見勞之，又問：『江左有何息耗？』……以肅淮南屢捷，賞帛四千七百五十匹，進位開府儀同三司……」〔註60〕這是宣武帝元恪在東堂慰勞征戰凱旋的大臣。宣武帝元恪東堂勞遣大臣，尚有如下事例：永平四年（511）梁魏戰爭，蕭寶夤奉命南征，「賜帛三百匹，世宗於東堂餞之」〔註61〕；506 年六月，蕭梁進攻徐兗地區，邢巒奉命領兵征討，「世宗勞遣巒於東堂」〔註62〕；507 年十月，北魏懸瓠軍主白早生殺豫州刺史司馬悅，求援於蕭梁司州刺史馬仙琕，邢巒再次奉命出征平叛，「世宗臨東堂，勞遣巒」〔註63〕。以上三次都是因為大臣即將領兵出征，君主在東堂為之餞行。507 年十二月，豫州平定，邢巒凱旋班師，「世宗臨東堂勞之。」〔註64〕514 年十月，北魏大舉伐蜀，高肇任大將軍，「都督諸軍為之節度。與都督甄琛等二十餘人俱面辭世宗於東堂，親奉規略。」〔註65〕

（三）東堂是君主召見、款待投誠者的場所

魏晉南北朝時期各個政權之間爭戰不休，但各國統治者都比較重視優待「歸化人」，所謂「歸化人」，即前來投誠者。因為這樣做，一方面可以顯示出本國政化之昌明及「正統」地位，另一方面還可以從他們身上獲取對方的情報信息，並進而招徠更多的人前來「歸化」。一般說來，對於那些主動投誠者，君主都要親自接待，而接待的地點，常常就是太極東堂，十六國北朝的統治者，對此尤其重視。

前秦時，王猛為了把慕容垂趕走，遂設計使慕容垂之子慕容令出走，並隨即上表苻堅，說慕容令已經叛逃。在此情形下，慕容垂心感恐懼，遂於 370 年正月出逃，逃至藍田被追兵所獲。為安撫慕容垂，苻堅遂「引見東堂，勞

〔註58〕《魏書》卷一九上《景穆十二王·廣平王匡傳》，第 456 頁。
〔註59〕《魏書》卷二一下《彭城王勰傳》，第 579 頁。
〔註60〕《魏書》卷六三《王肅傳》，第 1411 頁。
〔註61〕《魏書》卷五九《蕭寶夤傳》，第 1315 頁。
〔註62〕《魏書》卷六五《邢巒傳》，第 1443 頁。
〔註63〕《魏書》卷六五《邢巒傳》，第 1446 頁。
〔註64〕《魏書》卷六五《邢巒傳》，第 1447 頁。
〔註65〕《魏書》卷八三下《外戚下·高肇傳》，第 1830 頁。

之曰：『卿家國失和，委身投朕。賢子心不忘本，猶懷首丘，亦各其志，不足深咎。然燕之將亡，非令所能存，惜其徒入虎口耳。且父子兄弟，罪不相及，卿何為過懼而狼狽如是乎！』待之如舊。」〔註66〕苻堅所以要在東堂慰勞款待慕容垂，與苻堅招納賢才的政策有關係，也與苻堅想藉此招徠更多的投誠者的心理也有關係。及至淝水戰敗，慕容鮮卑乘機起事，因為苻堅防範甚嚴，慕容暐不得響應慕容沖，遂入見苻堅於東堂，向他請罪，並請苻堅於次日臨幸其宅，準備乘機襲殺苻堅。對於慕容暐的請求，苻堅表示應允。儘管事情最後泄露，慕容暐的計劃落空，長安城遺留的慕容鮮卑餘眾也被苻堅盡數誅殺。〔註67〕不過，對於東堂的作用我們還是必須予以充分關注，因為直到慕容鮮卑叛亂，危機四伏的時刻，苻堅還是希望通過東堂召見的方式，穩定住慕容鮮卑部落，這與他當初款慰慕容垂時的想法，應該說並無二致。

後秦姚興也常在東堂召見歸化者，如，公元400年韋華、夏侯軌、龐眺等率領襄陽流民一萬多人叛晉，來投後秦，「興引見東堂，謂華曰：『晉自南遷，承平已久，今政化風俗何如？』華曰：『晉主雖有南面之尊，無總御之實，宰輔執政，政出多門，權去公家，遂成習俗。刑網峻急，風俗奢宕。自桓溫、謝安已後，未見寬猛之中。』興大悅，拜華中書令。〔註68〕後來，東晉輔國將軍袁虔之等因懼怕桓玄迫害，投奔後秦，姚興同樣在東堂會見了他們，並向他們詢問東晉的有關情況。史言：

> 晉輔國將軍袁虔之、寧朔將軍劉壽、冠軍將軍高長慶、龍驤將軍郭恭等貳于桓玄，懼而奔興。興臨東堂引見，謂虔之曰：「桓玄雖名晉臣，其實晉賊，其才度定何如父也？能辦成大事以不？」虔之曰：「玄藉世資，雄據荊楚，屬晉朝失政，遂偷竊宰衡。安忍無親，多忌好殺，位不才授，爵以愛加，無公平之度，不如其父遠矣。今既握朝權，必行篡奪，既非命世之才，正可為他人驅除耳。此天以機便授之陛下，願速加經略，廓清吳楚。」興大悅，以虔之為大司農，餘皆有拜授。虔之固讓，請疆場自效，改授假節、寧南將軍、廣州刺史。〔註69〕

〔註66〕《資治通鑑》卷一○二晉海西公太和五年（370）正月，第3228～3229頁。
〔註67〕《晉書》卷一一四《苻堅載記下》，第2924～2925頁。
〔註68〕《晉書》卷一一七《姚興載記上》，第2980頁。
〔註69〕《晉書》卷一一七《姚興載記上》，第2982～2983頁。

姚興所以要優待並重用這些降人，基中一個主要目的，就是爲了從他們那裏獲得有關東晉社會、政治情況方面的信息，以便準確判斷當時的政治形勢，從而制定出相應的對策。

南北朝對峙時期，雙方除了加強軍事鬥爭外，還都積極對敵方邊境守將進行策反。如北魏爲策反梁朝的漢中太守、梁・南秦二州長史夏侯道遷，宣武帝元恪曾專門下詔，對其封官嘉獎，及夏侯道遷從南鄭來京師朝見，宣武帝又「引見於太極東堂」〔註70〕。

正是基於這個功能，東堂有時也就成爲君主接見外國使節的地點。如，北魏宣武帝正始年間（504～507）高句麗使節來朝，宣武帝「於東堂引見其使芮悉弗」；及至孝明帝神龜（518～519）年間，高麗王高雲死，「靈太后爲舉哀於東堂，遣使策贈車騎大將軍、領護東夷校尉、遼東郡開國公、高句麗王。又拜其世子安爲安東將軍、領護東夷校尉、遼東郡開國公、高句麗王。」〔註71〕在東堂接見外國使節，以及在東堂爲藩屬國國王發哀，均屬外交制度方面的內容，所以如此，也是爲了更好地招徠外藩的朝貢。

四、東堂與宮廷政變

由於太極東堂是魏晉南北朝時期君主聽政、議政及決策的重要場所，與國家政治活動聯繫密切，因此這裏有時不免成爲發動宮廷政變的策源地，包括廢黜、弒殺、改立君主、誅殺政敵等事件，在東堂均時有發生。這方面的事例，魏晉南朝頗有其載，兩晉、劉宋、蕭梁均曾在東堂發生過流血政變。

西晉惠帝永康元年（300）四月，趙王司馬倫與孫秀發動政變，將晉惠帝挾持至太極東堂，然後傳詔，召賈謐進殿誅之。〔註72〕東晉安帝義熙十八年（418）十二月，劉裕欲行篡奪之事，但鑒於「昌明之後尚有二帝」之讖語，遂令中書侍郎王韶之與晉安帝左右密謀鴆帝，王韶之經過耐心等待，終於覓得機會，「以散衣縊帝於東堂」〔註73〕。宋文帝元嘉三十年（453）二月，太子劉劭發動政變，弒殺父皇宋文帝後，出坐於太極東堂，在此斬殺了曾提議廢黜自己的中書舍人顧嘏，並詳細部署了剷除政敵的下一步行動計劃，劉

〔註70〕《魏書》卷七一《夏侯道遷傳》，第 1583 頁。
〔註71〕《魏書》卷一〇〇《高句麗傳》，第 2216～2217 頁。
〔註72〕《資治通鑑》卷八三晉惠帝永康元年（300）四月，第 2640 頁。
〔註73〕《資治通鑑》卷一一八晉安帝義熙十四年（418）十二月，第 3723～3724 頁。

劭本人也差一點被卜天與射殺於東堂。〔註74〕如，侯景之亂中，太極東堂乃是侯景關押、防衛朝臣與宗室人物的重點，因此負責的守將均為侯景心腹。〔註75〕

如前所論，東堂與十六國北朝的政治十分密切，因此這裏有時也成為政變的發生場所，也不足為奇。如前秦時，苻堅母親苟太后，因擔心苻法威脅苻堅的地位，遂與李威密謀除去苻法，「（苻）堅性仁友，與法訣于東堂，慟哭嘔血，贈以本官，諡曰哀……」〔註76〕這是在東堂處死政敵。再如，前引北燕主慕容雲，409年十月被離班、桃仁等寵臣所殺，地點也是東堂。

〔註74〕《宋書》卷九九《二凶・元凶劭傳》：「劭進至合殿中閤，太祖已崩，出坐東堂，蕭斌執刀侍直。呼中書舍人顧嘏……即於前斬之……太祖左細仗主卜天與攻劭於東堂，見殺。」（第2427頁）

〔註75〕《資治通鑑》卷一六二梁武帝太清三年（549）三月：「……（侯）景入見於太極東堂，以甲士五百人自衛……於是悉撤兩宮侍衛，縱兵掠乘輿、服御、宮人皆盡。收朝士、王侯送永福省，使王偉守武德殿，于子悦屯太極東堂。」（第5010～5011頁）

〔註76〕《晉書》卷一一三《苻堅載記上》，第2884～2885頁。

太史令與十六國政治之關係—— 兼論天象變化、災異祥瑞對十六國政治 的影響〔註1〕

　　所謂災異祥瑞，是指包括日蝕、月蝕、風雨雷電、山崩、地震、動植物變異等發生於自然界的一些正常或異常變化的現象，在「天人感應」的中國傳統文化背景下，這些正常或異常現象往往被賦予特殊的意義，從而被認爲是上天對人的啓示，即通常所說的「天意」，並以此作爲判斷政治興衰清濁的根據。越是時代靠前，災異祥瑞對現實的影響越大，特別是兩漢時期的讖緯經學，把「天人感應」的觀念推向了極致，但同時也把它推上了盛極而衰的絕地。降及魏晉南北朝，「天人感應」的思想開始沒落，其間各個政權雖也設官記錄天象災異，但災異祥瑞對於現實政治的影響畢竟已經趨於衰歇，多數情況下只是在政權嬗代的時候被拿來用作「天意」的證據，而所謂「天意」的作用，更多時候也只是爲了對社會心理造成影響，眞正相信「天意」的人其實並不多。

〔註1〕包括日蝕、月蝕、彩虹等在內的天文星象變化，在古代文獻中也被列入「災異祥瑞」的範疇，本文爲凸顯對「天文星象」對十六國政治的影響，故而將「天文星象」與「災異祥瑞」並列揭出。另外，「五胡十六國」的涵義，也並非確指十六個政權，「十六國」實際上不止「十六」個，而泛指當時多個割據政權，「十六國」政權也並非全部由「五胡」所建立，如由慕容鮮卑建立的「西燕」並未入崔鴻《十六國春秋》中的「十六國」之列，由漢人馮跋建立的「北燕」卻入列其中，因此吾人習稱之「五胡十六國」，實際上是指一個特定的歷史時代，之所以稱「五胡十六國」主要是因爲這些政權絕大多數由「五胡」等少數民族所建立。

　　儘管如此，史籍所載魏晉南北朝時期對於天文星象、災異祥瑞的記錄，卻仍然比較詳盡，隸屬於太常的太史令則爲職司其事的專門機構，對此，杜佑曾有明確記述，云：「後漢太史令掌天時、星曆；凡歲將終，奏新年曆；凡國祭祀、喪娶之事，掌奏良日及時節禁忌；國有瑞應、災異，則掌記之。秦漢以來太史之任，蓋併周之太史、馮相、保章三職。自漢、晉、宋、齊，並屬太常，銅印墨綬，進賢一梁冠，絳朝服。梁、陳亦同。後魏、北齊皆如晉、宋。隋曰太史曹，置令、丞各二人，而屬秘書省。」〔註2〕由杜佑的記述可知，魏晉南北朝時期的太史令，基本職能與兩漢並無差異，仍以頒行曆法、觀察天文、趨吉避凶、記錄災祥諸事爲主要職掌。不過，我們這裏要特別指出的是，魏晉南北朝時期的社會背景與兩漢畢竟已有很大不同，「天人感應」的思想觀念早已處於全面沒落的狀態，因此，在這個時候國家仍設置專職機構對「災異祥瑞」進行記錄，只能說明封建政權對於神道設教一類的「精神文化食糧」依然有所需要，「災異祥瑞」仍是統治者用來麻痹人民的不可或缺的精神鴉片。正是由於最高統治者的這種需要，造成了作爲專職文化機構的太史令也在事實上獲得了更多參與政治的機會，梳理記錄這個時期「災異祥瑞」的相關史料，不難發現包括太史諸職試圖借助記錄天象災異之機以干預現實政治的企圖。〔註3〕

〔註2〕《通典》卷二六《職官典八》，第 738～739 頁。

〔註3〕魏晉時期天象、災異、祥瑞一直被視爲政治清明與否的晴雨錶，大臣常常借機向君主進行勸諫或提出應對的政治措施，君主亦往往因此檢討政治之得失，諸史《天文志》有這方面的大量記錄。茲舉《晉書》一二《天文志中》所載曹魏時期發生日蝕爲例：魏文帝黃初二年（221）發生日蝕，「有司奏免太尉」，魏文帝曹丕特別下詔，云：「災異之作，以譴元首，而歸過股肱，豈禹湯罪己之義乎！其令百官各虔厥職。後有天地眚，勿復劾三公。」又，魏明帝太和初年，「太史令許芝奏，日應蝕，與太尉於靈臺祈禳。」魏明帝說：「蓋聞人主政有不德，則天懼之以災異，所以譴告，使得自修也。故日月薄蝕，明治道有不當者。朕即位以來，即不能光明先帝聖德，而施化有不合於皇神，故上天有以寤之。宜敕政自修，有以報於神明。天之於人，猶父之於子，未有父欲責其子，而可獻盛饌以求免也。今外欲譴上公與太史令俱禳祠之，於義未聞也。羣公卿士大夫，其各勉修厥職。有可以補朕不逮者，各封上之。」（第 337、338 頁）其中所言魏文帝曹丕時期的「有司」（當即太史令）、魏明帝時太史令許芝，均是企圖借助發生日蝕之機，對現實政治進行干預，前者「奏免太尉」，是直接干預國家人事安排，後者奏請與太尉同臺祈禳，則是要求對國家政治進行反思。只不過他們的請求均被君主否決，曹魏文、明二帝均認爲「災異之作」乃是上天對元首的告誡，而與股肱大臣無關，因此發生「災異」後，無需彈劾三公，也無需祈禳，只要「羣公卿士」盡心於本

　　而就客觀層面的意義來看，太史令和現實政治之間也從未完全脫離干係，它們對於天象變化、災異祥瑞等所作的記錄或解釋，甚至對於吉凶的卜筮、夢境的解析，始終都是統治者進行政治決策所必不可少的參考。易言之，太史令及其屬官儘管從職能講，屬於文化機構，但實際上也同時具有政治咨詢機構的性質，從文化的層面為執政者提供政治決策的依據，從而不可避免地與現實政治發生關係。

　　前揭杜佑對東漢以來、魏晉南北朝時期太史令職掌所作的概述總結，大處甚是，唯不夠全面，是為其瑕疵。因為他在記述中，對於兩晉、南朝宋齊梁陳、北魏、北齊各代情況均有述及，至於主要由「五胡」建立之十六國政權的相關情況，卻隻字未提。杜佑的概述所以不言十六國政權的相關情況，其中原因可能與十六國政權均國祚不永、職官設置很不完備有關。但事實上，十六國政權絕大多數設有專職的太史官員（包括太史令、太史丞、太史郎等），尤為甚者，十六國政權的太史令不僅全權負責天文星占、災異祥瑞的記錄與解釋，而且還直接參與現實政治的運作，甚至在某些中央最高決策活動中扮演著關鍵性角色。與兩晉南北朝諸政權的太史諸職相比，十六國政權的太史諸職，在現實政治生活中所扮演角色更為重要，對現實政治的干預或影響更大。因此，有必要對十六國政權的太史諸職的政治職能，以及天文星象、災異祥瑞對其現實政治的影響等問題，作深入全面的考察與剖析。

一、史籍所載十六國太史令及其職掌

　　由於十六國政權多數立國短暫，職官設置不盡完備，以及史官修史時的偏見與輕視等原因，因此關於十六國政權的歷史記載，不僅在敘述上觀點有失偏頗，且史料保存遠遠不足。不過，通過對這數量不多的史料進行梳理，我們仍然可以得出一個相當明晰的認識：與兩晉南北朝諸政權一樣，十六國政權絕大多數設有太史機構，且職掌明確、地位重要。茲據相關史料記載，將十六國政權的太史官員總述如下：

　　1、漢趙：由匈奴劉淵創建的漢趙政權（按，劉淵建國時，國號漢；劉曜即位後改國號為趙，史稱前趙，學界習慣名之曰「漢趙」）設有太史令。史籍

　　職就可以了。再如，少帝曹芳正始八年（247）二月庚午朔，發生日食，曹芳遂下詔群臣，詢問政治得失，蔣濟因此上疏，以為「塞變應天，乃實人事。」（同上，第338頁）也是借發生日食之機，上疏論政。

所載漢趙太史令，共有5位，分別爲：宣于脩之（《晉書》卷一○一《劉元海載記》）；康相（《晉書》卷一○二《劉聰載記》）；弁廣明、臺產、任義（《晉書》卷一○三《劉曜載記》）。

2、後趙：由羯族石勒創建的後趙政權，設有太史令。史籍所載後趙太史令1人，即石虎在位期間太史令趙攬（《晉書》卷一○六《石季龍載記上》）。除太史令外，石虎還曾「置女太史于靈臺，仰觀災祥，以考外太史之虛實。」（《晉書》卷一○六《石季龍載記上》）

3、前燕：由鮮卑慕容廆所創建的前燕，設有太史令。史籍所載前燕太史令共1人，黃泓（《晉書》卷九五《藝術・黃泓傳》、《十六國春秋》卷三二《黃泓傳》〔註4〕）。後來，黃泓還曾擔任「太史、靈臺諸署統」，這也是一個以太史爲名，而身兼太史、靈臺兩項職能的職官機構。

4、前秦：由氐族苻洪開基的前秦，設有太史令。史籍所載前秦太史令共有4人，分別爲：康權（《晉書》卷一一二《苻生載記》）、魏延（《晉書》卷一一三《苻堅載記上》）、張孟（《晉書》卷一一三《苻堅載記上》，《十六國春秋》卷三七作「張猛」）、王彤（《晉書》卷一一四《苻堅載記下》）

5、後秦：由羌族姚弋仲開基的後秦，設有太史令。史籍所載後秦太史令共有3人，分別爲：郭黁（《晉書》卷一一七《姚興載記上》）、任猗（《晉書》卷一一八《姚興載記下》）、高魯（《晉書》卷一二七《慕容德載記》）

6、成漢：由巴氐李特創建的成漢，設有太史令。史籍所載成漢太史令共2人，分別爲：韓豹（《晉書》卷一二一《李班載記》）、韓皓（《晉書》卷一二一《李勢載記》）

7、後燕：由鮮卑慕容垂創建的後燕，設有太史令、太史丞、太史郎諸職。史籍所載後燕太史令共2人，分別爲：靳安（《十六國春秋》卷四五《後燕錄三・慕容垂下》）、劉起（《十六國春秋》卷四六《後燕錄四・慕容寶》）。太史丞2人：梁延年（《十六國春秋》卷四八《後燕錄六・慕容熙》）、王先（《魏書》卷一○五《天象志三》）；太史郎1人：晁崇（《魏書》卷九一《術藝・晁崇傳》）

〔註4〕又據《太平御覽》卷七三○《方術部一一》「相中」引《十六國春秋・南燕錄》：「慕容德年十八，身長八尺二寸，姿貌雄異，額上有日月兩角，足下有偃月重文。太史公黃泓善相，謂德曰：『殿下相法，當先爲人臣，然後爲人君。但恐下官入地，不見殿下昇天耳。』德拜范陽王，建元年即帝位。」（第3237頁）此處稱黃泓爲「太史公」，即指黃泓曾任太史令之職，根據慕容德年齡推算，黃泓擔任太史令的時間當在前燕。

8、南燕：由鮮卑慕容德創建的南燕，設有太史令。史籍所載南燕太史令共 2 人，分別爲：成公綏（《晉書》卷一二八《慕容超載記》）、李宣（《十六國春秋》卷六四《南燕錄二·慕容超》）此外，南燕還設有靈臺令，張光曾任此職。〔註 5〕

9、北燕：由高麗人高雲開基、漢人馮跋創建的北燕，有太史令，史籍所載北燕太史令共 3 人，分別爲：閔尙、張穆（《晉書》卷一二五《馮跋載記》）、閔盛（《魏書》卷九一《術藝·張淵傳》）

10、南涼：由河西鮮卑禿髮烏孤開基的南涼，設有太史令，史籍所載南涼太史令 1 人：景保（《晉書》卷一二六《禿髮傉檀載記》）

11、後涼：由氐族呂光創建的後涼，設有太史令。史籍所載後涼太史令共 2 人，分別爲：郭黁（《晉書》卷八七《涼武昭王李玄盛傳》）、賈曜（《晉書》卷九五《藝術·郭黁傳》）

12、北涼：由臨松盧水胡沮渠蒙遜建立的北涼，設有太史令。史籍所載北涼太史令共 2 人，分別爲：劉梁、張衍（《晉書》卷一二九《沮渠蒙遜載記》）

13、夏：由匈奴赫連勃勃創建的大夏，設有太史令。史籍所載大夏太史令共 2 人，分別爲：張淵、徐辯（《魏書》卷九一《術藝·張淵傳》）

由以上臚列可知，設有太史諸職的十六國政權，至少 13 個。上述史料所記載的太史官員，共 34 人次（其中後趙石虎時期的女太史未統計進去；郭黁先後任職於後秦、後涼；後燕梁延年、王先爲太史丞，晁崇任太史郎）。十六國政權絕大多數設有太史令等職的史實，表明太史令在十六國政權的職官序列中並非可有可無，而是相當重要。在以上諸胡族政權中，尤其值得注意的是慕容鮮卑建立的後燕，因爲後燕不僅設有太史令，還同時設有太史丞、太史郎等職，職官機構相對更加完備，究其原因，大概與慕容鮮卑的漢化水平在諸少數民族中相對較高有某種關係。

除以太史令爲主的太史官員以外，諸史所記載的「靈臺令」一職也值得關注。因爲根據對相關史實的分析，此職與太史令的工作聯繫也頗爲密切。所謂靈臺，據《晉書·天文志》云：「其西南角外三星曰明堂，天子布政之宮。明堂西三星曰靈臺，觀臺也，主觀雲物，察符瑞，候災變也。」

〔註 5〕《資治通鑒》卷一一四晉安帝義熙五年（409）十二月：「南燕靈臺令張光勸南燕主（慕容）超出降，超手殺之。」（第 3625 頁）

〔註6〕據此可知，靈臺作爲太史官員進行天文觀測、天象祈禳等活動的場所，其機構設置之由來，本是模擬天上的「靈臺」三星，「靈臺」三星既有輔佐天子「布政」之功能，那麼，靈臺官員之工作職責，也就在於觀察天象以輔弼君主。靈臺之設置始於東漢，其時太史令下設二丞，其中一丞即駐於靈臺，後世靈臺令之設置，當即由駐臺之太史丞演化而來。〔註7〕徵諸史籍，在十六國政權中，有些政權也同時設有靈臺令，如前燕慕容儁時有靈臺令許敦，黃泓還曾擔任「太史靈臺諸署統」之職。〔註8〕後趙石勒之世，亦曾「起明堂、辟雍、靈臺于襄國城西」，〔註9〕石虎則「置女太史于靈臺，仰觀災祥，以考外太史之虛實」。〔註10〕由此可見，在後趙的機構序列中，也有靈臺一職。前秦的開創者符健，亦曾在杜門起靈臺〔註11〕，此事可證前秦也有靈臺這一機構。羌族建立的後秦，則有靈臺令張泉曾以天象勸諫姚興的方面記載，張泉即張淵，曾先後仕於前秦、後秦、赫連氏夏政權、北魏，歷任太史令。〔註12〕

十六國政權所設太史令之具體職掌，相關史籍並無明確記載，我們可以根據漢魏制度作推測性分析。關於漢魏太史令之機構組成及其職掌，《宋書·

〔註6〕《晉書》卷一一《天文志一》，第292頁。

〔註7〕《宋書》卷三九《百官志上》：「太史令，一人，丞一人……漢西京曰太史令。漢東京有二丞，其一在靈臺。」（第1229頁）由此可見，至遲從東漢開始，太史令之下即設有太史丞兩員，其中一丞駐守靈臺，這駐守靈臺之一丞，當即後來靈臺令之前身。

〔註8〕《晉書》卷九五《藝術·黃泓傳》，第2493頁。

〔註9〕《晉書》卷一〇五《石勒載記下》，第2748頁。

〔註10〕《晉書》卷一〇五《石季龍載記上》，第2765頁。

〔註11〕《晉書》卷一一二《符健載記》，第2871頁。

〔註12〕據《晉書》卷一一八《姚興載記下》：「靈臺令張泉又言於興曰：『熒惑入東井，旬紀而返，未餘月，復來守心。王者惡之，宜修仁虛己，以答天譴。』興納之。」（第3002頁）按，此張泉，當即《魏書》卷九一《術藝·張淵傳》所載之張淵，《晉書》爲唐初官修史書，爲避唐高祖李淵諱，改張淵爲張泉。張淵事蹟，《魏書》卷九一《術藝·張淵傳》的記載較爲詳細，略云：「張淵，不知何許人。明占候，曉內外星分。自云嘗事符堅，堅欲南征司馬昌明，淵勸不行，堅不從，果敗。又仕姚興父子，爲靈臺令。姚泓滅，入赫連昌，昌復以淵及徐辯對爲太史令。世祖平統萬，淵與辯俱見獲。世祖以淵爲太史令，數見訪問……」（第1944～1945頁），從中可知，張淵在前秦時就曾以天象爲辭勸阻符堅南伐東晉，後又歷仕於姚興、姚泓父子，後秦滅亡，又出仕於赫連氏建立的大夏，依然擔任太史令。及北魏太武帝拓跋燾西征，平定赫連氏夏政權，張淵與徐辯又一起出仕於拓跋魏，擔任太史令之職。

百官志》有記載，略云：

> 太史令，一人。丞一人。掌三辰時日祥瑞妖災，歲終則奏新曆。
> 太史，三代舊官，周世掌建邦之六典，正歲年，以序事頒朔于邦國。
> 又有馮相氏，掌天文次序；保章氏，掌天文。今之太史，則并周之
> 太史、馮相、保章三職也。漢西京曰太史令。漢東京有二丞，其一
> 在靈臺。〔註13〕

《宋志》所言乃是漢魏制度，太史令的職能為「掌三辰時日祥瑞妖災，歲終
則奏新曆」，實兼西周時期太史、馮相、保章三者之職掌於一身。十六國政權
之太史令，職掌大致與此相同，基本職責也是記錄天文星占、災異祥瑞等情
況，並在年終歲末上奏來年的新曆。年末歲終奏新曆，乃是太史令例行之常
規工作；記錄天文星占、災異祥瑞，並及時上奏朝廷，則與現實政治運作有
直接關聯，因為由他們彙報的相關情況，可以作為國家進行政治決策之參考
文獻。這是十六國太史令與漢魏太史令相同的地方。

　　我們這裏要強調指出的是，十六國政權太史令的職掌與漢魏諸中原政
權也有很大不同，十六國政權中的太史令，並非僅僅承擔紀年授時、記錄
並上奏災異祥瑞等任務那麼簡單，他們更擁有直接參與政治決策的權力，
十六國的太史令經常利用所掌握的信息和知識直接參與最高政治決策，並
往往在決策中發揮關鍵性作用。以下試摭取相關史料記載，對十六國政權
太史令參與政治活動、影響政治決策、干預政權運作的歷史情況，稍作具
體闡釋。

二、太史令與十六國政權之政治運作

　　隨著社會進步及「天人感應」思想的沒落，原本究「天人之際」的太史
令也逐漸淡出了現實政治舞臺，這是太史令職掌發展演化的主流。但必須指
出的是，由於執政者並不能完全拋棄「天人感應」之傳統思想，反而想利用
神道設教來維護統治秩序，因此太史令與現實政治之間繼續保持著或多或少
的聯繫，這主要表現在兩個方面，其一，太史令常常借職司天象災異記錄之
便，通過對天象災異的解釋，對現實政治發表見解，從而直接參與政治活動；
其二，太史令及其所屬機構所做的有關天象、災異等記錄，經常被其它大臣
引以為進諫或對政治發表見解之文獻依據，從而間接地影響到現實政治，而

〔註13〕《宋書》卷三九《百官志上》，第1229頁。

且有跡象表明，這種影響有時還帶有全局性。

這裏我們首先討論上述第一個問題，即太史令直接干預政治的情況。至於第二個問題，即太史令間接影響現實政治，則在本文第三部分作專門探討。

十六國政權的太史令經常利用觀測、解釋天象災異的機會，對現實政治進行直接干預。如後涼時，曾擔任過太史令之職的散騎常侍、太常郭黁，就利用自己「明天文，善占候」的一技之長，對楊軌的軍事「每以天文裁之」〔註14〕。又如前燕，慕容儁稱帝以後，黃泓就一直以太史令之職「常從左右，諮決大事」〔註15〕。徵諸史載，這種情況在十六國政權實屬普遍，僅據不完全統計，太史令直接干預政治的事例有：漢趙 6 次、後趙 4 次、前秦 7 次、後秦 2 次、後燕 3 次、成漢 2 次、後涼 1 次、北燕 3 次、南燕 2 次、南涼（禿髮氏）1 次、北涼 2 次。以下分而述之。

自劉淵初創國家起，太史令就在漢趙的政治生活中扮演重要角色，最典型者爲太史令宣于脩之，他曾多次以天象災異參與最高政治決策。如 309 年正月，宣于脩之上奏劉淵，認爲應該從蒲子遷都平陽，理由是平陽「勢有紫氣」，劉淵「於是遷都平陽」〔註16〕。由此可見，在遷都平陽的決策中，宣于脩之的奏章實際上起到了一錘定音的作用。同年十月，劉聰久攻洛陽不下，漢軍進退無所適從，宣于脩之又上奏劉淵，以爲「歲在辛未，當得洛陽，今晉氣猶勝，大軍不歸，必敗。」劉淵遂遣黃門郎傅詢召劉聰班師。〔註17〕綜合諸史所載，劉淵是在綜合了前線作戰將領與太史令「星占」的意見後，從而做出了班師撤兵的決定，而有跡象表明，在這次最高軍事決策活動中，太史令宣于脩之的意見實有決定性的任用。〔註18〕劉聰晚年，曾出現「赤虹經天，南有一歧；三日並照，各有兩珥，五色甚鮮；客星歷紫宮入於天獄而滅」

〔註14〕《晉書》卷一二二《呂光載記》，第 3063 頁。

〔註15〕《晉書》卷九五《藝術·黃泓傳》，第 2493 頁。

〔註16〕《晉書》卷一〇一《劉元海載記》，第 2651 頁。

〔註17〕《晉書》卷一〇一《劉元海載記》，第 2652 頁。

〔註18〕據《資治通鑒》卷八七晉懷帝永嘉三年（309）十月載，洛陽之役，劉聰、王彌、劉曜、呼延翼諸路兵馬久攻不下，王彌曾向劉聰分析戰局，認爲洛陽守備堅固，漢軍糧草又供應不上，因此建議先撤回平陽，「裹糧發卒，更爲後舉；下官亦收兵穀，待命於克、豫，不亦可乎？」（第 2746 頁）對於王彌所言，劉聰自然明白，但是由於未接到劉淵的命令，劉聰不敢擅自回師。直到劉淵接受宣于脩之的建議、做出撤兵決定後，劉聰才從洛陽班師。可見，宣于脩之的意見在這次軍事決策活動中，確實具有決定性的意義。

的天文星象，太史令康相遂就此上奏劉聰，對天下形勢進行分析，其說辭略
云：

> 蛇虹見彌天，一歧南徹；三日並照；客星入紫宮。此皆大異，
> 其徵不遠也。今虹達東西者，許洛以南不可圖也。一歧南徹者，李
> 氏當仍跨巴蜀，司馬叡終據全吳之象，天下其三分乎！月爲胡王，
> 皇漢雖苞括二京，龍騰九五，然世雄燕代，肇基北朔，太陰之變其
> 在漢域乎！漢既據中原，曆命所屬，紫宮之異，亦不在他，此之深
> 重，胡可盡言。石勒鴟視趙魏，曹嶷狼顧東齊，鮮卑之眾星布燕代，
> 齊、代、燕、趙皆有將大之氣。願陛下以東夏爲慮，勿顧西南。吳
> 蜀之不能北侵，猶大漢之不能南向也。今京師寡弱，勒眾精盛，若
> 盡趙魏之銳，燕之突騎自上黨而來，曹嶷率三齊之眾以繼之，陛下
> 將何以抗之？紫宮之變何必不在此乎！願陛下早爲之所，無使兆人
> 生心。陛下誠能發詔，外以遠追秦皇、漢武循海之事，內爲高帝圖
> 楚之計，無不克矣。〔註19〕

在這份奏章中，康相借助天象變化爲劉聰詳細分析了當時的政治形勢，他指
出天象顯示天下呈三分之勢，對於東晉、巴蜀，不要抱有消滅它們的想法，
但也無需擔心其出兵討伐，因爲「吳蜀之不能北侵，猶大漢之不能南向也」。
康相進而指出，對於漢趙政權來說，要提防的是石勒、曹嶷及鮮卑三種勢力，
因爲「紫宮之變何必不在此」，希望劉聰對此要早作打算，「外以遠追秦皇、
漢武循海之事，內爲高帝圖楚之計」，則無不成功。實際上，這是康相利用解
釋天文星象的機會，對天下形勢作全局性分析，從而對劉聰的政治措置進行
委婉的諷喻和勸諫，這在某種意義上，甚至可以視爲對現實政治的一種直接
干預。

　　劉曜對於太史令的意見十分尊重，而且在十六國政權的眾多君主中比
較突出。據諸史載，劉曜在位期間，接連出現「武功豕生犬，上邦馬生牛，
及諸妖變不可勝記」等一系列異常現象，這引起了劉曜的高度重視，遂下
令公卿保舉博學直言之士，並親臨「東堂」策問。在「東堂」策問中，臺
產因爲「具陳災異之禍，政化之闕」而得到了劉曜的高度讚賞，結果被任
命爲博士祭酒、諫議大夫、太史令；後來，臺產還因爲「所言皆驗」而在

〔註19〕《晉書》卷一○二《劉聰載記》，第2674～2675頁。

一年中連續三次陞遷。〔註 20〕臺產的事例，充分顯示出「災異」及太史令在前趙國家政治中的深刻影響。史實表明，劉曜在位期間，太史令對於前趙的政治、軍事生活幾乎產生了全面性的影響，如 319 年，劉雅、劉厚等率軍攻討南陽王司馬保將領楊曼，久而不克，劉曜遂率領精銳部隊增援，行軍至雍城，太史令弁廣明向劉曜進言，認爲：「昨夜妖星犯月，師不宜行」，劉曜「乃止。敕劉雅等攝圍固壘，以待大軍。」〔註 21〕這是太史令以星象變化直接干預軍事決策，並起到決定性作用。337 年，劉曜還曾因爲「夜夢三人金面丹脣，東向逡巡，不言而退」，而在第二天召集公卿會議，對此夢境進行討論，在朝臣「咸賀以爲吉祥」的情況下，只有太史令任義提出異議，他認爲這是「秦兵必暴起，亡主喪師」的不祥之兆，可能預示著前趙走向衰頹，因此建議劉曜「思而防之」。劉曜因此「大懼，於是躬親二郊，飾繕神祠，望秩山川，靡不周及。大赦殊死已下，復百姓租稅之半。」〔註22〕劉曜起初可能是想通過對離奇夢境的解釋進行政治性的咨詢，但在太史令任義提出不同於眾的見解後，引起了他對政治的恐懼與反思，並就此採取包括躬親二郊、修繕神祠、祭祀山川、大赦殊死、減免租稅等一系列政治舉措，以祈化解未來的政治危機，這是太史令在前趙國家政治生活中發揮重要作用的又一個強證。

在羯族建立的後趙政權中，太史令的政治地位也比較重要。後趙開國君主石勒對於境內出現的災異祥瑞比較重視，他曾多次因爲出現日蝕、暴風、暴雨、乾旱或雷電等異常天氣現象而反思、檢討政治得失或調整統治政策。石虎在歷史上素以暴君著稱，但他對於天象異常或災異祥瑞也十分重視，比如，爲了驗證太史令天象觀測的準確性，他不僅在後宮設置女官教授宮人「星占」之術，還「置女太史于靈臺，仰觀災祥，以考外太史之虛實。」〔註 23〕石虎在位期間，太史令曾多次成功干預政治決策，如 338 年四月，石虎準備出兵攻打慕容皝，太史令趙攬以「燕地歲星所守，行師無功，必受其禍」爲由，對石虎進行「固諫」，這是趙攬以天文星象參與軍事決策。不過，石虎沒有採納趙攬的勸諫，並將他其貶黜。及石虎戰敗，

〔註 20〕《晉書》卷一〇三《劉曜載記》，第 2698 頁。
〔註 21〕《晉書》卷一〇三《劉曜載記》，第 2685 頁。
〔註 22〕《晉書》卷一〇三《劉曜載記》，第 2699 頁。
〔註 23〕《晉書》卷一〇六《石季龍載記上》，第 2765 頁。

又將趙攬召回，重新任命他為太史令。〔註 24〕在隨後的仕宦生涯中，趙攬
多次以星象之學成功參與後趙的政治決策或影響其政治鬥爭，如 344 年正
月，就在石虎徵兵「百餘萬」準備南征之前，太武前殿出現了百餘隻白雁，
趙攬私下向石虎進言，以為「白雁集殿庭，宮室將空，不宜行也」，結果石
虎採納了他的建議，「臨宣武觀大閱而解嚴」。〔註 25〕在此次取消南征計劃
的政治決策中，太史令趙攬的意見具有決定性作用，直接左右了君主的決
策。此外，趙攬還曾以星象之學參與後趙統治集團的內爭，時太子石宣決
意剷除領軍將軍王朗。恰逢此時出現「熒惑守房」的星象，太史令趙攬遂
秉承石宣意旨，上奏石虎說，根據天象應該殺一「貴臣姓王者」，否則天子
將有禍患，石虎就問誰是這個貴臣，趙攬回答說：「無復貴於王領軍也」，
由於石虎比較珍惜王朗，就讓他另指一人，趙攬說：「其次唯中書監王波耳。」
於是，石虎下詔誅殺中書監王波及其四子，「以厭熒惑之變」。〔註 26〕在這
次統治集團內爭中，太史令趙攬利用對星象的解釋，左右了內爭雙方的成
敗，成功地除去了政敵。據諸史載，趙攬還曾經以天文錯亂、蒼生凋弊為
辭，上疏勸諫石虎；後來，趙攬由太史令陞遷為散騎常侍，仍然經常利用
解釋天象的機會參與政治活動。〔註 27〕

　　氐族建立的前秦政權，從創業時起就非常重視天文星象，如苻健的軍中
設置有專門的「占者」，負責對天象的觀測及卜筮等事務，及稱帝開國，苻
健即「起靈臺於杜門」〔註 28〕。由此可見，前秦統治者重視天文星象傳統悠
久，前秦大臣以天象變化而上疏論政，《晉書》諸載記有頗多記述。不過，
也有例外，前秦第三代君主苻生，這也是歷史上一位出名的暴君，就史料記
載來看，苻生對於天象變化或災異祥瑞的態度，與十六國絕大多數君主不
同，在很多時候，苻生並不認同臣下或「有司」對這些現象的解釋。如「有
司」曾上過一道奏章，云：「太白犯東井。東井，秦之分也；太白罰星，必
有暴兵起于京師。」苻生說：「星入井者，必將渴耳，何所怪乎？」〔註 29〕
苻生所說的「星入井者，必將渴耳」，自然屬於望文生義之臆斷，表明他的

〔註 24〕《晉書》卷一〇六《石季龍載記上》，第 2768 頁。
〔註 25〕《晉書》卷一〇六《石季龍載記上》，第 2774 頁。
〔註 26〕《晉書》卷一〇六《石季龍載記上》，第 2775 頁。
〔註 27〕《晉書》卷一〇七《石季龍載記下》，第 2782～2785 頁。
〔註 28〕《晉書》卷一一二《苻健載記》，第 2871 頁。
〔註 29〕《晉書》卷一一二《苻生載記》，第 2878 頁，其中所云「有司」即指太史令。

確缺乏天文學方面的專業知識，但可能正是由於素無專業知識，才造成苻生對天象變化的這種否認態度。類似的事例，《晉書·苻生載記》還有不少，如前秦大臣曾因為日蝕、大風、暴雨和虎狼成災，而上疏勸諫，並請求苻生「禳災」，但多數被苻生拒絕，苻生或是認為他們「妖言」惑眾，或是認為他們怨天尤人。正因為對天象災異持懷疑態度，因此在苻生統治期間，曾發生太史令因勸諫而被殺的事例，357 年六月，太史令康權上奏章，指出：「昨夜三月並出，孛星入於太微，遂入于東井。兼自去月上旬沈陰不雨，迄至于今，將有下人謀上之禍，深願陛下修德以消之。」疏奏上達之後，苻生「怒，以為妖言，撲而殺之。」〔註30〕太史令因為借天象向君主進言而被殺，這在十六國政權中可謂絕無僅有的罕見現象。

　　苻堅是一位在中國歷史上有重大作為的少數民族領袖，在他統治時期，太史令等「星官」格外受到重視，如苻堅初即位時，新平人王彤就因為陳說圖讖，而被任命為太史令。〔註31〕公元 373 年冬，前秦出兵攻取巴蜀，但此次軍事行動之決策時間，則為 372 年。徵諸史載，在此次軍事決策的過程中，太史令魏延曾發揮重要作用：「是歲，有大風從西南來，俄而晦冥，恒星皆見，又有赤星見於西南。太史令魏延言於堅曰：『於占西南國亡，明年必當平蜀漢。』堅大悅，命秦、梁密嚴戒備。」〔註32〕可見，太史令魏延對星象的解釋，對苻堅決策伐蜀具有推動作用，至少是堅定了苻堅伐蜀的決心。類似的事例還有 373 年張孟借助星象之說，勸苻堅誅殺慕容暐及其子弟，其辭云：「彗起尾箕，而掃東井，此燕滅秦之象。」〔註33〕這是張孟借助星象，勸說苻堅誅滅潛在的敵人。又如，苻堅考慮是否迎接鳩摩羅什而舉棋不定時，恰逢太史上奏「有星見外國分野，當有大智入輔中國」，苻堅遂決策派呂光遠征西域，以

〔註30〕《晉書》卷一一二《苻生載記》，第 2879 頁。
〔註31〕據《晉書》卷一一四《苻堅載記下》載：王彤擔任太史令，後來因為向苻堅解說圖讖，而被王猛認為是「左道惑眾」，並力勸苻堅殺掉王彤。臨刑前王彤上了一道奏疏，預言「壬午之年」將有人貢獻「帝王寶器」。到 382 年（按，382 年為東晉孝武帝太元七年，依干支計年法為「壬午」）新平郡有人獻玉器，苻堅遂認為王彤的預言得到了應驗，因此追贈王彤光祿大夫。（第 2910 頁）聯繫苻堅一生行事，不難發現，其內心深處對於星象圖讖、災異祥瑞實際上還是十分迷信，當初殺掉王彤，在很大程度上是迫於王猛的壓力，因為在其統治初期，在政治上比較倚重王猛。
〔註32〕《晉書》卷一一三《苻堅載記上》，第 2895 頁。
〔註33〕《晉書》卷一一三《苻堅載記上》，第 2896 頁。

迎取鳩摩羅什。〔註34〕

後秦姚興在位時，有太史令郭黁、任猗曾以對星象變化的解釋參與軍事活動。早在姚興即位初期，赫連勃勃、乞伏乾歸、禿髮傉檀、沮渠蒙遜等將興起於西北之際，太史令郭黁就開始上奏，云：「戌亥之歲，當有孤寇起於西北，宜慎其鋒。起兵如流沙，死者如亂麻，戎馬悠悠會隴頭，鮮卑、烏丸居不安，國朝疲於奔命矣。」〔註35〕這實際上是郭黁對關隴地區民族雜居、形勢錯綜複雜的情況進行綜合分析以後，借助天象為名向姚興提出建議，希望姚興能夠警惕西北地區諸少數民族勢力的崛起。及至姚興統治後期，上述諸少數民族勢力既興，姚興認真考慮應對之策時，任猗便以天象為辭，給他上了一道奏章，史言：「興以（赫連）勃勃、（乞伏）乾歸作亂西北，（禿髮）傉檀、（沮渠）蒙遜擅兵河右，疇咨將帥之臣，欲鎮撫二方……太史令任猗言於興曰：『白氣出於北方，東西竟天五百里，當有破軍流血。』乞伏乾歸遣使送所掠守宰，謝罪請降。興以勃勃之難，權宜許之，假乾歸及其子熾磐官爵。」〔註36〕

後燕建興六年（391）十月，慕容垂與群臣商議征討西燕慕容永事宜，太史令靳安以星象參與決策；建興十年（395）十二月，慕容寶、慕容德等人為報參合陂敗於北魏之恥，力勸慕容垂出兵伐魏，太史令上疏反對，理由是：「太白夕沒西方，數日後見東方，此為躁兵，先舉者亡。」〔註37〕397年，北魏攻陷後燕首都中山，樂浪王慕容惠偕同中書侍郎韓範、員外郎段宏、太史令劉起等人，棄中山而出逃鄴城。〔註38〕

成漢李班在位時，太史令韓豹曾因「時有白氣二道帶天」而上奏，以為「宮中有陰謀兵氣」，建議李班應該提防親戚作亂〔註39〕；李勢在位時，出現「熒惑守心」的星象，太史令韓皓認為這是由於廢棄宗廟禮儀所導致，李勢因此召集群臣商議此事。〔註40〕

〔註34〕《晉書》卷九五《藝術·鳩摩羅什傳》，第2500頁。
〔註35〕《晉書》卷一一七《姚興載記上》，第2986頁。
〔註36〕《晉書》卷一一八《姚興載記下》，第2986、2995頁。
〔註37〕《十六國春秋》卷四五《後燕錄三·慕容垂載記下》，上海古籍出版社縮印清文淵閣四庫全書第463冊，第716頁。
〔註38〕《十六國春秋》卷四六《後燕錄四·慕容寶載記》，上海古籍出版社縮印清文淵閣四庫全書第463冊，第723頁。
〔註39〕《晉書》卷一二一《李班載記》，第3041頁。
〔註40〕《晉書》卷一二一《李勢載記》，第3047頁。

後涼呂光在位時期，太史令郭𪏥曾預言李暠將有「國土之分」〔註 41〕；呂光還曾就征伐乞伏乾歸一事進行咨詢，郭𪏥以「太白未出，不宜行師」爲由勸諫，而太史令賈曜則認爲必有秦隴之地，呂光遂進軍攻克金城。然而，不久之後，呂光便兵敗退出金城。〔註 42〕

北燕尚書令孫護曾因爲出現「井渴三日而復」的星象，及犬豕交配的異常現象，而召太史令閔尙卜筮，閔尙建議他應該「戒滿盈之失，修尙恭儉」以消除妖怪〔註 43〕；後來，北燕境內接連出現地震山崩、洪光門鸛雀折斷、右寢毀壞等現象，馮跋遂向太史令閔尙咨詢對策，閔尙解釋云：「地，陰也，主百姓。震有左右，此震皆向右，臣懼百姓將西移。」在聽完閔尙對此事的解釋之後，馮跋遂採取「分遣使者巡行郡國，問所疾苦，孤老不能自存者，賜以穀帛有差」的措施，以化解國內政治危機〔註 44〕；馮跋在位期間，太史令張穆還對「赤氣四塞」的天象作過解釋，認爲這是「兵氣」的象徵，是由北燕斷絕與北魏的邦交關係所導致，因此建議馮跋「宜還前使，修和結盟。」〔註 45〕

南涼禿髮傉檀曾欲親自領兵征討沮渠蒙遜，左長史趙晁與太史令景保聯合上諫，以「太白未出，歲星在西，宜以自守，難以伐人」爲辭勸阻此事，指出「比年天文錯亂，風霧不時，唯修德責躬可以寧吉。」君臣之間遂因此發生爭執，禿髮傉檀認爲趙晁、景保等人以星象之說動搖軍心，而景保則堅持認爲自己的職責在於觀測天象，如見事不言，非爲臣之禮，因此堅持「天文顯然，動必無利」、「天文不虛，必將有變」。禿髮傉檀決策進兵，並枷鎖景保同行，並說如果此戰勝利，就殺掉景保，如果戰敗，則封景保爲百戶侯。結果，禿髮傉檀

〔註41〕 《晉書》卷八七《涼武昭王李玄盛傳》：「武昭王諱暠，字玄盛……少而好學，性沈敏寬和，美器度，通涉經史，尤善文義。及長，頗習武藝，誦孫吳兵法。嘗與呂光太史令郭𪏥及其同母弟宋繇同宿，𪏥起謂繇曰：『君當位極人臣，李君有國土之分，家有驪草馬生白額駒，此其時也。』」（第 2257 頁）

〔註42〕 《晉書》卷九五《藝術·郭𪏥傳》：「光將伐乞伏乾歸，𪏥諫曰：『今太白未出，不宜行師，往必無功，終當覆敗。』太史令賈曜以爲必有秦隴之地。及克金城，光使曜詰𪏥，𪏥密謂光曰：『昨有流星東墜，當有伏尸死將，雖得此城，憂在不守。正月上旬，河冰將解，若不早渡，恐有大變。』後二日而敗問至，光引軍渡河訖，冰泮。時人服其神驗。光以𪏥爲散騎常侍、太常。」（第 2498 頁）

〔註43〕 《晉書》卷一二五《馮跋載記》，第 3131～3132 頁。

〔註44〕 《晉書》卷一二五《馮跋載記》，第 3133 頁。

〔註45〕 《晉書》卷一二五《馮跋載記》，第 3133 頁。

戰敗，後來禿髮傉檀親自向景保認錯，並封他爲安亭侯。〔註46〕

408年正月，南燕境內出現大風暴起、天地晝昏的異常天氣現象，慕容超遂秘密咨詢太史令成公綏，成公綏指出這是由慕容超「信用姦臣，誅戮賢良，賦斂繁多，事役殷苦」所造成；〔註47〕同年，因出現地震、井水溢、汝水竭、黃河、濟河冰凍而灅水不結冰等一系列異常現象，慕容超又向太史令李宣咨詢。〔註48〕

407年九月，北涼沮渠蒙遜在進攻禿髮氏西郡太守楊統之前，曾出現地震、山崩折木等現象，其太史令劉梁認爲，這是大軍一往無前、每戰必克的徵兆，蒙遜遂發兵攻擊西郡，並一舉擒獲楊統。〔註49〕413年四月，太史令張衍上奏，以爲「今歲臨澤城西當有破兵」，沮渠蒙遜遂遣其世子沮渠政德屯兵若厚塢。〔註50〕

以上標明由太史令所參與的政治干預事件中，多數都與十六國政權的最高政治決策密切相關，諸如稱王定都、軍事征討、外交伐謀、政策調整等事關國家政治前途命運的大政方針，太史令均可以通過對天象或災異的解釋參與決策，而且在很多時候起到了關鍵性甚至是決定性的作用，直接影響到決策的結果，這種情況正好說明太史令在十六國政權中擁有較高的政治地位。

三、天象變化、災異祥瑞對十六國政治之影響

在十六國政權中，太史令除了利用天象災異對政治直接實施干預外，他們對政治的廣泛影響，還表現在由其負責記錄下來的大量天文星象及災異祥瑞，經常被其它大臣廣泛援引，作爲對現實政治發表見解或勸諫的依據；另一方面，最高統治者也常常因爲天象發生變化，或出現災異祥瑞，而對國家政策進行調整。因此，天象變化、災異祥瑞對現實政治所造成的影響，也可視爲太史令對政治的間接干預。

爲方便探討天文星象、災異祥瑞對十六國政治的影響，我們先勾稽《晉書》所載，將發生於十六國的天象災異進行一番梳理。茲表列如下（表一：十六國天象災異次數統計簡表）：

〔註46〕《晉書》卷一二六《禿髮傉檀載記》，第3152～3153頁。
〔註47〕《晉書》卷一二八《慕容超載記》，第3180頁。
〔註48〕《十六國春秋》卷六四《南燕錄二‧慕容超載記》，上海古籍出版社縮印清文
　　　　淵閣四庫全書第463冊，第853頁。
〔註49〕《晉書》卷一二九《沮渠蒙遜載記》，第3194頁。
〔註50〕《晉書》卷一二九《沮渠蒙遜載記》，第3198頁。

表一：十六國天象災異次數統計簡表

國別 ＼ 現象（次數）	日蝕	月蝕	山崩地裂	河流泛濫	地震泉水	風雨雷電霜雹	乾旱瘟疫	蝗蟲	彩虹	血雨	鬼哭	災異祥瑞	星變	望氣	夢境	總數
漢趙			2	1	4	2	1	1	1	3	4	10	4	1	1	35
後趙			1	1	2	6	4	3	1	1		15	6	1		41
前燕												4			1	5
前秦	1		1	1		5	3	2	1			8	7		3	32
後秦	1	1	1		3				1			1	2	1	2	13
成漢			1			1							1	1	1	5
後涼												4	1		2	7
後燕												2		1		3
西秦					1							3	1			5
北燕					2		1					2		1		6
南涼												2	1			3
南燕					2					1	1	3	3		1	11
西燕																0
北涼					1	1	1					2		2		7
大夏																0
前涼																0
西涼																0
冉魏								1					2			3
總計	2	1	6	3	15	15	10	7	4	5	5	55	28	8	11	176

說明：①本表統計項目均來自《晉書》卷 101～130「載記」；②「星變」包括流星、星象移位、雲遮日月等天文現象；③有些現象同時出現，本表在作統計時分別計入相對應的欄目（如劉粲任相國、總百揆以後，都城平陽同時出現地震、暴風、血雨等異常天象，在「地震」、「風雨雷電」、「血雨」各算作 1 次）；④「災異祥瑞」用來概括無法具體表述的異常現象，舉凡動植物異常變異、出現「龍」、「鳳」、雉、兔等「瑞獸」、野獸害人、婦女一胎多生、獲得或貢獻「寶物」等情況，均列入此義項。

由「表一」所載可見，十六國政權中除了西燕、大夏、前涼、西涼四個政權不見有對災異祥瑞的記載以外，其它政權均有關於這方面的記述，特別是漢趙、後趙、前秦三者數量最多，分別有 35、41、32 次。而從總體上來看，176次的記述絕不能算少，如將這個數字均攤，則「十六」國平均每個政權有 11次之多；從記錄的內容來看，除去「災異祥瑞」這個抽象的義項外，共有 14種之多，涵蓋範圍之廣泛不言而喻。由此可證，十六國政權對於災異祥瑞之重視程度，對於發生在統治區域內的自然界異常現象──即所謂的「災異祥瑞」，一般情況下都要作詳細記錄；對於災異祥瑞的系統記錄，反過來又說明天文星象、災異祥瑞對十六國政權現實政治的深刻影響。

就《晉書》所載來看，「表一」所列的每一次天象變化或災異祥瑞幾乎都對當時的政治產生過影響，而且在許多情況下，這種影響都是巨大而深刻。綜合而論，天象變化、災異祥瑞對十六國政治的影響，可概括為如下幾個方面（凡有太史令參與者，此處均不重複論述）：

（一）天象變化、災異祥瑞被視為「天意」之象徵、政權興衰更替之標誌

天象異常變化，或是災異祥瑞的出現，在十六國政權的統治者看來，就是「天意」的預告，一旦其統治區域出現吉祥的天象或瑞兆，統治者往往視為「天命在己」，而堅定稱尊建國的決心，或做出大赦等政治決定；反之，如果出現不祥的「惡兆」，統治者一般都會產生「惡之」的恐懼感。這兩方面的例子，均可以舉出一些。如前燕慕容皝時，位於其境內的龍山，出現黑白二龍，慕容皝遂率群臣以太牢祭之，隨後大赦境內，並將新宮殿命名為「和龍」、還在山上建立龍翔寺。〔註51〕

因為出現「惡兆」而引起統治者厭惡情緒的例子，似乎更多一些。如後趙石韜「素解天文」，曾因看見「東南有黃黑雲」而「惡之」〔註52〕。再如，冉閔發動政變後，曾出現「雲黃赤色，起東北，長百餘丈，一白鳥從雲間西南去，占者惡之。」〔註53〕符堅也曾因出現「彗星掃東井」、「長安有水影，遠觀若水，視地則見人」等情況，而「惡之」〔註54〕。成漢李壽在位期間，

〔註51〕《晉書》卷一○九《慕容皝載記》，第 2825 頁。
〔註52〕《晉書》卷一○七《石季龍載記下》，第 2783 頁。
〔註53〕《晉書》卷一○七《石季龍載記下》，第 2796 頁。
〔註54〕《晉書》卷一一六《符堅載記下》，第 2916 頁。

「岷山崩，江水竭，壽惡之，每問（龔）壯以自安之術。」〔註55〕西秦乞伏乾歸，曾因「所居南景門崩，惡之，遂遷於苑川」，又因「苑川地震裂生毛，狐雉入于寢內」而「甚惡之」，後乞伏乾歸畋獵於五溪，「有梟集於其手，甚惡之」〔註56〕。後燕馮跋，「讌群僚，忽有血流其左臂，跋惡之。從事中郎王垂因說符命之應，跋戒其勿言。」〔註57〕凡此，均因為天象出現異常變化，從而造成最高統治者心生恐懼。

十六國政權的統治者對於天象變化或災異祥瑞均表現出高度的關注，並常常把這些異常現象當成稱尊建國的預言，在討論政權合法性的時候，以這些異常變化作為口實。例如，冉閔誅殺石祇、稱魏王，派常煒出使前燕，前燕記室參軍封裕奉命詰問常煒，云：「冉閔養息常才，負恩簒逆，有何祥應而僭稱大號？」常煒也以祥瑞回答封裕：「天之所興，其致不同。狼鳥紀于三王，麟龍表于漢魏。寡君應天馭曆，能無祥乎！……暴胡酷亂，蒼生屠膾，寡君奮劍而誅除之，黎元獲濟，可謂功格皇天，勳侔高祖。恭承乾命，有何不可？」封裕又追問：「石祇去歲使張舉請救，云璽在襄國，其言信不？又聞（冉）閔鑄金為己象，壞而不成，奈何言有天命？」常煒反駁說：「誅胡之日，在鄴者略無所遺，璽何從而向襄國，此求救之辭耳。天之神璽，實在寡君……鑄形之事，所未聞也。」〔註58〕在冉閔稱尊號的問題上，冉魏與前燕雙方均以災異祥瑞為論說的理由，此事表明十六國政權都非常重視運用「祥瑞」來證明自己的「法統」，一旦發生所謂「祥瑞」，下自群臣上至帝王，往往會認為這是「革命」的象徵。

以「祥瑞」作為是否應該進行「革命」的例證，包括《晉書》在內的相關典籍文獻頗多記載。如石勒在位時期，茌平縣令師懽獻上一隻黑兔，程遐等人認為這是石勒「龍飛革命之祥，於晉以水承金，兔陰精之獸，玄為水色，此示殿下宜速副天人之望也」，石勒遂因此宣佈大赦，並將年號更改為太和。〔註59〕再如，前燕慕容儁時，有燕子在正陽殿之西楹作巢，並生下三隻項上有豎毛的雛鳥，凡城又有人獻上「異鳥，五色成章」，慕容儁向群臣咨詢，云：「是何祥也？」群臣一致認為這是大燕隆興、慕容儁「臨軒朝萬國」的象徵。

〔註55〕 《晉書》卷一二一《李壽載記》，第3044頁。
〔註56〕 《晉書》卷一二五《乞伏乾歸載記》，第3121～3122頁。
〔註57〕 《晉書》卷一二五《馮跋載記》，第3128頁。
〔註58〕 《晉書》卷一一○《慕容儁載記》，第2832頁。
〔註59〕 《晉書》卷一○五《石勒載記下》，第2743頁。

〔註 60〕又，慕容儁即位後議定「五行」次第時，「眾論紛紜」，最後採納韓恒燕為「木德」的建議，而韓恒的依據除《易》經外，還有慕容儁受命時「龍見於都邑城」，而按照《易》經等說法，「龍為木德」，由此可見，「祥瑞」在前燕決定五行次第的過程中，實際上發揮了決定性的作用。〔註 61〕再如，389年，後秦境內金澤縣出現麒麟，而「百獸從之」，呂光認為這是自己的祥瑞，遂於當年稱三河王，「置百官自丞郎已下，赦其境內，年號麟嘉。」〔註 62〕西秦乞伏乾歸時，群臣勸其稱王，乾歸自認寡弱而加以拒絕，群臣遂以「天命不可虛邀，符籙不可妄冀」之辭，加以規勸，最終乾歸應群臣之請而稱王〔註 63〕；乞伏熾磐在位期間，「有雲五色，起於南山」，熾磐「以為己瑞，大悅，謂羣臣曰：『吾今年應有所定，王業成矣！』於是繕甲整兵，以待四方之隙。聞禿髮辱檀西征乙弗，投劍而起曰：『可以行矣！』率步騎二萬襲樂都。禿髮武臺憑城距守，熾磐攻之，一旬而克。」〔註 64〕又如，北燕馮跋在宴請臣僚時，突然有臂膊流血，從事中郎王垂因此「說符命之應」。〔註 65〕401 年，「龍見于長寧，麒麟遊于綏羌」，南涼群臣因此「勸進」，禿髮利鹿孤遂稱河西王。〔註 66〕南燕慕容德行軍至滑臺，「景星見于尾箕。漳水得白玉，狀若璽」，於是慕容德「依燕元故事，稱元年，大赦境內殊死已下，置百官。以慕容麟為司空、領尚書令，慕容法為中軍將軍，慕輿拔為尚書左僕射，丁通為尚書右僕射，自餘封授各有差。」〔註 67〕徵諸史實，在慕容德決策定都廣固的過程中，天文星象更是起到了決定性的作用。〔註 68〕慕容麟還曾因為河間出現

〔註 60〕《晉書》卷一一〇《慕容儁載記》，第 2833～2834 頁。
〔註 61〕《晉書》卷一一〇《慕容儁載記附韓恒載記》，第 2843 頁。
〔註 62〕《晉書》卷一二二《呂光載記》，第 3059 頁。
〔註 63〕《晉書》卷一二五《乞伏乾歸載記》：「羣下勸乾歸稱王，乾歸以寡弱弗許。固請曰：『夫道應符曆，雖廢必興；圖籙所棄，雖成必敗。本初之眾，非不多也，魏武運籌，四州瓦解。尋、邑之兵，非不盛也，世祖龍申，亡新鳥散。固天命不可虛邀，符籙不可妄冀。姚數將終，否極斯泰，乘機撫運，實係聖人。今見眾三萬，足可以疆理秦隴，清蕩洮河。陛下應運再興，四海鵠望，豈宜固守謙沖，不以社稷為本！願時即大位，允副羣心。』乾歸從之。義熙三年，僭稱秦王，赦其境內，改元更始，置百官，公卿已下皆復本位。」（第 3121～3122 頁）
〔註 64〕《晉書》卷 125《乞伏熾磐載記》，第 3124 頁。
〔註 65〕《晉書》卷 125《馮跋載記》，第 3128 頁。
〔註 66〕《晉書》卷一二六《禿髮利鹿孤載記》，第 3145 頁。
〔註 67〕《晉書》卷一二七《慕容德載記》，第 3164 頁。
〔註 68〕據《晉書》卷一二七《慕容德載記》，在慕容德討論定都何處時，張華等人

麒麟，而認為是自己的祥瑞，並因此潛謀作亂，結果事泄被殺。〔註69〕符登被姚興消滅後，其弟符廣歸降慕容德，後來出現「熒惑守東井」的星象，有人說這是秦國復興的徵兆，於是符廣「乃自稱秦王」〔註70〕，起兵反燕。

（二）天象變化、災異祥瑞具有治亂興衰晴雨錶的功能

天象變化、災異祥瑞除了被十六國統治者視為「天意」的象徵，以及政權興衰更替之標誌外，還具有治亂興衰晴雨錶的功能。一旦境內出現異常天象或災異祥瑞，都會引起統治集團的廣泛關注，臣僚常以此為契機縱論政治得失，君主也會主動檢討、反思、咨詢，並採取相應措施，以期化解政治危機。這方面的事例，史籍頗多記述。

1、漢趙政權：314年正月，漢趙境內出現「流星起於牽牛，入紫微，龍形委蛇，其光照地，落于平陽北十里……」的異常星象，劉聰遂就此向公卿百官進行咨詢，陳元達、張師等人認為此次「星變之異」，乃是由於劉聰在後宮政策上的失誤所造成，提醒劉聰要注意防範後宮；〔註71〕再如，315年三月，漢趙京師長安出現「雨血於其東宮延明殿」的異常現象，皇太弟劉乂對此感到厭惡，遂秘密咨詢太師盧志、太傅崔瑋、太保許遐。〔註72〕321年終南山崩，長安人劉終在山崩的地方得到一塊白玉獻上，群臣都認為這是石勒將要滅亡的徵兆，劉曜遂將此白玉齋戒七天後置於太廟，並大赦境內，封劉終為「奉瑞大夫」。這時候只有中書監劉鈞提出異議，認為這恰恰是漢趙皇室將被石勒打敗的象徵，希望劉聰對此警惕。為此，御史還上章彈劾劉鈞，要求治劉鈞

主張攻取彭城以為首都，慕容鍾、慕輿護、封逞、韓諉等人則力主定都滑臺，尚書潘聰則認為應佔領青齊、以廣固為首都，三派各執其理，慕容德猶豫不決，最後只好去咨詢「素知占候」的沙門釋惠朗，惠朗認為潘聰之議乃是「興邦之術」，惠朗還以天象為據：「敬覽三策，潘尚書之議可謂興邦之術矣。今歲初，長星起於奎婁，遂掃虛危，而虛危，齊之分野，除舊布新之象。宜先定舊魯，巡撫琅邪，待秋風戒節，然後北轉臨齊，天之道也。」聽完惠朗的分析，慕容德「大悅，引師而南，兗州北鄙諸縣悉降，置守宰以撫之。」（第3165～3166頁）後來，慕容德就按照惠朗的建議展開軍事行動，並最終攻取青齊、定都廣固。可見，在南燕定都廣固的戰略決策中，天文星象具有決定性的作用。

〔註69〕《晉書》卷一二七《慕容德載記》：「初，河間有麟見，慕容麟以為己瑞。及此，潛謀為亂，事覺，賜死。」（第3164頁）

〔註70〕《晉書》卷一二七《慕容德載記》，第3165頁。

〔註71〕《晉書》卷一○二《劉聰載記》，第2665頁。

〔註72〕《晉書》卷一○二《劉聰載記》，第2666～2667頁。

「大不敬」之罪。〔註73〕

2、後趙政權：石勒對於天象變化、災異祥瑞十分重視，如他曾因爲「南郊」過程中出現「白氣自壇屬天」，而發佈大赦；還曾因出現日蝕，而「避正殿三日，令羣公卿士各上封事」；還曾因爲出現暴風大雨、冰雹等災害性天氣，而「正服于東堂」向大臣咨詢，並在臣僚解釋原因之後，採取了相應措施以化解天怒神怒；還曾因爲出現乾旱，而親臨廷尉「錄囚徒，五歲刑已下皆輕決遣之，重者賜酒食，聽沐浴，一須秋論。」〔註74〕

石虎雖以殘暴享惡名於史冊，但實際上他在某些時候也是一位敢於承擔責任的君主。如 335 年秋，冀州八郡出現冰雹，石虎遂「下書深自咎責。遣御史所在發水次倉麥，以給秋種，尤甚之處差復一年。」〔註75〕338 年五月，冀州八郡又發生蝗災，司隸奏請追究地方官員的責任，但石虎認爲：「此政之失和，朕之不德，而欲委咎守宰，豈禹湯罪己之義邪！司隸不進讜言，佐朕不逮，而歸咎無辜，所以重吾之責，可白衣領司隸。」〔註76〕339 年九月，石虎又因爲大旱及出現「白虹經天」的星象，而連下兩道詔書，在這兩道詔書中，石虎首先承認是因爲自己在位六年未能「上和乾象，下濟黎元」，從而造成了「星虹之變」；其次，要求百官上書言事；再次，解西山之禁，規定蒲葦魚鹽除歲供之外，任何人不得封固，嚴禁公侯卿牧規占山澤、與民爭利；最後規定，從今以後罪犯流放，都必須經過申奏，不得直接發配，京師現有囚犯，除非犯有殺人之罪，一律放免。〔註77〕344 年，石虎又因爲出現「白虹出自太社，經鳳陽門，東南連天，十餘刻乃滅」的天象，而下詔書自我批評，云：「……朕以眇薄，君臨萬邦，夕惕乾乾……而中年已來變眚彌顯，天文錯亂，時氣不應，斯由人怨於下，譴感皇天。雖朕之不明，亦羣后不能翼獎之所致也……其各上封事，極言無隱。」在要求臣僚「各上封事，極言無隱」的同時，還採取關閉鳳陽門、立二時於靈昌津、祠天及五郊等措施，以祈化解政治危機。〔註78〕

3、前秦政權：對於天象變化、災異祥瑞的重視，自苻健開國時已然，如

〔註73〕《晉書》卷一〇三《劉曜載記》，第 2690～2691 頁。
〔註74〕《晉書》卷一〇五《石勒載記下》，第 2748～2751 頁。
〔註75〕《晉書》卷一〇六《石季龍載記上》，第 2763 頁。
〔註76〕《晉書》卷一〇六《石季龍載記上》，第 2768 頁。
〔註77〕《晉書》卷一〇六《石季龍載記上》，第 2770 頁。
〔註78〕《晉書》卷一〇六《石季龍載記上》，第 2775～2776 頁。

苻健在位時，曾因爲大雨霖、河水泛濫而赦免張靖；後來又因爲發生嚴重蝗災而蠲免百姓租稅，苻健本人也「減膳徹懸，素服避正殿。」〔註79〕

苻生在位時，災異祥瑞、天象變化頻繁發生，前秦政壇因此多次受到嚴重影響，如胡文、王魚等人，曾借助天象變化，勸諫苻生修「德政」以禳禍，但苻生卻借機濫殺大臣「以塞大喪之變」，結果造成了「諸羌悉叛」的嚴重局面。〔註80〕又如，光祿大夫強平曾因長安大風拔樹而向苻生進諫，指出：「元正盛旦，日有蝕之，正陽神朔，昏風大起，兼水旱不時，獸災未息，此皆由陛下不勉強於政事，乖和氣所致也。願陛下務養元元，平章百姓，棄纖介之嫌，含山嶽之過，致敬宗社，愛禮公卿，去秋霜之威，垂三春之澤，則姦回寢止，妖祲自消，乾靈祇祐皇家，永保無窮之美矣。」〔註81〕面對強平的諫奏，苻生卻認爲他是在妖言惑眾，因而殺之。苻生在位期間，還曾出現「猛獸及狼大暴，晝則斷道，夜則發屋，惟害人而不食六畜」的異常情況，群臣因此奏請苻生禳災。但苻生加以拒絕，並駁斥群臣，說：「野獸飢則食人，飽當自止，終不能累年爲患也。天豈不子愛羣生，而年年降罰，正以百姓犯罪不已，將助朕專殺而施刑教故耳。但勿犯罪，何爲怨天而尤人哉！」〔註82〕在苻生看來，虎狼等野獸吃人，乃是自然現象，上天不會無故降罰百姓，因此不必怨天尤人，此例反映的是，群臣以皇天爲說辭，苻生也以此針鋒相對。

苻堅曾因爲天旱而採取減膳去樂、開山澤之利、偃甲息兵等休養生息的政策。〔註83〕及秦雍二州地震、泉水湧出、金象生毛、長安大風雷電，震屋害人等情況發生後，苻堅「懼而愈修德政焉」。〔註84〕在苻堅決策伐晉的過程中，天文星象始終是爭論雙方的最重要根據，如太子左衛率石越反對伐晉的一個重要理由是，「今歲鎮星守斗牛，福德在吳」；苻融反對伐晉的三個理由中，「歲鎮在斗牛，吳越之福，不可伐」就被擺在了第一位；後來太子苻宏再次勸阻伐晉，其首陳的理由也是「吳今得歲，不可伐也」；一向得苻堅信任的沙門釋道安，也認爲太子苻宏的見解正確，希望苻堅能夠採納；而苻堅反駁石越、苻融、苻宏，也是以星象爲據，他說往年滅前燕，也是「犯歲」卻取

〔註79〕《晉書》卷一一二《苻健載記》，第2871頁。
〔註80〕《晉書》卷一一二《苻生載記》，第2872～2873頁。
〔註81〕《晉書》卷一一二《苻生載記》，第2877頁。
〔註82〕《晉書》卷一一二《苻生載記》，第2877頁。
〔註83〕《晉書》卷一一三《苻堅載記上》，第2885頁。
〔註84〕《晉書》卷一一三《苻堅載記上》，第2889頁。

得了勝利。〔註85〕此事充分反映出「星象」在軍事決策，特別是帶有全局性的重大政治軍事決策中，有時候具有決定性的作用。

4、後秦政權：姚萇曾因大雪，而「下書深自責罰，散後宮文綺珍寶以供戎事，身食一味，妻不重綵。將帥死王事者，加秩二等，士卒戰沒，皆有褒贈。」〔註86〕339年十月，姚興曾因「日月薄蝕，災眚屢見」而「降號稱王」，同時下令群公、卿士、將牧、守宰各降一等，並派遣趙國公姚旻告於社稷，此外，還採取大赦、改元，賞賜孤獨鰥寡等措施，以祈求上天祐護。〔註87〕412年，由於出現「客星入東井」的天象和多次地震，後秦公卿百官抗表請罪，姚興認爲：「災譴之來，咎在元首，近代或歸罪三公，甚無謂也」，並要求百官「悉冠履復位」。〔註88〕靈臺令還曾就「熒惑入東井，旬紀而返，未餘月，復來守心」的星象上奏，建議姚興「宜修仁虛己，以答天譴」，結果被姚興採納。〔註89〕姚泓在位期間，姚嵩統兵征戰，在此前後，先後發生天水、冀縣石鼓鳴響，野雞皆隨之而雊，以及秦州連續出現地震山崩等現象，群臣均認爲這是不祥之兆，因此勸諫不宜出兵，但姚嵩依然堅持出兵的決策，並說：「若有不祥，此乃命也，安所逃乎！」結果姚嵩於此役戰死。有識之士遂因此指出，秦州乃是姚泓的故鄉，秦州連續地震，乃是其即將滅亡的徵兆。〔註90〕

5、成漢政權：李壽曾因岷山崩、江水竭，而經常向龔壯問「自安之術」，龔壯因此建議他襲據成都，並爲李壽所接受；李壽還曾因爲大風暴雨，而「深自悔責，命群臣極盡忠言，勿拘忌諱。」〔註91〕李勢荒淫不恤國事，史官多次奏陳災譴，李勢「乃加董皎太師，以名位優之，實欲與分災眚」，〔註92〕這是君主爲了讓大臣與自己分擔「天譴」而給其加官進爵。

6、後涼政權：鳩摩羅什曾以「潛龍屢出，犬豕見妖，將有下人謀上之禍」爲由，建議呂纂「增修德政，以答天戒」；〔註93〕呂隆在位時，出現「熒惑犯

〔註85〕 《晉書》卷一一四《符堅載記下》，第2912、2915頁。

〔註86〕 《晉書》卷一一六《姚萇載記》，第2968頁。

〔註87〕 《晉書》卷一一七《姚興載記上》，第2979～2980頁。

〔註88〕 《晉書》卷一一八《姚興載記下》，第2996頁。

〔註89〕 《晉書》卷一一八《姚興載記下》，第3002頁。

〔註90〕 《晉書》卷一一九《姚泓載記》，第3009～3010頁。

〔註91〕 《晉書》卷一二一《李壽載記》，第3044、3045頁。

〔註92〕 《晉書》卷一二一《李勢載記》，第3047頁。

〔註93〕 《晉書》卷一二二《呂纂載記》，第3067頁。按，《晉書》此處作「道士句摩羅耆婆」，即鳩摩羅什之另外一種譯法。又，魏晉南北朝時，亦稱僧侶爲「道

帝坐」的星象和「鼉雀鬬于太廟」的現象，群臣因此奏請應該和後秦姚興通好，但被呂隆拒絕。〔註94〕

（三）天象變化、災異祥瑞常被用作政治鬥爭的工具

天象變化、災異祥瑞對十六國政治的影響，還表現在它發生以後，不僅君主應該檢討政治得失，有關官員也必須承擔相應的責任。職此之故，天象變化、災異祥瑞就經常被用作政治鬥爭的工具，借助天象變化、災異祥瑞出現之機剷除政敵的情況，在十六國政權時有發生。

基於「天人感應」的思想觀念，一旦出現天象異常或災異祥瑞，君主不僅要採取措施進行「禳災」，還要追究有關官員的責任。如前揭石虎在位時，因為冀州八郡發生大面積蝗災，司隸遂上奏石虎，要求追究所在地方長官的責任。又如，前燕慕容暐時，「境內多水旱，慕容恪、慕容評並稽首歸政，請遜位還第。」慕容恪、慕容評二人請求遜位的理由，其中包括「猥以輕才，竊位宰錄，不能上諧陰陽，下釐庶政，致使水旱愆和，彝倫失序……」，慕容暐不同意二人辭職，勸他們要以宗廟社稷為重，不辜負先帝之委任託付。慕容恪、慕容評二人再次上奏，固請致政，於是慕容暐只好再次致疏拒絕，其中有云：「今道化未純，鯨鯢未殄，宗社之重，非唯朕身，公所憂也。當思所以寧濟兆庶，靖難敦風，垂美將來，侔蹤周、漢，不宜崇飾常節，以違至公。」〔註95〕慕容暐堅決不同意二人的讓表，恪、評二人這才最終放棄遜位的打算。

前秦時，幽州出現蝗災，劉蘭奉命前往滅蝗，「經秋冬不滅」，結果有司奏請「徵下廷尉詔獄」，苻堅認為：「災降自天，殆非人力所能除也。此自朕之政違所致，蘭何罪焉！」〔註96〕

再如，前揭後秦姚興時，因出現地震及「客星入東井」的星象，文武百官因此「抗表請罪」，姚興則認為：「災譴之來，咎在元首；近代或歸罪三公，甚無謂也。」由此可見，一旦出現星象異常變化，或水旱蝗等自然災害，公卿百官必須有人承擔這種「災譴」，有關部門（如司隸等「有司」）也可因此上奏皇帝，要求追究相關官員的責任，姚興時百官「抗表請罪」一事，則明

士」，意即「有道術之士」，與後世專用於稱呼道教徒的用法有不同。
〔註94〕《晉書》卷一二二《呂隆載記》，第3070頁。
〔註95〕《晉書》卷一一一《慕容暐載記》，第2849～2850頁。
〔註96〕《晉書》卷一一四《苻堅載記下》，第2914頁。

確告訴我們，出現「災譴」而歸罪三公等文武百官，正是從「近代」即魏晉以來才形成的「故事」。我以為，正是由於這個「故事」，天象變化或災異祥瑞才會在十六國時期被用作政治鬥爭的工具，因為一旦出現異常，按照「故事」就應該有人出來承擔責任。

十六國時期，君主因為天象變化、災異祥瑞甚至是夢境、謠言而誅殺大臣，以及利用天象變化或災異祥瑞打擊政治對手的事情，史籍頗有其載。如，前趙劉聰時，曾一度出現宦官擅權的情況，時劉粲受命專決軍國事，宦官王沈、郭猗等人與之勾結，對朝臣大加迫害，太宰劉易、大將軍劉敷、御史大夫陳元達、金紫光祿大夫王延等人聯名上奏，指出「比年地震日蝕，雨血火災，皆（王）沈等之由。願陛下割翦凶醜與政之流，引尚書、御史朝省萬機，相國與公卿五日一入，會議政事，使大臣得極其言，忠臣得逞其意，則眾災自弭，和氣呈祥」，這是劉易等人以天象變化、災異祥瑞為辭，與王沈為首的宦官勢力進行鬥爭。〔註97〕

又如，前揭後趙石虎在位時，太子石宣試圖誅殺領軍王朗，就是利用「熒惑守房」的星象變化，中書監王波卻因此而被殺。再如，前秦苻生「又納董榮之言，誅其司空王墮以應日蝕之災」〔註98〕，在這裏，日蝕被董榮用作消滅政敵的工具。後來，苻生還因為夢境及謠言而誅滅侍中、太師、錄尚書事魚遵一家，據《苻生載記》云：「初，（苻）生夢大魚食蒲，又長安謠曰：『東海大魚化為龍，男便為王女為公。問在何所洛門東。』東海，苻堅封也，時為龍驤將軍，第在洛門之東。生不知是堅，以謠夢之故，誅其侍中、太師、錄尚書事魚遵及其七子十孫。」〔註99〕後秦姚興，也曾因「白虹貫日」而準備誅殺被懷疑有奪嫡之嫌的廣平公姚弼。後來在太子姚泓的極力勸阻下，才放棄這個打算，並赦免姚弼黨羽。〔註100〕

〔註97〕《晉書》卷一〇二《劉聰載記》，第 2671～2672 頁。
〔註98〕《晉書》卷一一二《苻生載記》，第 2873 頁。
〔註99〕《晉書》卷一一二《苻生載記》，第 2878 頁。
〔註100〕《晉書》卷一一八《姚興載記下》：「時白虹貫日，有術人言於興曰：『將有不祥之事，終當自消。』時興藥動，姚弼稱疾不朝，集兵於第。興聞之怒甚，收其黨殿中侍御史唐盛、孫玄等殺之。泓言於興曰：『臣誠不肖，不能訓諧於弟，致弼構造是非，仰慚天日，陛下若以臣為社稷之憂，除臣而國寧，亦家之福也。若垂天性之恩，不忍加臣刑戮者，乞聽臣守藩。』興慘然改容，召姚讚、梁喜、尹昭、斂曼嵬於諮議堂，密謀收弼。時姚紹屯兵雍城，馳遣告之，數日不決。弼黨兜懼。興慮其為變，乃收弼，囚之中曹，窮責黨與，將

（四）「天文」之學受到重視，加強對星象圖讖學說的控制

　　天象變化、災異祥瑞對十六國政治生活的影響，還表現爲當時的許多政治人物，特別是十六國政權的君主都十分重視「天文」之學，他們不僅關注天文星象的變化，而且還親自學習、掌握「天文」方面的知識，並加強對天文圖讖等學說的控制。

　　十六國政權中，絕大多數君主對於當時的「道術」之士都足夠尊重，更有許多道術之士因爲在天文、圖讖或《易》學等方面學有專長而受到重用。如黃泓，先後受到前燕慕容廆、慕容皝、慕容儁三代君主的重用，與他精通「天文秘術」而「精妙逾深」，以及「尤明《禮》、《易》」就大有關係。〔註101〕隴西人王嘉有道術，「苻堅累徵不起，公侯已下咸躬往參詣，好尚之士無不師宗之。問其當世事者，皆隨問而對。」及苻堅南征，還曾專門派遣使者向他咨詢。後秦姚萇入長安後，「禮嘉如苻堅故事，逼以自隨，每事諮之。」及王嘉死後，苻登還「設壇哭之，贈太師，諡曰文。」〔註102〕西平人郭黁精研《易》經，先後仕於前秦苻堅、後涼呂光、乞伏乾歸，均受到重用，呂光「比之京管，常參帷幄密謀」〔註103〕。上洛人臺產，「少專京氏《易》，善圖讖、秘緯、天文、《洛》書、風角、星算、六日七分之學，尤善望氣、占候、推步之術」，劉曜在位時，由於災異盛行，遂命公卿各推舉「博識直言之士一人」，大司空劉鈞因此向劉曜舉薦臺產。劉曜於是親臨東堂，遣中黃門策問之，臺產「極言其故。曜覽而嘉之，訪以政事」，臺產於是「流涕歔欷，具陳災變之禍，政化之闕，辭甚懇至。曜改容禮之，署爲博士祭酒、諫議大夫，領太史令。至

〔註101〕　殺之。泓流涕固請之，乃止。興謂梁喜曰：『泓天心平和，性少猜忌，必能容養羣賢，保全吾子。』於是皆赦鄰黨。」（第3002頁）
〔註101〕　《晉書》卷九五《藝術・黃泓傳》：「黃泓，字始長，魏郡斥丘人也。父沈，善天文秘術。泓從父受業，精妙踰深，兼博覽經史，尤明《禮》《易》……泓乃率宗族歸（慕容）廆，廆待以客禮，引爲參軍，軍國之務動輒訪之。泓指說成敗，事皆如言。廆常曰：『黃參軍，孤之仲翔也。』及（慕容）皝嗣位，還左常侍，領史官，甚重之……及慕容儁即王位，還從事中郎，儁聞冉閔亂，將圖中原，訪之於泓，泓勸行，儁從之。及僭號，署爲進謀將軍、太史令、關內侯，尋加奉車都尉、西海太守、領太史令、開陽亭侯，又封平舒縣五等伯，常從左右，諮決大事……」（第2492～2493頁）由此可見，黃泓之爲慕容氏三代所看重，很重要的一個原因就是他精通「天文秘術」，並能夠利用所掌握的一技之長爲慕容氏逐鹿中原出謀劃策。
〔註102〕　《晉書》卷九五《藝術・王嘉傳》，第2496～2497頁。
〔註103〕　《晉書》卷九五《藝術・郭黁傳》，第2497～2499頁。

明年而其言皆驗，曜彌重之，轉太中大夫，歲中三遷。歷位尚書、光祿大夫、太子少師，位特進，金章紫綬，爵關中侯。」〔註104〕臺產受到劉曜的重用，所憑藉的正是在東堂策問中的優異表現。

　　徵諸史載，十六國時期的一些著名僧侶，如後趙佛圖澄、後秦鳩摩羅什、北涼曇無讖、南涼曇霍等，均曾受到其君主的重用，推究個中原因，與其君主接受佛教教義固然有關，還因為這些高僧一無例外的都精擅方術、圖讖、天文等術學，他們經常運用這些方術替君主預測吉凶、咒神驅鬼、祈福求雨，並由此得到統治者的高度信任。〔註105〕

　　鑒於天文術學受到重視，並容易獲得君主青睞，故有不少大臣也開始關心天文、圖讖的變化，甚至對此展開探，如後趙安樂王石韜「素解天文」〔註106〕；遭董榮誣陷而被苻生誅殺的前秦宰相王墮，「博學有雄才，明天文圖緯」，曾在苻洪時預言苻氏將稱王關中，並因此受到苻洪的重用。〔註107〕不僅當時的許多大臣留心於天文之學，甚至於十六國的君主中，也有一些人

〔註104〕《晉書》卷九五《藝術・臺產傳》，第2503頁。
〔註105〕湯用彤氏在《漢魏兩晉南北朝佛教史》一書中曾經指出，當時一身而兼習釋教及圖讖之學者實為平常，陰陽讖緯之學，在十六國北朝時期，為經師及沙門釋子所同習之科目，其時著名的僧侶如佛圖澄、鳩摩羅什、曇無讖、僧涉等人，均善方術。（詳參第十四章《佛教之北統》，第376～377頁）驗諸《晉書》卷九五《藝術・佛圖澄傳》、《鳩摩羅什傳》、《僧涉傳》，可知湯氏所言不虛，如佛圖澄，「永嘉四年，來適洛陽，自云百有餘歲，常服氣自養，能積日不食。善誦神咒，能役使鬼神。腹旁有一孔，常以絮塞之，每夜讀書，則拔絮，孔中出光，照于一室。又嘗齋時，平旦至流水側，從腹旁孔中引出五藏六府洗之，訖，還內腹中。又能聽鈴音以言吉凶，莫不懸驗。」（第2485頁）鳩摩羅什，「博覽五明諸論及陰陽星算，莫不必盡，妙達吉凶，言若符契……乃聚針盈鉢……因舉匕進針，與常食不別，諸僧愧服乃止。」（第2499～2502頁）僧涉，「西域人也，不知何姓。少為沙門，苻堅時入長安。虛靜服氣，不食五穀，日能行五百里，言未然之事，驗若指掌。能以祕祝下神龍，每旱，堅常使之咒龍請雨。俄而龍下鉢中，天輒大雨，堅及羣臣親就鉢觀之。卒於長安。後大旱移時，苻堅歎曰：『涉公若在，豈憂此乎！』」（第2497頁）。
〔註106〕《晉書》卷一○七《石季龍載記下》：「時東南有黃黑雲，大如數畝，稍分為三，狀若匹布，東西經天，色黑而青，酉時貫日，日沒後分為七道，每相去數十丈，間有白雲如魚鱗，子時乃滅。韜素解天文，見而惡之，顧謂左右曰：『此變不小，當有刺客起于京師，不知誰定當之？』……」（第2783頁），石韜本為石虎看重的儲君人選，其被石宣所殺，根本原因在於統治集團內部的權力之爭，他在被殺之前通過天象變化判斷京城將出現流血的政治事變，適足表明他在星象之學方面有相當精深的研究。
〔註107〕《晉書》卷一一二《苻生載記附王墮載記》，第2880頁。

對天文、圖讖之學，或與之有密切關係的《易》學有較爲精深的研究，如漢趙開國君主劉淵，「幼好學，師事上黨崔游，習《毛詩》、《京氏易》、《馬氏尚書》……《史》、《漢》、諸子，無不綜覽。」〔註 108〕太子劉和，「好學夙成，習《毛詩》、《左氏春秋》、《鄭氏易》。」〔註 109〕前燕慕容皝，「尚經學，善天文」〔註 110〕；北涼沮渠蒙遜，「博涉群史，頗曉天文」〔註 111〕；前涼張軌「頗識天文」〔註 112〕。由此可見，研習方術已然成爲一時之風尚，究其原因，與十六國君主對「天文」術學的推崇重視，以及喜歡以天象災異變化來解釋政治興衰的時代風氣，有著直接的關係。

　　大概出於對有人利用天文、圖讖生事作亂的擔心，十六國時期，有些政權的統治者開始注意加強對天文星象之學的控制。如後趙石虎時，曾下令「禁郡國不得私學星讖，敢有犯者誅。」〔註 113〕再如，前秦苻堅時，也曾「禁《老》、《莊》、圖讖之學。」〔註 114〕石虎、苻堅等人加強對星象之學的控制，主要動機和目的都在於希望將天象變化的解釋權，掌握在官府手中。十六國政權對民間私學星象、圖讖的禁防，當是沿襲或模仿魏晉之法，另外，還有史實表明，禁止民間私學星象圖讖、私藏天文讖緯圖書的做法，後來也爲南北朝各政權所繼承。〔註 115〕

〔註 108〕《晉書》卷一○一《劉元海載記》，第 2645 頁。
〔註 109〕《晉書》卷一○一《劉元海載記附劉和載記》，第 2652 頁。
〔註 110〕《晉書》卷一○九《慕容皝載記》，第 2815 頁。
〔註 111〕《晉書》卷一二九《沮渠蒙遜載記》，第 3189 頁。
〔註 112〕《魏書》卷九九《張寔傳》，第 2193 頁。
〔註 113〕《晉書》卷一○六《石季龍載記上》，第 2765 頁。
〔註 114〕《晉書》卷一一三《苻堅載記上》，第 2897 頁。
〔註 115〕據《晉書》卷三《武帝紀》，泰始三年（267）十二月，西晉朝廷曾下令「禁星氣讖緯之學。」（第 56 頁）因此，十六國政權中的類似禁令，很有可能就是對西晉做法的做仿。對「星氣讖緯之學」的禁止，至南北朝時期依然如此，甚至影響到楊隋。南朝宋、齊、梁諸代，均曾對天文圖讖下詔禁止，據《隋書》卷三二《經籍志一》：「至宋大明中，始禁圖讖，梁天監已後，又重其制。及高祖受禪，禁之踰切。煬帝即位，乃發使四出，搜天下書籍與讖緯相涉者，皆焚之，爲吏所糾者至死。自是無復其學，秘府之內，亦多散亡。」（第 941 頁）北魏對此禁防似更爲嚴切，犯者甚至誅夷三族，如太武帝拓跋燾推行滅佛政策的同時，於太平眞君五年（444）正月下詔，對「私養師巫，挾藏讖記、陰陽、圖緯、方伎之書」也嚴加禁止，要求全部上報官府，逾期不出者，「師巫、沙門身死，主人門誅。」（《魏書》卷四下《世祖紀下》，第 97 頁）孝文帝元宏也曾於太和九年（485）正月下詔：「圖讖之興，起於三季。既非經國之典，徒爲妖邪所憑。自今圖讖、秘緯及名爲《孔子閉房記》者，一皆焚之。

四、太史令影響十六國政治之原因

綜合以上所論，我們可以對太史令對十六國政權之政治影響加以總結，進而分析其原因所在。太史令對十六國政權運作之影響，約略可以概括爲如下四個方面：

其一，十六國政權絕大多數均設有太史令這一職官機構，其中慕容鮮卑建立的後燕政權，不僅設有太史令，還有太史郎、太史丞等屬官，職官機構相對更爲完備，除此而外，有些政權還設有靈臺令或靈臺丞，靈臺令、丞的職掌基本同於太史令。十六國太史令的職掌與漢魏基本相同，主要負責對天文星占、災異祥瑞進行記錄，並將這些記錄按規定上奏朝廷，以作爲國家進行政治決策之參考。

其二，十六國政權的太史令可以直接參與政治運作，並在現實政治生活中發揮重要作用。太史令全方位地影響或干預十六國的政治運作，諸如內爭、立嗣、大赦、征戰、邦交等一切內政外交的重大事務，太史令均可直接參與，並且在許多時候能夠對一些關涉全局的重大政治問題，發揮深刻甚至是關鍵性的影響。

其三，天象變化、災異祥瑞對十六國政治的影響十分顯著，幾乎每一次天象變化或災異祥瑞，都會直接影響十六國的政治運作，甚至在某些時候起到決定性的作用。由於天象變化或災異祥瑞的記錄權和解釋權，一般情況下都由太史令負責，因此天象變化、災異祥瑞對現實政治所造成的影響，也可視爲太史令對十六國政治的一種間接性干預。

其四，天象變化、災異祥瑞對十六國政治的顯著影響，又可細化爲四個方面：1、它們常常被視爲「天意」的象徵，從而被當成政權興衰更替的標誌；2、它們往往具有治亂興衰晴雨錶的功能，大凡出現異常天象或災異祥瑞，都會引起統治集團的高度關注；3、它們經常被用作政治鬥爭的工具，借天象變化、災異祥瑞出現之機剷除政敵的情況，在十六國政權時有發生；4、包括君主在內的許多政治人物，都十分重視「天文」之學，並加強了對天文圖讖等學說的控制。

留者以大辟論。又諸巫覡假稱神鬼，妄說吉凶，及委巷諸卜非墳典所載者，嚴加禁斷。」（《魏書》卷七上《高祖紀上》，第 155 頁）宣武帝元恪永平四年（511），也曾「詔禁天文之學」（《魏書》卷八《世宗紀》，第 210～211 頁）；孝明帝元詡熙平二年（517）五月，「重申天文之禁，犯者以大辟論。」（《魏書》卷九《肅宗紀》，第 325～326 頁。）

　　行文至此，我們不禁要問：在太史令早已淡出現實政治運作的時代背景下，十六國政權的太史令，為什麼還會對其實際政治生活產生如此重要的影響？

　　眾所週知，到魏晉南北朝時代，隨著玄學的興起及盛行，包括「天人感應」在內的讖緯迷信已經日漸淡薄，當時不僅一些帶有樸素唯物主義因素的思想家開始對「天人感應」的思想展開批判，即便是以「天子」自居、自認為「受命於天」的皇帝及其臣僚，也開始對這種思想產生了懷疑。「天人感應」思想受到質疑，在魏晉南北朝時期並非偶然，而具有普遍性的意義，如魏文帝曹丕黃初二年（221）六月戊辰發生日蝕，有司奏免太尉，魏文帝下詔說：「災異之作，以譴元首，而歸過股肱，豈禹、湯罪己之義乎！其令百官各虔厥職。後有天地眚，勿復劾三公。」〔註116〕魏文帝此詔雖屬引咎自責，但也在事實上承認了天地發生災禍與人事無關。

　　又如摯虞，晉武帝時舉賢良為中郎，晉武帝在東堂進行策問。其中有一問，云：「頃日食正陽，水旱為災，將何所修，以變大眚？」摯虞回答說：「……其有日月之眚，水旱之災，則反聽內視，求其所由，遠觀諸物，近驗諸身。耳目聽察，豈或有蔽其聰明者乎？動心出令，豈或有傾其常正者乎？大官大職，豈或有授非其人者乎？賞罰黜陟，豈或有不得其所者乎？河濱山巖，豈或有懷道釣築而未感於夢兆者乎？方外遐裔，豈或有命世傑出而未蒙膏澤者乎？推此類也，以求其故，詢事考言，以盡其實，則天人之情可得而見，咎徵之至可得而救也。若推之於物則無忤，求之於身則無尤，萬物理順，內外咸宜，祝史正辭，言不負誠，而日月錯行，夭瘥不戒，此則陰陽之事，非吉凶所在也。」〔註117〕我們注意到，摯虞在東堂對策中，雖然認為一旦發生日月蝕或水旱災害，人主應該反躬自問，但最後還是指出「日月錯行，夭瘥不戒，此則陰陽之事，非吉凶所在也」，也就是說，天地間出現異常情況，乃是陰陽運行的結果，而與人事並無直接關聯。與摯虞同時應選賢良方正的郤詵，在回答「自頃夷狄內侵，災眚屢降，將所任非其人乎？何由而至此？」的策問時，也說：「……夫任賢則政惠，使能則刑恕。……止戈而武，義實在文，唯任賢然後無患耳。若夫水旱之災，自然理也。故古者三十年耕必有十年之儲，堯、湯遭之而人不困，有備故也。自頃風雨雖頗不時，考之萬國，或境

〔註116〕《晉書》卷一二《天文志中》，第337頁。
〔註117〕《晉書》卷五一《摯虞傳》，第1423頁。

土相接，而豐約不同；或頃畝相連，而成敗異流，固非天之必害於人，人實不能均其勞苦。失之於人，而求之於天，則有司惰職而不勸，百姓殆業而咎時，非所以定人志，致豐年也。宜勤人事而已。」〔註118〕在郤詵看來，人做錯了事情，反而去向上天求救，那是政府有關部門（「有司」）惰政失職的表現，這實際上也是在說，天地出現異常情況，與人事之間並無關係，因此，遇到災禍，應該反思人是否做錯了什麼，而不應責之於天。摯虞、郤詵二人的回答均得到晉武帝的認可，摯虞因此被拔擢為太子舍人、聞喜令，郤詵則因為「對策上第」而被任命為議郎。

不僅魏晉南朝如此，北朝君臣也有類似觀點。如北魏孝文帝太和十二年九月甲午（十七日），曾就發生日、月蝕事下發詔書，其中說：「日月薄蝕，陰陽之恒度耳，聖人懼人君之放怠，因之以設誡，故稱『日蝕修德，月蝕修刑』。迺癸巳夜，月蝕盡。公卿已下，宜慎刑罰以答天意。」〔註119〕太和十五年（491），孝文帝親政，是年自正月至四月，一直沒有下雨，有司遂奏請祈禳百神，孝文帝下詔予以拒絕，其詔曰：「昔成湯遇旱，齊景逢災，並不由祈山川而致雨，皆至誠發中，澍潤千里。萬方有罪，在予一人。今普天喪恃，幽顯同哀，神若有靈，猶應未忍安饗，何宜四氣未周，便欲祀事。唯當考躬責己，以待天譴。」〔註120〕前一詔書的中心思想是，日蝕或月蝕，乃是陰陽變化之常態，聖人出於擔心君主懈怠，這才以此設誡警示；後一詔書則指出，無論是商湯還是齊景公，在遭遇天災時能夠安然化解，並非依靠祈禱或祭祀山川，而是由於人的努力（即所謂「至誠發中」、「考躬責己」），這實際上都是說，日蝕月蝕或乾旱暴雨等天地異常變化均為自然現象，而與人事之間並無關聯，既然與人事無關，當然也就不需要去祈禳或祝禱。

對於魏晉南北朝時期思想界發生這些變化的原因，呂思勉氏曾經指出：「玄學與迷信，不相容者也。故魏、晉以降，玄學盛行，而迷信遂澹……可知釋天時，任人事，已成通常見解矣。」〔註121〕要之，魏晉南北朝時期隨玄學思潮的興起，「天人感應」等傳統思想觀念進一步衰落，從而對魏晉南北朝時期的政治也造成了深刻影響，體現在職官制度方面，就是曾經以溝通天人

〔註118〕《晉書》卷五二《郤詵傳》，第1442～1443頁。
〔註119〕《魏書》卷七下《高祖紀下》，第164頁。
〔註120〕《魏書》卷七下《高祖紀下》，第168頁。
〔註121〕前揭《兩晉南北朝史》第二十四章《晉南北朝宗教》，第1464～1465頁。

之際為主要職掌的太史令等職，與現實政治的距離也就日漸疏遠，其政治地位亦因此呈現普遍下降的趨勢。然而，十六國政權中的太史令一職，卻在其政治舞臺上扮演了十分重要的角色，表現出逆於時代潮流的景象，的確應該引起我們的特別關注。對於太史令為什麼能夠逆時而動，活躍於十六國政權的問題作出合理的解釋，不僅有助於加深對該職自身演變歷史的理解，也可以使我們前文論述的合理性得到更加充分的驗證。

　　首先，從歷史繼承性的角度來說，十六國太史令能夠活躍於政治舞臺，並在政治生活中發揮重要作用，並非沒有歷史依託，而是其來有自。先秦時期的太史令雖然以文化傳承為主要職責，但由於其主書主法，對於國家之兵、刑、錢、穀大政，有著直接而深入的參預。作為史官之長，太史在西周時期曾經全面參預國家的政治、文化事務，諸如國家的文書起草、策命諸侯卿大夫、記載國家大事、編著史冊、管理國家檔案文書等，而所有這些在當時都與王朝行政息息相關。〔註122〕可見，太史令在歷史上曾經擁有十分崇高的政治地位，且與現實政治密切相關。因此，十六國太史令與現實政治之間的密切關係，依然是有源之水，其歷史淵源可以上溯至先秦。換言之，十六國太史令的崇高政治地位，實可視為先秦史官崇高政治地位在魏晉南北朝時期的一次迴光返照。

　　其次，太史令能夠在十六國政治上獲得尊崇地位，更為直接、更為重要的原因，還應該從其統治者的文化心態方面尋繹。十六國政權主要由被稱為「五胡」的少數民族所建立，由於文化上的總體落後性，使得這些政權的最高統治者在統治中原地區以後，仍然顯得信心不足。因此，比起「正朔」所在的江南政權來說，十六國政權的最高統治者證明其政權的「正統」地位，或曰法理基礎的需要也就更加迫切。〔註123〕那麼，怎樣才能證明自己是「正

〔註122〕詳參前揭閻步克氏《史官主書主法之責與官僚政治之演生》，載《樂師與史官——傳統政治文化與政治制度論集》，第33～82頁。

〔註123〕徵諸史載，十六國政權在開國的時候，幾乎所有最高統治者都沒有直接使用「皇帝」的稱號，而是在獲得許多「祥瑞」和經過多次「勸進」以後，才即「皇帝」位，這恐怕不能僅僅視為一種政治策略，應該多少反映出這些少數民族統治者的文化心態——一種與生俱來的不自信的文化心態。正是基於這樣一種不自信的文化心態，因此十六國政權的各族統治者對於自身地位「正統」、「合法」性的確認，比起偏居江南的東晉政權尤為迫切。茲略舉二例以資說明：（一）慕容鮮卑，從慕容廆逐鹿天下開始，就是打著擁護晉室的旗號，如果說這還只是一種鬥爭策略的話，那麼，在他已經擁有和後趙石勒分庭抗

統」所在呢？方法或途徑無非有二，一曰血統，二曰天命。第一點，即血統
的問題比較好辦，只要說明自己與中原政權的君主有著同樣的血統就可以
了，爲此，十六國政權的統治者開始競相尋根，宣稱自己也是炎黃子孫，如
匈奴劉淵不僅「冒姓劉氏」，聲稱自己是漢室之甥，還將建立的政權稱爲「漢」，
「追尊劉禪爲孝懷皇帝，立漢高祖以下三祖五宗神主而祭之。」〔註124〕慕容
鮮卑自稱「其先有熊氏之苗裔」〔註125〕；氐族建立的前秦，則稱其祖先爲「有
扈氏之苗裔」〔註126〕；羌人建立的後秦，自認「其先有虞氏之苗裔」〔註127〕；
匈奴人赫連勃勃自認「夏后氏之苗裔」〔註128〕；鮮卑禿髮烏孤則遠祖黃帝
〔註129〕……十六國君主在族源上的宗黃祖炎，一方面體現出他們對本民族文

礼的實力以後，不僅拒絕了石勒「通和」的請求，並將石氏的使節械送至東
晉，還多次遣使到江南，希望自己稱燕王能夠得到司馬氏晉政權的認可，由
於東晉朝廷「朝議未決」將此事耽擱下來，結果直到慕容廆死去，也沒有稱
燕王；慕容皝繼位後，依然接受東晉的冊封，直到晉成帝咸康三年（337），
才在渤海封弈等人的推動下稱燕王，即便在稱燕王以後，慕容皝依然渴望得
到晉廷的承認，史言：「皝雖稱燕王，未有朝命，乃遣其長史劉祥獻捷京師，
兼言權假之意，并請大舉討平中原。又聞庾亮薨，弟冰、翼繼爲將相，乃表
曰……冰見表及書甚懼，以其絕遠，非所能制，遂與何充等奏聽皝稱燕王。」
第三代繼承人慕容儁即位後，依然接受晉穆帝的冊封，直到穆帝永和八年
（352），慕容儁才正式稱帝。（二）氐族，前秦符堅被姚萇俘獲以後，姚萇向
符堅索要傳國玉璽，姚萇說：「萇次膺符曆，可以爲惠。」符堅瞋目叱之曰：
「小羌乃敢干逼天子，豈以傳國璽授汝羌也。圖緯符命，何所依據？五胡次
序，無汝羌名。違天不祥，其能久乎！璽已送晉，不可得也。」後來，姚萇
又派尹緯勸說符堅，「求爲堯舜禪代之事」，結果仍被符堅拒絕。（以上詳參《晉
書》卷一○八、一○九、一一○、一一四《慕容廆載記》、《慕容皝載記》、《慕
容儁載記》、《符堅載記下》）慕容鮮卑三代仍以接受晉廷冊封爲榮耀，符堅以
「圖緯符命」、「五胡次序」等爲說辭，寧可將傳國璽送於東晉，而不交給同
爲「胡種」的羌族姚萇，適足說明在這些角逐天下少數民族統治者的內心深
處，中原漢族的晉政權仍然是所謂「正朔」所在，而姚萇向符堅索要傳國玉
璽，目的也無非是爲了證明自己的「正統」地位。

〔註124〕《晉書》卷一○一《劉元海載記》，第2648～2650頁。
〔註125〕《晉書》卷一○八《慕容廆載記》，第2803頁。
〔註126〕《晉書》卷一一二《符洪載記》，第2867頁。
〔註127〕《晉書》卷一一六《姚弋仲載記》，第2959頁。
〔註128〕《晉書》卷一三○《赫連勃勃載記》，第3202頁。
〔註129〕《晉書》卷一二六《禿髮烏孤載記》：「禿髮烏孤，河西鮮卑人也。其先與後
　　　　魏同出。」（第3141頁），而拓跋鮮卑自認是黃帝後裔，因此禿髮氏也自認爲
　　　　出自黃帝之後。按，禿髮氏與拓跋氏本爲同種，「禿髮」即「拓跋」之異譯，
　　　　詳細論證可參前揭姚薇元氏《北朝胡姓考》外篇第一《東胡諸姓》「源氏」條，
　　　　第238～241頁。

化不自信的心態，同時更是爲了說明自己的血統與中原統治者無異，也是炎黃子孫。〔註130〕

除了通過宗黃祖炎，證明自己也有著與華夏族同樣的血統以外，對於十六國政權的統治者來說，更爲重要的是證明第二點，也就是「天命」的問題。十六國政權的統治者要取得人民的擁有與支持，就必須證明自己也是上天所命，如何證明呢？相對於血統來說，對「天命」的證明要複雜得多，因爲這是一個文化層面上的問題。可以肯定地說，魏晉南北朝時期的所發生的各種天象變化及災異祥瑞，絕大多數都是出於各個政權證明「天命」之需而被載諸史籍。完全能夠想像得出，要記錄種類如此繁多、數量如此巨大的天文星象、災異祥瑞，並對它們做出有明確政治指向的詮釋和說明，就必須有專門機構職掌其事。

憑藉與生俱來的文化職能，以太史爲首長的史官雖然隨著秦漢官僚體制的演變，而逐漸遠離實際政治的運作，但是它職司天象變化、災異祥瑞記錄和解釋的文化職能，卻不僅未被削弱，反而有進一步加強的趨勢，因爲封建皇權政治的運轉核心，乃是被認爲是「上天之子」的皇帝，封建政治的運行軌道始終脫離不了皇權的牽制，因此證明皇帝「受命於天」，亦即證明皇權政

〔註130〕 對於十六國政權統治宗黃祖炎的尋根行爲，鄧樂群氏曾撰文闡述，指出：十六國各族統治者在政治上遇到的一個巨大障礙，就是此前中原地區一直是漢人的政治活動中心，從未有過胡人稱帝中原的現象，在宗法制正熾的魏晉南北朝時期，十六國各政權若想獲得立足與發展，需要從民族血統上認同漢民族，藉以標榜新朝的正統地位，爲實現這個目的，十六國政權遂開始民族尋根，他們輾轉摭取《史記》記載，自我標榜爲黃帝或炎帝的後裔。在此基礎上，鄧樂群氏進而認爲，十六國民族的尋根活動，開創了少數民族政權主動宗黃祖炎的歷史先例，此後的北魏、北齊、北周、遼、金、夏、元、清等少數民族，先後效法十六國君主，或認黃帝爲始祖，或認炎帝爲始祖，相繼以華夏族正統自居，並通過革夷從夏或華夷互化，推進民族融合和國家統一事業，從而奠定了中華民族多元一體的宗法基礎和民族格局。（鄧樂群撰：《北魏統一中原前十六國政權的漢化先聲》，《清華大學學報》2006 年第 2 期，第57～64 頁）客觀地說，鄧樂群氏從少數民族漢化的角度對「五胡十六國」政權民族尋根動機的分析頗有道理。除此而外，還可以從文化心態的角度，對十六國政權統治者宗黃祖炎的行爲進行解釋，作爲闖入漢族聚居地的異鄉人，面對先進的文化，他們心中的畏怯與惶惑可想而知，他們否認自己的「夷狄」血統，而標榜裔自炎黃，正是對本民族文化缺乏信心的表現，他們迫切希望通過宗黃祖炎來證明自己和東晉政權有著同樣的血統，同爲「正朔」之所在，因此，從這個意義上可以認爲，胡族統治者對炎黃二帝的認同和皈依，正是其缺乏文化自信心態的體現。

治的合法性，也就成為最核心的現實政治需要。太史令在十六國政權中所以
擁有崇高的政治地位，應該正是源於這個職能，實際上不僅在十六國，即便
是在被認為是「正朔」所在的兩晉，太史令雖然已經不再直接參預現實政治
活動，但它仍然能夠通過對讖緯經學及禮儀大典的解釋，為現實政治提供理
論的支撐。相較之下，處於文化總體落後狀態下的十六國政權，對於太史令
的這些「理論」闡釋更為需要，舉凡天象變化、災異祥瑞、謠言讖語，甚至
離奇夢境，都可以被解釋為「天命」——政權合法性的依據。既然對天象災
異的解釋和闡述已成為國家政治生活的一個重要內容，那麼作為專職負責其
事的太史令，由於職責所在的原因，勢必就承擔了絕大多數的解釋任務，基
於此，太史令在十六國政權中獲得尊崇的政治地位，也就不難理解了。

漢趙政權中央決策制度研究

　　祝總斌氏曾經指出，從東漢後期開始，中央官制發生重大變化，這個變化主要表現爲，中央職官的核心——「三公」，逐漸成爲在禮儀上享受崇高待遇的名義上高官，卻一步步喪失了實際上的決策權，並最終成爲徒有虛名、有職無權的閒散官職。〔註1〕尚書臺則因篡奪了「三公」的決策、行政等權力，而逐漸成爲中央官制中新的核心——這是魏晉南北朝時期中央官制的通例。然而，也有例外，如在十六國政權中匈奴劉淵所建立的漢趙政權，其前期中央官制依然以「三公」爲權力核心，但是到劉淵臨終前，又對其中央官制作出重大調整，由此造成漢趙後期職官制度上又一次變化——「三公」的中樞核心地位逐漸爲尚書臺所取代。這樣，就使得漢趙職官制度也終於匯入魏晉朝南北職官制度演變的主流。本文擬通過對漢趙中央決策制度的探討，管窺漢趙乃至十六國政權職官制度及其變化之一斑。

一、漢趙中央決策機構的前、後變化

　　漢趙政權中央決策的核心，在其前後期不盡相同。大致說來，從 304 年劉淵稱「漢王」到 308 年劉淵稱帝期間，可以視爲漢趙政權的前期，這一時期漢趙政權中央職官制度的核心是「三公」，因而其中央決策制度也圍繞「三公」爲核心運轉；劉淵稱帝之後到前趙滅亡，則爲漢趙政權的後期歷史，在這一時期，劉淵於 309 年、310 年及劉聰於 314 年先後對中央官制進行了三次調整，從而造成漢趙中央官制發生重大變化，漢趙中央職官制度完成了從「三公」制向尚書臺爲中央職官核心的轉變，與此相對應，中央決策制度的核心也由原來的「三公」演變爲尚書臺。

　〔註 1〕詳參前揭《兩漢魏晉南北朝宰相制度研究》第五、六章。

　　漢趙中央職官制度自劉淵創建政權即同步建立，晉惠帝永興元年（304）十月，劉淵在左國城（在今山西離石境內）建國號爲漢，稱漢王，宣佈大赦，「改元曰元熙。追尊安樂公（劉）禪爲孝懷皇帝，作漢三祖、五宗神主而祭之。（胡注：淵以漢高祖、世祖、昭烈爲三祖，太宗、世宗、中宗、顯宗、肅宗爲五宗。）立其妻呼延氏爲王后。以右賢王（劉）宣爲丞相，崔游爲御史大夫，左於陸王（劉）宏爲太尉，范隆爲大鴻臚，朱紀爲太常，上黨崔懿之、後部人陳元達皆爲黃門郎，（胡注：劉淵皆用漢官制。後部，即匈奴北部也，居新興。）族子（劉）曜爲建武將軍；游固辭不就。（胡注：崔游，淵之師也；范隆、朱紀，同門生。崔游既能以師道不爲淵屈，且又得不變於夷之義。沈約《志》，魏置建武將軍。）」〔註2〕以丞相、御史大夫、太尉爲百官之首，這明顯是承用了漢代的「三公」制。正如前引祝總斌氏所言，尚書臺取代「三公」成爲中央職官制度的新核心，在魏晉時已經成爲職官制度的主流。然而「劉淵皆用漢官制」，在建國時一反時代潮流，遠祖漢朝舊制，中央職官設置以「三公」爲核心。其中原因何在？

　　這可以從《晉書‧劉元海載記》中找到答案，司馬穎被王浚將祁宏所引鮮卑兵打敗之後，挾晉惠帝南奔洛陽，劉淵欲遣兵援司馬穎，劉宣因此上書固諫，主張趁司馬氏自相魚肉的大好時機，取而代之，至於鮮卑、烏丸等勢力，則「可以爲援，奈何距之而拯仇敵」，結果被劉淵採納，「元海曰：『善……今見眾十餘萬，皆一當晉十，鼓行而摧亂晉，猶拉枯耳。上可成漢高之業，下不失爲魏氏。雖然，晉人未必同我。漢有天下世長，恩德結於人心，是以昭烈（按，指劉備）崎嶇於一州之地，而能抗衡於天下。吾又漢氏之甥，約爲兄弟，兄亡弟紹，不亦可乎？且可稱漢，追尊後主（按，指劉禪），以懷人望。』乃遷于左國城，遠人歸附者數萬。」〔註3〕這裏說得很明白，劉淵之所以追尊蜀後主劉禪而稱漢王，以「漢」爲國號，根本目的就是爲了「以懷人望」，亦即爲了爭取北方各族人民，特別是廣大漢族人民對其「漢」政權的支持。〔註4〕史實表明，劉淵打出「漢」的旗幟乃是正確的決策，歸附者很快就

〔註 2〕《資治通鑑》卷八五晉惠帝永興元年（304）十月，第 2702～2703 頁。
〔註 3〕《晉書》卷一〇一《劉元海載記》，第 2649 頁。
〔註 4〕【宋】李昉等編：《太平御覽》（中華書局 1960 年據上海涵芬樓景宋本複製重印，凡本書所引《太平御覽》相關史料，均出自此中華書局影宋本）卷一一九《偏霸部三》引崔鴻《十六國春秋‧前趙錄》載，劉曜即帝位後曾下令，其中有云：「光文（指劉淵）以漢有天下歲久，恩德結於民庶，故立漢祖宗之

有數萬之眾，就是最好的證明。劉淵既以「漢」爲國號，那麼，漢政權在政治制度的設置方面，相應地遵循漢代舊制，也就成爲當然的選擇，具體表現出來就是，中央職官制度至少在表面上恢復了漢代的「三公」制。

我們注意到，在劉淵所置「三公」中，丞相劉宣、太尉劉宏均爲劉氏宗室，是匈奴貴族，只有御史大夫崔游爲漢人，他是因爲和劉淵之間有師生之誼而被任命此職，不過，崔游最終避而不就其位。〔註5〕御史大夫一職遂由劉淵的岳父呼延翼擔任。由此可見，在劉淵的「漢」政權初期，其中央職官的核心人物——「三公」，全部是匈奴貴族。又據同卷附《劉宣載記》云「元海即王位，宣之謀也，故特荷尊重，勳戚莫二，軍國內外靡不專之」，劉宣在劉淵建「漢」過程中功勳最著，是以在「漢」政權建立後，被任命爲丞相，位居「三公」之首，在去世之前，劉宣一直處在中央決策的核心位置，所謂「軍國內外靡不專之」〔註6〕。諸多事實表明，在劉淵稱漢王之後的「漢」政權初期，劉漢政權的中央決策制度一直圍繞著「三公」運行，其中「丞相」作爲「三公」之首，更是處於中央決策機構的核心地位。

晉懷帝永嘉二年（308），劉淵「僭即皇帝位，大赦境內，改元永鳳」，隨即又對中央職官制度進行調整，具體情況如下：「以其大將軍劉和爲大司馬，封梁王，尙書令劉歡樂爲大司徒，封陳留王，御史大夫呼延翼爲大司空，封

廟，以懷民望：昭武（指劉聰）因循，遂未悛革。今欲除宗廟，改國號，御以大單于爲太祖，其速議以聞……」（第576頁）亦可證明，劉淵起事後以「漢」爲國號、劉聰因而不改，漢朝立國久遠，爲漢族人民心目中的「正朔」所在，故而必須以「漢」爲國號，始可招徠漢族民眾之支持

〔註5〕據《晉書》卷一〇一《劉元海載記》：「（劉元海）幼好學，師事上黨崔游，習《毛詩》、《京氏易》、《馬氏尚書》、尤好《春秋左氏傳》、《孫吳兵法》。略皆誦之，《史》、《漢》諸子，無不綜覽。」（第2645頁）。

〔註6〕據《晉書》卷一〇一《劉元海載記》：「惠帝失馭，寇盜蜂起，元海從祖故北部都尉、左賢王劉宣等竊議曰：『……今司馬氏骨肉相殘，四海鼎沸，興邦復業，此其時矣。左賢王元海姿器絕人，斡宇超世，天若不恢崇單于，終不虛生此人也。』於是密共推元海爲大單于。乃使其黨呼延攸詣鄴，以謀告之。」（第2647頁）及劉淵在左國城加大單于號時，又是劉宣領銜上書：「元海至左國城，劉宣等上大單于之號，二旬之間，眾已五萬，都于離石。」（第2648頁）又，司馬穎爲王浚將祁弘率鮮卑兵所敗，劉淵欲討鮮卑而援穎，劉宣等提出反對意見，認爲「鮮卑、烏丸可以爲援，奈何距之而拯仇敵」（第2648～2649頁），勸劉淵趁司馬氏自相魚肉之機，復興單于之業，結果爲劉淵採納。可見在劉淵決策脫離司馬穎自立，及加大單于之號，再到決策稱「漢」政權，劉宣都是參與決策的最核心人物。

雁門郡公，宗室以親疏爲等，悉封郡縣王，異姓以勳謀爲差，皆封郡縣公侯。」
〔註7〕此次職官調整的主要內容和指導精神，是在原建國初期官制的基礎上，
進一步完善了宗室制度；此外，以「大司馬」、「大司徒」、「大司空」爲新的
三公，在名號上更接近於東漢的三公制。諸多史實表明，漢政權的新「三公」
仍具有最高決策權力，據此可以認爲，劉淵稱「漢王」時所確立的以「三公」
爲核心的中央官制，在此次官制調整中並未發生根本上的變化。

不過，需要指出的是，儘管這次調整未能使漢趙政權中央官制發生根本
性變化，但畢竟與最初實行的「三公」制還是有所不同，漢趙中央官制也開
始向魏晉職官制度發展的主流靠攏，因爲新的「三公」——「大司馬」、「大
司徒」、「大司空」，在魏晉時期多數情況下已成爲一種榮譽性虛銜。上述三人
之所以成爲百官首領，並能夠參與實際決策，在很大程度上並非因爲他們「大
司馬」、「大司徒」、「大司空」之官銜，而主要基於他們另外擔任的實際性職
官有直接聯繫。如大將軍劉和，掌握軍權，且是未來的儲君；劉歡樂則以宗
室的身份擔任尙書臺長官，職掌尙書臺事務；呼延翼則一直以外戚身份擔任
御史臺的最高長官。與原先的「丞相」、「御史大夫」、「太尉」三公相比照，
只有御史大夫的職掌、名號均未發生變化，還在新的三公之列；劉和所任「大
將軍」一職，因職掌軍事，也勉強可與原來的「太尉」相擬；最大的變化則
是，原來的三公之首——「丞相」，從新的三公序列中消失了，尙書臺長官卻
廁身其間，對於這個變化需要特別注意，因爲這預示尙書臺在「漢」政權未
來的中央官制中可能將發揮愈來愈重要的作用。

晉懷帝永嘉三年（309）十二月，劉淵對中央官制又一次進行調整，「以
劉歡樂爲太傅，劉聰爲大司徒，劉延年爲大司空，劉洋爲大司馬，赦其境內。
立其妻單氏爲皇后，子和爲皇太子，封子乂爲北海王。」〔註8〕將永嘉二、三
年劉淵兩次調整中央官制聯繫起來看，不難發現後一次（309 年）的調整，實
際上是對前一次（308 年）官制調整的繼續和深化，其指導思想應是一脈相承，
所要達到的目標也應該一致。〔註9〕那麼，這個目標是什麼呢？我們注意到，

〔註7〕《晉書》卷一〇一《劉元海載記》，第 2651 頁。

〔註8〕《晉書》卷一〇一《劉元海載記》，第 2652 頁。

〔註9〕劉淵於 308、309 年對中央官制及人事任命進行調整，與劉宣之死可能也有一
定關係，據《資治通鑒》卷八六晉懷帝永嘉二年（308）十一月：「丙午，漢
都督中外諸軍事、領丞相、右賢王（劉）宣卒。」（第 2738 頁）作爲劉淵創
業及建國後最爲倚重的大臣，劉宣在「漢」政權中的政治地位尤爲重要，始

309 年的這次中央職官人事調整，除了確立皇后、太子，分封劉乂爲北海王，屬於劉淵處理皇家「家事」以外，另外增加了「太傅」一職。這一點尤其值得玩味，因爲在大司徒、大司馬、大司空之外，增加了一個「太傅」，這就使得三足鼎立的新「三公」名實俱亡。很顯然，劉淵調整中央職官制度的最終目的，並不是單純地爲了破壞新的「三公」制，而一定要有所創立，因爲「破」是爲了「立」，我以爲這個「立」，就是要確立一個不同於此前「三公」制的一套新中央職官制度。

　　晉懷帝永嘉四年（310）七月，劉淵在臨終前，爲確保繼承人劉和地位穩固，對漢政權未來的人事任命作出安排，由此造成漢政權中央職官制度的再次一次調整，據《資治通鑑》晉懷帝永嘉四年（310）七月條載：

> 庚午，漢主淵寢疾；辛未，以陳留王（劉）歡樂爲太宰，長樂王（劉）洋爲太傅，江都王（劉）延年爲太保，楚王（劉）聰爲大司馬、大單于，並錄尚書事。置單于臺於平陽西。以齊王（劉）裕爲大司徒，魯王（劉）隆爲尚書令，北海王（劉）乂爲撫軍大將軍、領司隸校尉，始安王（劉）曜爲征討大都督、領單于左輔，廷尉喬智明爲冠軍大將軍、領單于右輔，光祿大夫劉殷爲左僕射，王育爲右僕射，任顗爲吏部尚書，朱紀爲中書監，護軍馬景領左衛將軍，永安王（劉）安國領右衛將軍，安昌王（劉）盛、安邑王（劉）欽、西陽王（劉）璿皆領武衛將軍，分典禁兵……丁丑，淵召太宰歡樂等入禁中，受遺詔輔政。己卯，淵卒；太子和即位。〔註10〕

劉淵臨終前對中央職官所作的調整，標誌著「漢」政權前期所實行的「三公」制度已在事實上被廢除，以尚書臺爲中央職官核心的職官制度已基本確立。

　　其中太宰劉歡樂、太傅劉洋、太保劉延年、大司馬劉聰都因爲有「錄尚書事」的加官，而擁有了宰相的權力，「尚書臺」從此成爲中央行政乃至決策的核心機構。對於這次涉及職官制度的人事調整，還有一個重要內容必須指出，那就是正式確立了「胡漢分治」的政治體制，儘管此前漢政權在事實上已經存在著胡漢分治的情況，但畢竟沒有從制度的層面加以肯定。經過這次

終參與漢政權的核心決策，因此劉宣之死在一定程度上直接影響到漢政權的中央決策制度及政治運作，因此，劉宣死後，可能讓劉淵感到有必要對中央職官進行一些調整。
〔註10〕《資治通鑑》卷八七晉懷帝永嘉四年（310）七月，第 2749～2750 頁。

調整之後，漢趙政權的職官制度，明確劃分爲胡漢兩個系統，一是模仿漢魏制度、以尙書臺爲核心的漢化中央官制系統；一是以大單于爲首、以胡人任職的胡化單于臺系統。尙書臺制與單于臺制並行，以單于臺專管京師地區及「六夷」事務，從而將「胡漢分治」的政治體制，從制度的層面確定下來。單于臺作爲專門處理軍事以及少數民族事務的機構，不僅設有大單于作爲最高領導，其下還設置單于左、右輔諸職，以協助大單于處理「單于臺」事務。「單于臺」官員全由匈奴或其它胡族人物擔任，其高級官員如大單于、單于左、右輔等職，自然也可以參與中央決策事務。

　　劉聰即位後，繼續執行並發展了劉淵臨終前所確定的「胡漢分治」的政治體制，並進一步完善了以尙書臺爲核心的（漢系統）中央官制，和以大單于爲核心的（胡系統）單于臺職官制度。314 年正月，劉聰對其職官制度又作了一次重大調整，其具體情況如下：

> 聰以（劉）易爲太尉。初置相國，官上公，有殊勳德者死乃贈之。於是大定百官，置太師、丞相，自大司馬以上七公，位皆上公，綠綟綬，遠遊冠。置輔漢，都護，中軍，上軍，輔軍，鎮、衛京，前、後、左、右、上、下軍，輔國，冠軍，龍驤，武牙大將軍，營各配兵二千，皆以諸子爲之。置左右司隸，各領户二十餘萬，萬户置一內史，凡內史四十三。單于左右輔，各主六夷十萬落，萬落置一都尉。省吏部，置左右選曹尚書。自司隸以下六官，皆位次僕射。置御史大夫及州牧，位皆亞公。以其子粲爲丞相、領大將軍、錄尚書事，進封晉王，食五都（按，據校勘記引《通志》，「都」疑作「郡」，此說甚是）。劉延年錄尚書六條事，劉景爲太師，王育爲太傅，任顗爲太保，馬景爲大司徒，朱紀爲大司空，劉曜爲大司馬。〔註11〕

　　劉聰對漢趙官制所作的這次改革調整，乃是對劉淵 310 年官制改革的繼續和發展，標誌著漢趙政權職官制度乃至政治制度的全面興盛。從此之後，在漢趙政權胡漢分治的政治體制之下，太師、丞相、太傅、太保、大司徒、大司空、大司馬等「七公」，儘管都擁有崇高的地位，但多數情況下只是榮譽性虛銜，要想成爲掌握實權的眞正意義上的宰相，還必須同時擁有「錄尚書事」或「錄尚書六條事」的加官。這樣一來，就在事實上強化了尙書臺在中央官制中的核心地位，此後漢趙政權中凡控制決策中樞或專制朝政者，莫不

〔註11〕《晉書》卷一○二《劉聰載記》，第 2665 頁。

擁有「錄尙書事」、「錄尙書六條事」或「決尙書奏事」的頭銜，至此，尙書臺成爲漢趙決策中樞機構，就在制度層面上得到了肯定。另一方面，左右司隸與單于左、右輔職掌的明確分工，又使得在劉淵統治時期業已形成的胡漢分治之政治體制，進一步明晰化和制度化，單于臺在軍事上的突出地位及其在中央決策方面的重要性，因此得到進一步加強，並有了制度上的保障。要言之，劉聰這次「大定百官」的意義尤其重大，以此爲標誌，胡漢分治的政治體制，及以尙書臺爲中央政務及決策核心的職官制度在漢趙國家歷史上完全確立。

二、漢趙政權中央決策活動實例剖析

正如前文所論，「三公」（「七公」）與尙書臺分別爲漢趙政權前、後時期政治地位最高的中央職官機構，因此，如果從理論的層面上看，它們就應該是漢趙政權前、後時期中央決策機構的核心，理應在最高決策中發揮決定性的作用。然而，這只是從理論層面所進行的分析，因爲漢趙政權在事實和制度兩個層面上，都呈現出明顯的胡漢分治狀態，因此，在實際決策的過程中，無論是前期的「三公」（「七公」），還是後期的尙書臺，都必然受到「胡漢分治」政治體制的影響。基於漢趙政治體制的這個特點，本文在第一部分，從制度史的角度，對漢趙政權中央職官制度進行了梳理，並嘗試著對漢趙中央決策機構所發生的變化，進行了理論層面上的分析。那麼，在漢趙政權的決策實踐中，三公、尙書臺究竟處於一種什麼樣的地位？三公或尙書臺所擁有的崇高政治地位，表現在決策實踐中，又呈現出怎樣的狀況？政治理論與政治實踐二者之間是否存在某種背離或差距？如果確定存在背離或差距，那麼，造成這一背離或差距的原因又是什麼？諸如此類的問題，都直接關係到我們對漢趙政治體制及其政治運行狀況的判斷，以下根據相關史料記載，對漢趙中央決策活動作實例性剖析，以探尋這些問題的答案。

綜合《晉書》卷一〇一《劉元海載記》、卷一〇二《劉聰載記》、卷一〇三《劉曜載記》及《太平御覽》所引諸書的相關記載，對漢趙政權的政治決策事件進行統計，約略可以得到 20 例左右。舉凡漢趙政權中央決策方式、決策地點、決策內容、決策成員等內容，在這些決策實例中都有所反映，因此對這些決策活動作具體而微的剖析，不唯有助於加深對漢趙政權中央決策制度及漢趙政權職官制度的認識，還有助於深化對漢趙政權「胡漢分治」政治

體制的理解。

（一）劉淵及其決策活動

作爲漢趙政權的開創者，劉淵在其統治時期廣納眾議、博採群言，特別是在進行重大政治決策時，能夠集思廣益、三思而行，漢政權從建立、鞏固到「強大」，與劉淵決策時的審慎和執行決策的果斷，是分不開的。徵諸史載，劉淵統治期間比較重要的決策活動有三次。

第一次，晉懷帝永興元年（304、劉淵元熙元年）劉淵稱「漢王」，曾以「公卿集議」的方式進行決策。〔註12〕據《晉書・劉元海載記》略云：

> 永興元年，元海乃爲壇于南郊，僭即漢王位，下令曰：「……孤今猥爲羣公所推，紹修三祖之業。顧茲尫闇，戰惶靡厝。但以大恥未雪，社稷無主，銜膽栖冰，勉從羣議。」乃赦其境內，年號元熙，追尊劉禪爲孝懷皇帝，立漢高祖以下三祖五宗神主而祭之。立其妻呼延氏爲王后。置百官，以劉宣爲丞相，崔游爲御史大夫，劉宏爲太尉，其餘拜授各有差。〔註13〕

由「勉從羣議」可知，劉淵在決定稱「漢王」之前曾進行過一次範圍廣泛的決策咨詢，舉凡劉淵之親信或追隨者，都參加了這次決策。大赦、改用元熙年號、追尊劉禪、立漢高祖以下三祖五宗神主而祭、立呼延氏爲王后、設置百官等措置，則是此次決策的內容，可見這是一次內容豐富的政治決策活動，因爲它直接涉及到漢政權的開國創基。正是由於這次決策所涉及的內容廣泛，因此採用了這種帶有「公卿集議」性質的決策方式，如果考慮到匈奴還處於部落制向階級社會過渡階段這一社會現實，以及少數民族政權自身所具有的獨特性，則這次「公卿集議」還帶有一些部落聯盟議事制度的特徵。

第二次，永興二年（305、劉淵元熙二年），就遷都、定都之事，曾進行決策。是年，劉淵任命劉景爲使持節、征討大都督、大將軍，進擊盤踞并州的劉琨，結果被劉琨擊敗。并州之戰失利，使得進佔晉陽以爭天下的戰略謀劃，暫時未能實現。在這種情況下，劉淵再一次就漢政權的未來發展方向，進行決策。仍據前揭《劉元海載記》云：

〔註12〕 本文所使用有關「決策方式」、「專職機構」、「關涉機構」等術語，係承用業師黎虎先生《漢唐外交制度史》一書的提法。詳參氏著：《漢唐外交制度史》第一章第一節，蘭州，蘭州大學出版社，1998。

〔註13〕 《晉書》卷一〇一《劉元海載記》，第2649～2650頁。

其侍中劉殷、王育進諫元海曰:「殿下自起兵以來,漸已一周,而顓守偏方,王威未震。誠能命將四出,決機一擲,梟劉琨,定河東,建帝號,鼓行而南,克長安而都之,以關中之眾席卷洛陽,如指掌耳。此高皇帝之所以創啟鴻基,克殄強楚者也。」元海悅曰:「此孤心也。」遂進據河東,攻寇蒲阪、平陽,皆陷之。元海遂入都蒲子,河東、平陽屬縣壘壁盡降。時汲桑起兵趙魏,上郡四部鮮卑陸逐延、氐酋大單于徵〔註14〕、東萊王彌及石勒等並相次降之,元海悉署其官爵。〔註15〕

這是劉淵的屬下以「進諫」方式參與決策,決策內容事關漢政權的定都問題。劉淵稱漢王始建國時,定都左國城(今山西離石境內),侍中劉殷、王育等人認為,漢政權偏都左國城,不利於國家的進一步發展,因此提議應該攻克長安,以之作為新的國家首都,進而以關中為根據地角逐天下。劉殷等人的這個提議最後被劉淵採納,此後劉淵就按照這個決策展開軍事行動,並取得相當成功,並於 308 年稱帝之後,先將首都遷至平陽,然後以平陽為根據地四出用兵,從而為後來劉曜遷都長安,打下了堅實的基礎。〔註16〕

第三次,永嘉二年(308、劉淵永鳳元年)冬,劉淵派遣劉聰、王彌、劉曜、劉景、呼延翼等進攻洛陽,久攻不下。王彌向劉聰建議:「今既失利,洛陽猶固,殿下不如還師,徐為後舉。下官當於兗豫之間收兵積穀,伏聽嚴期。」與此同時,太史令宣于脩之也向劉淵進言,認為:「歲在辛未,當得洛陽。今晉氣猶盛,大軍不歸,必敗。」在這種情況下,劉淵趕緊派遣「黃門郎傅詢召(劉)聰等還師。」〔註17〕此次決策的內容屬軍事範疇,在具體決策過程中,劉淵綜合參考了前線作戰將領的意見與天文星相兩方面的信息,前者是前線將領實戰經驗的總結,具有科學性、客觀性;後者則帶有迷信的色彩,此前遷都平陽時,劉淵就曾採納太史令宣于脩之的天文地相說,作出遷都的

〔註14〕 按,據校勘記【四】:「《通鑑》八六作『氐酋單徵』,《通鑑考異》云:當時戎狄酋長皆謂之『大』,徵即光文單后之父。『于』衍字也。」(第2654頁)按,校勘記所說是也,「氐酋大單于徵」,應為「氐酋大單徵」,單徵係一胡部首長,為劉淵單皇后的父親。

〔註15〕 《晉書》卷一○一《劉元海載記》,第2650頁。

〔註16〕 按,漢趙政權遷都長安,最終在劉曜時實現,但追根溯源,定都於長安的戰略構想,早在305年劉淵建國時即由劉殷、王育等人提出。

〔註17〕 《晉書》卷一○一《劉元海載記》,第2652頁。

決策。〔註18〕劉淵通過對這兩種意見的綜合分析，最後做出班師回朝、緩攻洛陽的決策，而後來的事實則證明這一決策是正確的。

（二）劉和時期的決策活動

劉淵死後，太子劉和即位，在其不到一年的統治時間裏，也曾有過一次重要的決策活動。據《晉書・劉和載記》略云：

> 元海死，和嗣僞位。其衛尉西昌王劉銳、宗正呼延攸恨不參顧命也，說和曰：「先帝不惟輕重之計，而使三王總強兵於內，大司馬握十萬勁卒居于近郊，陛下今便爲寄坐耳。此之禍難，未可測也，願陛下早爲之所。」和即攸之甥也，深然之，召其領軍劉盛及劉欽、馬景等告之。盛曰：「先帝尚在殯宮，四王未有逆節，今忽一旦自相魚肉，臣恐人不食陛下之餘……陛下既不信諸弟，復誰可信哉！」銳、攸怒曰：「今日之議，理無有二。」於是命左右刃之。景懼曰：「惟陛下詔，臣等以死奉之，蔑不濟矣。」乃相與盟于東堂，使銳、景攻（劉）聰，攸率劉安國攻（劉）裕，使侍中劉乘、武衛劉欽攻魯王（劉）隆，尚書田密、武衛劉璿攻北海王（劉）乂。〔註19〕

此次政治決策起因於漢統治集團內部的權力之爭，宗室西昌王劉銳、外戚宗正呼延攸（劉和母舅）因爲沒有入預顧命大臣之列，遂挑動新君劉和誅殺顧命大臣，劉和於是在東堂盟誓並進行決策，部署隨後的軍事行動計劃。

由於這次「東堂決策」乃是一次秘密決策，因此參與決策的大臣範圍較小，參加者有衛尉劉銳（西昌王，宗室）、宗正呼延攸（劉和舅，外戚）、領軍、武衛將軍劉欽（宗室）、馬景（領軍將軍）、劉安國（宗室）、侍中劉乘（宗室）、尚書田密、武衛將軍劉璿（宗室）等人。其中衛尉、武衛、領軍屬於宿衛宮廷的禁衛武官系統；宗正，「統皇族宗人圖諜，又統太醫令史，又有司牧掾員」〔註20〕，在性質上儘管可以歸入外朝官系統，但從實際職掌上來看，卻與內官系統更爲接近，況且呼延攸本人又是皇帝劉和的舅舅；侍中、尚書屬外朝官系統，但與內廷聯繫也比較緊密，據諸《晉書・職官志》，侍中「魏

〔註18〕 《晉書》卷一〇一《劉元海載記》：「永嘉二年，元海僭即皇帝位，大赦境內，改元永鳳……太史令宣于脩之言於元海曰：『……蒲子崎嶇，非可久安。平陽勢有紫氣，兼陶唐舊都，願陛下上迎乾象，下協坤祥。』於是遷都平陽。」（第2651頁）

〔註19〕 《晉書》卷一〇一《劉元海附劉和載記》，第2652～2653頁。

〔註20〕 《晉書》卷二四《職官志》，第737頁。

晉以來置四人，別加官者則非數。掌儐贊威儀，大駕出則次直侍中護駕，正直侍中負璽陪乘，不帶劍，餘皆騎從。御登殿，與散騎常侍對扶，侍中居左，常侍居右。備切問近對，拾遺補闕……自魏至晉，散騎常侍、侍郎與侍中、黃門侍郎共平尚書奏事，江左乃罷。」〔註21〕這表明在當時，侍中雖屬外朝官系統，但因為與皇帝接近，要「備切問近對」，實際上仍未完全擺脫內廷顧問官的性質。由此我們可以認為，在此次「東堂」決策的人員中，只有「尚書」系統為真正的外朝官員（五曹尚書、二僕射、一令為所謂「八座」），其它參加者均可劃入內廷成員。

對於劉和主持的這次「東堂決策」，我們可略加總結：這是一次由皇帝親信人物的參與的小範圍秘密決策，參加者絕大多數非親則貴，或為宗室，或為外戚；從所屬職官系統來看，則以禁衛武官、內朝官為主，外朝官只有尚書田密一人，因此，作為漢趙政權中央決策中樞的尚書臺，在這次決策活動中基本上被甩在一邊。尚書臺之所以被拋在一邊，很可能是由此次決策活動的秘密性所決定。不過，劉和此次東堂決策失誤，最終導致政變發生，劉和等人被殺。

（三）劉聰及其決策活動

劉聰，劉淵第四子，母親張氏。310年七月，劉和東堂決策謀誅諸王，事敗被殺，劉聰在眾臣擁戴下即位，成為漢政權第三任統治者。在劉聰統治時期，也有過幾次重要決策活動。一次發生於晉懷帝永嘉六年（312），係劉聰就納妃事件進行決策。據《晉書·劉聰載記》略云：

> 聰后呼延氏死，將納其太保劉殷女，其弟乂固諫。聰更訪之於太宰劉延年、太傅劉景，景等皆曰：「臣常聞太保自云周劉康公之後，與聖氏本源既殊，納之為允。」聰大悅，使其兼大鴻臚李弘拜殷二女為左右貴嬪，位在昭儀上。又納殷女孫四人為貴人，位次貴嬪……於是六劉之寵傾於後宮，聰稀復出外，事皆中黃門納奏，左貴嬪決之。〔註22〕

這是劉聰就納妃事進行決策。相對而言，納妃嬪之事屬於帝王「家事」，故而參加謀議決策者也以宗室成員為主。

在此次納妃決策過程中，劉聰先是向皇太弟劉乂咨詢，在遭到劉乂反對

〔註21〕《晉書》卷二四《職官志》，第732～733頁。
〔註22〕《晉書》卷一○二《劉聰載記》，第2660頁。

後，轉而向宗室太宰劉延年、太傅劉景等人尋求支持。在劉延年、劉景的認可與支持下，劉聰實現了納妃的目標。但事實證明，劉聰此次納妃，乃是一次重大的決策失誤，因爲它不僅直接造成後宮干政局面的形成，即所謂「自是後宮亂寵，進御無序矣」〔註23〕，同時也加劇了漢趙政權的政治混亂，因爲後來劉聰與朝臣之間所發生的多次衝突，均不同程度地與後宮干政有所關涉。〔註24〕

　　另一次決策事件發生於314年十一月，劉聰任命其子晉王劉粲爲大單于、「相國，總百揆，省丞相以并相國。」〔註25〕此次人事任命的眞正目的，是爲了廢黜皇太弟劉乂，改立劉粲爲太子做準備。劉粲的權力因此大長，內廷宦官王沈、郭猗等人也開始直接干預政治，從而造成中央決策大權的旁落，史言劉聰「自去冬至是，遂不復受朝賀，軍國之事一決於（劉）粲，唯發中旨殺生除授，王沈、郭猗等意所欲皆從之。」〔註26〕

　　劉聰此次在權力分配方面所作的人事調整，破壞了漢趙政權正常的中央決策程序，也使得朝臣與內廷宦官之間的矛盾進一步激化。在這種情況下，以太宰劉易、大將軍劉敷、御史大夫陳元達、金紫光祿大夫王延等人爲首的朝官，集體向劉聰進諫，認爲近年以來每每發生的地震日蝕、雨血火災等災害，完全是因爲王沈等「邪佞」小人弄權所致，要求劉聰將他們剪除，並說：「……願陛下割翦凶醜與政之流，引尙書、御史朝省萬機，相國與公卿五日一入，會議政事，使大臣得極其言，忠臣得逞其意，則眾災自弭，和氣呈祥……請免（王）沈等官，付有司定罪。」然而，劉聰不但拒絕，且「以表示沈等……寢之……（劉聰）更以訪粲，粲盛稱沈等忠清，乃心王室。聰大悅，封沈等爲列侯。太宰劉易詣闕，又上疏固諫。聰大怒，手壞其表，易遂忿恚而死……

〔註23〕《晉書》卷一○二《劉聰載記》，第2665頁。
〔註24〕據《晉書》卷一○二《劉聰載記》，劉聰後來與朝臣多次發生政治紛歧，起因皆源於後宮問題處置失當，史言「時聰以其皇后靳氏爲上皇后，立貴妃劉氏爲左皇后，右貴嬪靳氏爲右皇后。左司隸陳元達以三后之立也，極諫，聰不納，乃以元達爲右光祿大夫，外示優賢，內實奪其權也。於是太尉范隆、大司馬劉丹、大司空呼延晏、尙書令王鑒等皆抗表遜位，以讓元達。聰乃以元達爲御史大夫、儀同三司……其上皇后靳氏有淫穢之行，陳元達奏之。聰廢靳，靳慚恚自殺。靳有殊寵，聰迫於元達之勢，故廢之。既而追念其姿色，深仇元達。」（第2668頁）
〔註25〕《晉書》卷一○二《劉聰載記》，第2666頁。
〔註26〕《晉書》卷一○二《劉聰載記》，第2671頁。

元達哭之悲慟……歸而自殺。」〔註27〕這是劉易、陳元達等人，針對劉聰信任宦官佞臣，將決策大權交付劉粲之事，上書反對，希望劉聰能夠改變這種做法，恢復以前那種由尚書、御史、公卿百官集議進行決策的中央決策制度。劉易、陳元達等人的建議均遭到劉聰拒絕，劉易鬱悶而死，陳元達憤而自殺。不久之後，皇太弟劉乂被殺，劉粲被立為太子，「領相國、大單于，總攝朝政如前。」〔註28〕

　　劉聰在這次統治集團的內部權力鬥爭中，先後拒絕劉延年、劉易、陳元達等人建議，進一步擴大劉粲的決策權力，並最終造成劉易氣憤而死以及陳元達自殺。後來的事實證明，劉聰的這一系列錯誤或失誤性的政治決策，加劇了漢趙政權的政治腐敗程度。儘管劉聰在臨死前也為劉粲精心安排了一個輔政格局，但由於劉粲本人的政治才能不高，以及此前統治集團的內部分裂，以致輔政班子不能正常發揮決策作用，軍政大權全被外戚靳準掌控，因此劉粲在繼承皇位不久，就被靳準所殺，漢趙政權因之一度中衰。〔註29〕

（四）劉曜時期的決策活動

　　劉曜，劉淵族子，因為少年孤兒的緣故，被劉淵收養。劉曜在漢趙統治集團中，是一位較有能力的君主，在位時間亦相對較長，因此在其執政期間，漢趙政權的中央決策活動也相對較多。以下撮其主要者簡析如下。

　　劉曜稱帝後，就更改國號一事，於光初二年（319）四月舉行了第一次政治決策。按，此事《晉書》無載，據《十六國春秋・前趙錄》記載，此次決策採用了公卿集議的決策方式，略云：

　　　　（光初）二年夏四月，徙都長安，立子熙為皇太子，六月，繕宗

〔註27〕《晉書》卷一○二《劉聰載記》，第2671～2672頁。
〔註28〕《晉書》卷一○二《劉聰載記》，第2675頁。
〔註29〕據《晉書》卷一○二《劉聰載記》及所附《劉粲載記》，劉聰在臨終前曾為劉粲安排了一個以尚書臺為決策核心的輔政班子：「微劉曜為丞相、錄尚書，輔政，固辭乃止。仍以劉景為太宰，劉驥為大司馬，劉顗為太師，朱紀為太傅，呼延晏為太保，並錄尚書事；范隆守尚書令、儀同三司，靳準為大司空、領司隸校尉，皆迭決尚書奏事。」（第2677頁）以上輔政大臣，都有參與決策的權力，緣於他們都擁有「迭決尚書奏事」的權力。然而在實際政治運作中，由於劉粲荒耽酒色，遊宴後廷，以上諸臣並未能切實發揮決策輔政的作用，及靳準剪除以上諸臣，就以「大將軍、錄尚書事」的身份專制朝政。可見「錄尚書事」或「決尚書奏事」乃是擁有決策權力的重要保證，靳準正是在成為「大將軍」掌握軍權的同時，又「錄尚書事」取得中央決策權，才使得漢趙「軍國之事一決於（靳）準」，並最終發動政變，殺死劉粲。

廟社稷，南北郊于長安。令曰：「蓋王者之興，必禘始祖。我皇家之
先，出自夏后，居于北夷，世跨燕朔。光文以漢有天下歲久，恩德結
於民庶，故立漢祖宗之廟，以懷民望，昭武因循，遂未悛革。今欲除
宗廟，改國號，御以大單于爲太祖，其速議以聞。」於是太保呼延晏
等議曰：「今宜承晉母子傳號，以光文本封盧奴，中山之屬城。陛下
勳功懋於平洛，終於中山，中山分野屬大梁，趙也。宜革稱大趙，遵
以水行。」曜從之。於是以冒頓配天，淵配上帝。」〔註30〕

因爲更改國號在封建社會被視爲關乎「國運興衰」的大事，故而漢趙政權此
次決策，採用了百官公卿集議的方式進行。

劉曜指出，當初爲了贏得漢族民眾的擁護，故光文皇帝（按，「光文」爲
漢趙開國君主劉淵之諡號）在創業時使用了「漢」的國號；昭武皇帝（按，「昭
武」爲劉聰諡號）因循舊制，未加更改。如今形勢已經不同，應該遷除宗廟、
更改國號、定冒頓單于爲太祖，希望群臣提出具體意見。太保呼延晏等人提
請奏議，認爲應該效法晉朝的父死子繼（即所謂「母子傳號」之謂，蓋胡族
以母系血統爲尊，其實相當於華夏父死子繼之繼嗣制度也。）的繼承制度，
又因爲劉淵最初封地於盧奴，屬於中山的領域範圍，而劉曜的事功亦完成於
中山，中山的分野又屬於趙地，故而建議將國號改稱「趙」，並以「水德」爲
五行之運。最終，劉曜採納了呼延晏等人的提議，改國號爲趙，並以冒頓單
于、劉淵二祖，分別配祀上天、上帝。

319年，黃石屠各路松多起兵於新平、扶風，投附於晉南陽王司馬保，司
馬保因此任命將軍楊曼爲雍州刺史，前往接應。楊曼與路松多部將王連聯兵
據守陳倉，張顗、周庸二人據守陰密。得到支持的路松多一時兵鋒銳利，秦
隴一帶的氏、羌部落遂群起響應。在這種形勢下，劉曜決定出兵征討。晉將
楊曼駐守的陳倉，因爲地緣關係，遂成爲漢趙首先攻擊的方向。劉曜派車騎
將軍劉雅、平西將軍劉厚領兵進攻陳倉，經過二旬苦戰，二劉未能攻克陳倉。
於是，劉曜決定親征，遂率「中外精銳」趕赴前線，行軍至雍城，太史令弁
廣明向劉曜進奏章，云：「昨夜妖星犯月，師不宜行。」劉曜遂因此停止不前，
並下敕書給劉雅，要求他「攝圍固壘，以待大軍。」〔註31〕這是太史令弁廣

〔註30〕《太平御覽》卷一一九《偏霸部三》引崔鴻《十六國春秋・前趙錄》，第576
　　　　～577頁。

〔註31〕《晉書》卷一○三《劉曜載記》，第2685頁。

明以天象變化爲理由，參與軍事決策，結果爲劉曜採納，從而作出了「攝圍固壘，以待大軍」的軍事布署。史實證明，這也是一次正確的決策，因爲到次年（320），前趙大部隊到來後，劉曜親率軍隊攻擊陳倉，並在陳倉城外一舉打敗了楊曼、王連，平定了關中。〔註32〕

由於劉曜在處理民族關係上的失誤，320 年關中地區爆發了巴氏的大規模反叛活動，關中陷入嚴重混亂的局面，劉曜遂準備親征巴氏歸善王句渠知。這時候，游子遠獻策於劉曜，提出若按照自己的辦法行事，則必定不用劉曜親征，一個月之內即可平定叛亂。結果，劉曜採納了他的建議，大赦境內，並封游子遠爲車騎大將軍、開府儀同三司、都督雍秦征討諸軍事，全面負責此事。史實證明，這也是一次正確的決策，游子遠採用懷柔分化與武裝鎮壓相結合的辦法，很快就平定變亂，穩定了關中的局勢。〔註33〕

323 年，劉曜欲廢黜劉熙，改立劉胤爲太子，爲此進行了一次決策，據《劉曜載記》略云：

> 胤雖少離屯難，流蹤殊荒，而風骨俊茂，爽朗卓然。身長八尺三寸，髮與身齊，多力善射，驍捷如風雲，曜因以重之，其朝臣亦屬意焉。曜於是顧謂羣下曰：「義孫（按，劉胤字義孫）可謂歲寒而不凋，涅而不淄者矣。義光（按，劉熙字義光）雖先已樹立，然沖幼儒謹，恐難乎爲今世之儲貳也，懼非所以上固社稷，下愛義光。義孫年長明德，又先世子也，朕欲遠追周文，近蹤光武，使宗廟有太山之安，義光饗無疆之福，於諸卿意如何？」其太傅呼延晏等咸曰：「陛下遠擬周漢，爲國家無窮之計，豈惟臣等賴之，實亦宗廟四海之慶。」左光祿卜泰、太子太保韓廣等進曰：「陛下若以廢立爲是也，則不應降日月之明，垂訪羣下。若以爲疑也，固思聞臣等異同之言，竊以誠廢太子非也。何則？昔周文以未建之前，擇聖表而超樹之可也。光武緣母色而廢立，豈足爲聖朝之模範！光武誠以東海纂統，何必不如明帝！皇子胤文武才略，神度弘遠，信獨絕一時，足以擬蹤周發；然太子孝友仁慈，志尚沖雅，亦足以堂負聖基，爲

〔註32〕《晉書》卷一〇三《劉曜載記》：「三年，曜發雍，攻陳倉，（楊）曼、（王）連……遂盡眾背城而陣，爲曜所敗，王連死之，楊曼奔于南氐。曜進攻草壁，又陷之，松多奔隴城，進陷安定。（司馬）保懼，遷于桑城。氐羌悉從之。曜振旅歸于長安，署劉雅爲大司徒。」（第 2685 頁）

〔註33〕《晉書》卷一〇三《劉曜載記》，第 2686～2687 頁。

承平之賢主。何況儲宮者，六合人神所繫望也，不可輕以廢易。陛下誠實爾者，臣等有死而已，未敢奉詔。」曜默然。胤前泣曰：「慈父之於子也，當務存《尸鳩》之仁，何可替熙而立臣也！陛下謬恩乃爾者，臣請死於此，以明赤心。且陛下若愛忘其醜，以臣微堪指授，亦當能輔導義光，仰遵聖軌。」因歔欷流涕，悲感朝臣。曜亦以太子羊氏所生，羊有寵，哀之不忍廢，乃止。〔註34〕

徵諸史載，劉曜之所以產生廢立太子的想法，乃是因為當初劉聰曾向他稱讚過劉胤，認為劉胤更適合擔任劉曜的繼承人，並建議他「思文王廢伯邑考立武王之意」〔註35〕。由於廢立儲君為國之大事，故劉曜採取了向群臣「垂訪」意見的決策方式，希望能夠廣泛聽納群臣意見，以便做出更為合理的決策。

劉曜將改易太子的想法提出以後，得到了大多數朝臣的贊同，只有卜泰、韓廣等少數人表示反對，卜、韓等人指出，廢易太子事體重大，不應輕易作出決定，劉胤雖富於文武才略，有似西周武王姬發；但太子劉熙孝友仁慈，志尚沖雅，也是承平之賢主。卜、韓等人還表示，若劉曜堅持廢立，則他們即便是死，也抗旨不從。由於卜泰、韓廣的極力反對，加之後來劉胤本人也表示反對意見，並考慮到劉熙生母羊皇后的關係，劉曜最終放棄改易太子的打算。這是劉曜就繼嗣問題，通過「垂訪」的方式進行決策。史實表明這也是一次正確的政治決策，因為它使得趙政權避免了一場可能因廢立問題而出現的統治集團內部的自相殘殺。

323年，前趙與涼州張氏政權之間發生戰爭，時雙方相持於黃河兩岸。劉曜親率28萬大軍，沿河列營百里，涼州張氏臨河諸戍望風潰逃。劉曜宣稱將渡河西進，直抵涼州首府姑臧，涼州為之大震。趙軍是乘勝追擊，還是坐等張氏上表稱藩？涼州張氏又該怎樣應對壓境強敵？《資治通鑑》為我們留下了雙方決策的有關記錄，略云：

> 趙主曜自隴上西擊涼州，遣其將劉咸攻韓璞於冀城，呼延晏攻寧羌護軍陰鑒於桑壁，曜自將戎卒二十八萬軍于河上，列營百餘里，金鼓之聲動地，河水為沸，張茂臨河諸戍，皆望風奔潰。曜揚聲欲百道俱濟，直抵姑臧，涼州大震。參軍馬岌勸茂親出拒戰，長史氾禕怒，請斬之。岌曰：「氾公糟粕書生，刺舉小才，不思家國大計。

〔註34〕《晉書》卷一〇三《劉曜載記》，第2696～2697頁。
〔註35〕《晉書》卷一〇三《劉曜載記》，第2696頁。

明公父子欲爲朝廷誅劉曜有年矣，今曜自至，遠近之情，共觀明公
此舉，當立信勇之驗以副秦、隴之望，力雖不敵，勢不可以不出。」
茂曰：「善！」乃出屯石頭。茂謂參軍陳珍曰：「劉曜舉三秦之眾，
乘勝席卷而來，將若之何？」珍曰：「曜兵雖多，精卒至少，大抵皆
氐、羌烏合之眾，恩信未洽，且有山東之虞，安能捨其腹心之疾，
曠日持久，與我爭河西之地邪！若二旬不退，珍請得弊卒數千，爲
明公擒之。」茂喜，使珍將兵救韓璞。趙諸將爭欲濟河，趙主曜曰：
「吾軍勢雖盛，然畏威而來者三分有二，中軍疲困，其實難用。今
但按甲勿動，以吾威聲震之，若出中旬張茂之表不至者，吾爲負卿
矣。」茂尋遣使稱藩，獻馬、牛、羊、珍寶不可勝紀。曜拜茂侍中、
都督涼・南・北秦・梁・益・巴・漢・隴右・西域雜夷・匈奴諸軍
事、太師、涼州牧，封涼王，加九錫。〔註36〕

以言涼州張氏政權，其政治決策分爲兩個階段：起先，出於收攏秦隴人心的
考慮，加之對前趙政權內部情況的準確分析，做出了出兵與前趙進行軍事對
抗的決策；後來，隨著戰爭形勢的變化，涼州方面又主動調整戰略，主動遣
使稱藩於前趙。綜觀涼州張氏政權之決策，可以說兩個階段的策略，都達到
了預期效果，在確保張氏政權對隴西地區統治地位的基礎上，從最大限度上
維護了張氏政權的利益。

再從前趙一方來說，劉曜在準確分析敵我雙方形勢之後，否定「諸將爭
欲濟河」的建議，做出按兵不動、以威勢壓服張氏主動稱藩的政治決策。從
決策過程來看，此次決策屬於比較典型的帝王專決的決策方式。史實表明，
這是一次正確的政治決策，在避免己方軍隊傷亡的同時，實現了讓張氏政權
稱藩納貢的戰略目的。

咸和三年（328），劉曜「夜夢三人金面丹脣，東向逡巡，不言而退，曜
拜而履其跡。旦召公卿已下議之，朝臣咸賀以爲吉祥。惟太史令任義進曰：『三
者，曆運統之極也；東爲震位，王者之始次也；金爲兌位，物衰落也；脣丹
不言，事之畢也；逡巡揖讓，退舍之道也；爲之拜者，屈伏於人也；履跡而
行，愼不出疆也；東井，秦分也；五車，趙分也。秦兵必暴起，亡主喪師，
留敗趙地。遠至三年，近七百日，其應不遠。願陛下思而防之。』曜大懼，
於是躬親二郊，飾繕神祠，望秩山川，靡不周及。大赦殊死已下，復百姓租

〔註36〕《資治通鑒》卷九二晉明帝太寧元年（323）八月，第 2914～2915 頁。

稅之半。」〔註37〕

　　這是劉曜因爲離奇的「夢境」，而召集群臣集議。在大多數人認爲是吉祥之夢的時候，只有太史令任義一人提出不同意見，認爲這可能是前趙即將敗亡之徵兆。最後，劉曜相信了任義對夢的解析，並以此爲決策依據，採取了包括躬親二郊、飾繕神祠、大赦、免除百姓一半租稅等一系列措施，冀此免除可能出現的「天譴」，這是一種帶有預測性質的決策咨詢，一般說來，在這種場合下，太史令等「文化」官員的意見被採納的可能性比較大。

　　咸和四年（329），在前趙、後趙的一次關鍵性戰役中，劉曜由於決策不及時，從而造成戰略上的被動，並最終導致他被後趙軍隊俘虜的嚴重後果。據諸史載，329 年劉曜在攻下洛陽後，沒有乘勝進攻後趙都城襄國，而是坐守洛陽，並且「不撫士眾，專與嬖臣飲博，左右或諫，曜怒，以爲妖言，斬之。」在聽到石虎進據石門、石勒大軍也已渡過黃河，劉曜才開始感到形勢嚴峻，「始議增榮陽戌，杜黃馬關。」〔註38〕這是劉曜在前線就軍事防務問題，臨時進行集議決策。但由於決策時機太遲，從而造成全局性的失敗，劉曜本人後來也被俘殺。

　　劉曜被俘後，太子劉熙與劉胤等商討是否西保秦州，爲此，前趙君臣又舉行一次臨時性的軍事決策。尚書胡勳提出反對意見，認爲「今雖喪主，國尚全完，將士情一，未有離叛，可并力距險，未爲晚也。」〔註39〕但由於劉胤其時擁有「錄尚書事」的權力，認爲胡勳的主張意在「沮眾」，因而將其斬殺，之後率百官奔於上邽。這是就軍事問題進行決策，尚書胡勳因爲發表不同意見而遭到殺害。但史實證明，劉胤西保秦州的決策是錯誤的，因爲它動搖、瓦解了軍隊的鬥志，造成其它將領也不戰而逃，加速了前趙政權的覆滅進程。〔註40〕

三、影響漢趙政權中央決策正常運轉之原因

　　基於以上兩個部分的論述，我們可以對漢趙中央決策制度進行一些總結。

　　從理論的層面說，「三公」或「七公」既爲漢趙政權前期中央官制之領導

〔註37〕《晉書》卷一〇三《劉曜載記》，第 2699 頁。

〔註38〕《晉書》卷一〇三《劉曜載記》，第 2700 頁。

〔註39〕《晉書》卷一〇三《劉曜載記》，第 2701 頁。

〔註40〕據《資治通鑑》卷九四晉成帝咸和四年（329）正月條記載，劉胤率眾西奔上邽後，「諸征鎮亦皆棄所守從之，關中大亂。將軍蔣英、辛恕擁眾數十萬據長安，遣使降于後趙，後趙遣石生帥洛陽之眾赴之。」（第 2966～2967 頁）同年九月，石虎出擊上邽，一舉俘虜劉熙、劉胤及其王公卿校以下三千多人，皆殺之，漢趙至此滅國。

核心，其中央決策的核心也應當就是以「三公」或「七公」爲首的中央官僚機構；後期的中央官制則以尙書臺爲核心運作，因而其中央決策的核心也相應地圍繞尙書臺進行。然而，從本文第二部分對漢趙政治決策實例分析的結果來看，無論是前期的「三公」（「七公」），還是後期的尙書臺，在前趙的實際政治決策中，都沒有能夠在發揮「核心」作用。這也就是說，漢趙政權的職官制度或官僚機構，與現實的政治運作之間，存在著十分明顯的差距。究竟應該怎樣理解制度與實踐之間，所存在著的脫節現象？這是否表明漢趙政權的中央職官制度完全是一紙空文，而並無實際意義？如果漢趙中央官僚制度僅是一紙空文，那麼漢趙政權爲何又不止一次地對其職官制度進行調整或改革？

所謂「決策」（Decision-Making），亦即政策的制定，通俗地說，就是爲解決人類社會發展過程中所出現的問題，而出主意、想辦法、做決定的過程。決策作爲政府管理體制中的一個重要組成部分，乃是政府對國家事務和社會事務實施管理的中心環節。〔註41〕從這個意義上說，無論古今中外，決策在任何一個國家或政權的政治生活中，都處於最重要的地位，決策的正確或錯誤、決策的及時或遲緩，都直接關涉到整個國家的治亂安危。決策既在政治生活中處於如此重要地位，那麼，提高決策的科學性、準確性及決策的效率，就成爲判斷以中央決策機構爲核心的國家機器行政效率的首要因素，官僚機構的任何調整或改革，也都理應或必然圍繞提高決策水平這個中心進行。基於此，我認爲，漢趙政權中央決策機構的前後期變化，也必然體現出這個要求。的確，在漢趙政權的中央決策活動中，制度與實踐存在較爲明顯的脫節現象，但我們並不能就此得出漢趙中央職官制度，乃至決策制度徒爲具文的結論，否則，它不止一次地進行職官制度的調整或改革，就無法得到合理的解釋。

首先，我們必須充分考慮到漢趙政權所處的時代背景。眾所週知，在君主集權專制的政治體制下，一切政治活動最終都要圍繞「君權」運作，封建帝王擁有至高無上的權力，任何的決策最後都必須獲得他的認可，才具有實際意義，因而從狹義上說，在君主專制時代，實際上只有「君主專決」一種決策形式，因爲只有君主才擁有絕對的決策權力。然而，在實際運作過程中，

〔註41〕楊誠虎，李文才撰：《發達國家決策咨詢制度》，第 1 頁，北京，時事出版社，2001。

由於國家事務繁冗，君主一人之精力、智力畢竟有限，無法獨力承擔起維護統治階級利益的任務。因此，為保證封建統治階級的集體利益，配合君主專制制度，另外成立了一套以宰相制度為核心的封建官僚機構，二者之間密切配合、互相協調，從而保證封建統治的順利實施。〔註 42〕可以說，以宰相為首的中央決策機構的存在及其發揮作用，正是為了彌補君主專決可能帶來的不足或失誤。

必須承認的是，在不同時代、不同君主統治時期，中央決策機構所發揮的作用，往往存在著很大差別。比較開明的君主，或是在「太平盛世」，中央決策機構所發揮的作用可能就比較明顯；相反，如果是暴君昏主在位，或在戰亂年代，君主或權臣獨斷專行的情況就可能非常突出，而中央決策機構則基本無所作為。因此，考察漢趙政權中央決策制度，必須充分考慮到它所處的時代背景。十六國時期，戰爭頻仍，軍事活動成為壓倒一切的政治任務，特別是對於依靠武力建立、維護政權的少數民族政權來說，軍事活動的重要性就更加突出，由匈奴建立的漢趙政權自然也不例外。軍事大於一切，在戰爭相尋的年代，要求統治者必須在最短時間裏就某一問題，特別是軍事問題作出決斷。於是，君主專決、權臣專決，甚至前線作戰將領就軍事問題迅速作出決斷，就成為自然而必然的事情。相對而言，需要通過尚書臺或宰相府，並必須經過一定議事程序的公卿集議、聯合討論等決策方式，在這種時候就顯得過於遲緩而不周世用。從漢趙政權決策活動的實例來看，凡與軍事問題聯繫密切的決策活動，「三公」、「七公」或尚書臺成員，雖然有時也參與謀議，但多數情況下都不是謀議的主角。如 308 年進攻洛陽的戰役、劉和「東堂」決策、323 年與涼州張氏政權的戰爭、329 年洛陽之戰以及同一年劉熙、劉胤就西保秦州之事等多次決策活動中，基本上都是以君主（執政者）的個人意志或以作戰將領、軍事武官的意見作為最後的決策依據，他們都是直接決定對策，「三公」府或尚書臺則基本沒有機會發表意見，而 329 年劉熙、劉胤就西保秦州進行決策時，尚書胡勳竟因發表不同看法而招致殺身之禍。

其次，在漢趙政權的後期，尚書臺依然是中央決策的核心機構，儘管在具體的決策活動中，尚書臺並沒有表現出明顯的核心地位。但我們必須注意到，在漢趙政權後期，大凡權臣專決，均是以「錄尚書（六條）事」或「決尚書奏事」的身份，指揮、操縱尚書臺，從而達到控制朝政的目的，也就是

〔註42〕前揭《兩漢魏晉南北朝宰相制度研究》，第 13～17 頁。

說，他們之所以能夠專權，在很大程度上正是通過控制尚書臺這一中央決策中樞而得以實現。例如，劉聰爲加強劉粲的權力，第一步措施，就是任命他爲「大丞相、領大將軍、錄尚書事，進封晉王」，進而以劉粲「爲相國，總百揆，省丞相以并相國」，這樣劉粲就以大將軍的身份控制京師禁衛武裝的同時，還以大丞相（相國）的身份總領百官，並通過「錄尚書事」控制尚書臺，從而掌控軍政大權，前引「（劉）聰自去冬至是，遂不復受朝賀，軍國之事一決於粲，唯發中旨殺除授」，即爲一明顯例證。再如靳準，之所以能夠專權以至發動政變，也和他在劉聰臨終之前獲得了「決尚書奏事」的權力，並且在劉粲即位後擔任「大將軍、錄尚書事」，掌握禁衛軍權和中樞決策權力有直接關係。正是獲得這兩項權力之後，才形成了「軍國之事一決於（靳）準」〔註43〕的政治局面。在掌控軍政大權不久，靳準又「矯（劉）粲命，以從弟（靳）明爲車騎將軍，（靳）康爲衛將軍」，這樣，靳氏家族進一步控制了禁衛軍權，從而成功地發動了軍事政變。

　　尚書臺依然是漢趙政權的中央決策核心機構，還表現爲，凡是想要成爲輔政大臣，就必須獲得「錄尚書（六條）事」或「決尚書奏事」的頭銜，亦即必須從制度層面上獲得參與中樞決策的權力。如劉淵臨終前爲劉和安排的輔政班子中，太宰劉歡樂、太傅劉洋、太保劉延年、大司馬、大單于劉聰等人「並錄尚書事」，後來「元海疾篤，召歡樂及洋等入禁中受遺詔輔政」，上述諸王能夠入禁中受遺詔輔政，是因爲他們都有「錄尚書事」之職銜。再如劉聰爲劉粲安排的輔政大臣中，太宰劉景、大司馬劉驥、太師劉顗、太傅朱紀、太保呼延晏、守尚書令、儀同三司范隆、大司空、領司隸校尉靳準等七人，也都有「迭決尚書奏事」的權力，而當靳準除掉其它輔政諸臣後，也以「錄尚書事」而專制朝政。相反的例子，則有衛尉劉銳、宗正呼延攸二人，他們之所以導引劉和「東堂」決策以清除劉聰等宗室諸王，原因在於他們沒能「參顧命」，而他們沒能「參顧命」、成爲輔政大臣，根本原因又在於他們未能獲得「錄尚書事」或「決尚書奏事」的權力。

　　另外，前述314年太宰劉易、大將軍敷、御史大夫陳元達及金紫光祿大夫王延等聯合上諫劉聰，要求劉聰「割鞫凶醜與政之流，引尚書、御史朝省萬機，相國與公卿五日一入，會議政事」，其中心思想也是，希望劉聰能恢復正常的中央決策程序，亦即保證中央決策制度能夠圍繞尚書臺這一決策核心

〔註43〕《晉書》卷一〇二《劉聰載記》附《劉粲載記》，第2678頁。

來運轉。劉易等人的奏議，恰恰表明在正常情況下，尚書臺才是漢趙中央決策的中樞機構。

再次，在考察漢趙政權的中央決策制度時，我們還必須充分重視一些突發或偶然事件對決策可能產生的影響。這些突發事件或偶然事件，既包括天相變化、災異妖變等自然現象，也包括現實社會發生的人事行為，甚至會因為君主的離奇夢境，而影響到政治決策。對於這些影響政治決策的偶然或突發因素，我們不宜一概斥之為迷信，或認為是荒誕不經。在戰亂異常的魏晉南北朝時代，因天災人禍等異常現象而影響到現實政治生活的案例，實際上非常普遍。至於在文化相對落後的少數民族政權中，這方面的表現尤其明顯。在這種時候，太史令等負責天文星占一類的「文化」官員的意見或建議，往往直接影響到政治決策。如劉淵在決策遷都平陽時，太史令宣于脩之「平陽勢有紫氣」的意見，在決策中就起了相當大的作用；再如 308 年，劉曜等久攻洛陽不克，宣于脩之再次向劉淵建議，認為「歲在辛未，當得洛陽。今晉氣猶盛，大軍不歸，必敗。」於是，劉淵在結合前線將領意見後，做出了遣使召劉聰等人班師撤兵的正確決策。

又如，劉聰在位期間，「流星起於牽牛，入紫微，龍形委蛇，其光照地，落于平陽北十里。視之，則有肉長三十步，廣二十七步，臭聞于平陽。肉旁常有哭聲，晝夜不止。」對於這個異常現象，劉聰心感厭惡，遂召集公卿會議此事，並要求大家各盡所言，不必隱諱。這實際上是就天文災變進行決策性咨詢，廷尉陳元達、博士張師等人發表了看法，認為這個「妖變」與劉聰處理後宮妃嬪事理不當有關，希望他能夠謹慎對待。然而，劉聰卻拒絕了他們的建議，認為「此陰陽之理，何關人事！」〔註44〕由於劉聰否決臣下的正確意見，不能在後宮政策方面改弦更張，結果造成「自是後宮亂寵，進御無序矣」的局面，其政治狀況也因而日益腐敗。

劉曜統治時期，也出現過類似情況。如前述 319 年，黃石屠各路松多造反，劉曜採納太史令弁廣明「昨夜妖星犯月，師不宜行」的建議，做出「攝圍固壘，以待大軍」的正確決策。這是太史令弁廣明以天相變化，參與軍事決策。再如前揭328 年，劉曜因「夜夢三人金面丹脣，東向逡巡，不言而退，曜拜而履其跡」一事，而召集公卿百官會議。在群臣都認為是吉兆而祝賀的情況下，只有太史令任義一人提出不同看法，最後，劉曜相信了任義對夢境

〔註44〕《晉書》卷一○二《劉聰載記》，第 2665 頁。

的解析，並以此為決策依據，採取了包括躬親二郊、飭繕神祠、大赦、免稅等一系列措施，冀此免除可能出現的「天譴」，這是一種帶有預測性質的決策咨詢。

最後，我們必須對「胡漢分治」的政治體制予以充分重視，漢趙政權是由匈奴族所建立，因而在政權運作上實行「胡漢分治」的統治政策。在政治上，匈奴貴族始終處於主導地位，他們在政治決策中擁有絕對權力，漢族及其它少數民族則屬於「另類」，在政治上處於被領導、被支配的地位，漢族更是受到歧視。帝王專決的決策方式固然不必多說，就是在其它決策方式，如權臣專決或公卿集議（朝議）中，少數民族尤其是匈奴貴族也是主角，這從本文第二部分的決策實例中可以十分清晰看出來。在每一次的決策中，匈奴貴族不但人數居多，而且都處於最高權力層。

另外，在劉淵、劉聰為其繼承人安排的輔政班子中，顧命大臣絕大多數為匈奴貴族，其中又以宗室諸王居多，如所謂的「三公」、「七公」或「錄尚書事」，其中只有極個別人可能出身於非匈奴族，但一無例外，這些人漢趙君主之間的有著十分深厚的淵源。〔註45〕至於「大單于」之職，更是由宗室親王統領，其它一些重要職務，如單于左右輔等，也全部由匈奴等少數民族人物擔任。〔註46〕所有這些，實際都反映出匈奴貴族在漢趙政權中央決策制度中的壟斷地位，他們憑藉著政治上的獨尊地位，主宰著漢趙政權一切軍政事務的決策。

〔註45〕據《晉書》記載，劉淵為太子劉和安排的輔政大臣，全部為宗室成員；劉聰為劉粲安排的顧命大臣中，只有朱紀、范隆可能是漢人，但二人與漢趙政權淵源頗深：據《劉元海載記》，劉淵幼年曾師事上黨人崔游，而朱紀、范隆與他則是「同門生」，如果大膽推測的話，二人可能在劉淵起事即有所謂「元從」之功。而據《劉聰載記》，朱紀與劉聰之間似有師生關係，「（劉聰）幼而聰悟好學，博士朱紀大奇之。年十四，究通經史」（第2657頁）。314年，劉聰「大定百官」，「朱紀為大司徒」而位列「七公」，政治地位甚高。在靳準發動叛亂，劉曜自長安舉兵至赤壁時，「太保呼延晏等自平陽奔之，與太傅朱紀、太尉范隆等上尊號。曜以太興元年僭即皇帝位，大赦境內，惟（靳）準一門不在赦例，改元光初。以朱紀領司徒，呼延晏領司空，范隆以下悉復本位。」（《晉書》卷一○三《劉曜載記》，第2684頁）凡此，均說明朱紀、范隆二人與漢趙政權之間有著十分深厚的淵源。

〔註46〕據《晉書》卷一○三《劉曜載記》：「（劉）曜署劉胤為大司馬，進封南陽王，以漢陽諸郡十三為國，置單于臺于渭城，拜大單于，置左右賢王已下，皆以胡、羯、鮮卑、氐、羌豪桀為之。」（第2698頁）

　　綜上所述，我認爲漢趙政權的中央決策機構，在其統治前、後期分別以「三公」（「七公」）和尙書臺爲核心，但由於以上諸多因素的影響，造成了在實際運作過程中，無論「三公」（「七公」）還是尙書臺，在政治決策中的核心作用都未能充分發揮。在影響中央決策機構正常運轉的眾多因素中，君主集權專制的政治體制乃是關鍵，可以說，只要封建專制的政體不改變，再完善的中央決策制度也無法有效、正常地發揮作用。

　　儘管因爲諸多因素的干擾，漢趙中央決策制度未能正常發揮作用，我們仍不宜否定其存在的必要性，以及漢趙政權多次調整職官制度的積極意義，這是因爲中央決策制度及其賴以存在的職官制度，在某些時候畢竟可以彌補因爲君主專制所造成的決策性失誤，而究其原因，又在於維繫龐大國家機器的運轉，僅依靠君主一人之精力智力，斷不可能。

十六國政權著作官考述

　　作爲一個素來崇尚文教的國度，中國歷代政權，無論處境如何艱難，只要稍有可能，無不重視興學施教，舉凡有裨於文治教化的事業，都在興辦之列，即使是那些被稱爲戎狄蠻夷的少數民族政權也不例外。魏晉南北朝時期圖書編撰出版業的發展，與當時各政權幾乎都成立了國家編撰出版機構，有著密不可分的聯繫。這些政權既包括那些相對長期而穩定的漢人政權，也包括那些立國時間不久、由少數民族所建立的政權，如所謂的「五胡十六國」政權。「十六國」政權儘管立國時間都不是很長，所統治的範圍也不是很大（只有前秦曾一度短暫統一北方），職官設置也不十分完備，但絕大多數政權都設有專職的著作官，或者以它官兼掌圖書典籍的修撰整理。

　　據劉知幾《史通》〔註1〕卷十一「史官建置」篇所載，十六國政權中曾修撰本國歷史的少數民族政權包括：前趙、後趙、前燕、後燕、南燕、北燕、後涼、南涼、北涼、前秦、後秦、西秦、夏、成漢，至於由漢族建立的前涼、西涼，更是沒有例外，由此可見，十六國政權大都修撰了「本國」的歷史。儘管以上諸政權修史官員的名稱或有不同，但負責圖書典籍的收集、整理，以及國史修撰的職掌，則與同一時代的三國兩晉南北朝諸政權一樣，因此五胡十六國政權名稱各異的修史官，同時也是各個政權的國家圖書編撰出版機構。基於此，欲全面認識魏晉南北朝時期的國家編撰出版機構及其圖書出版事業的概況，就必須重視對十六國政權著作官設置情況的研究。

　　對於十六國著作官問題的研究，以呂思勉氏爲代表的諸多學者多有涉

〔註 1〕　【唐】劉知幾撰，【清】蒲起龍校釋：《史通通釋》，上海，上海古籍出版社，1978。凡本書引用《史通》之史料，均爲此校釋本。

及，但這些研究都較少系統性，且多從廣義文化史或職官制度史的角度展開討論，因此對於它們在圖書出版史上的作用、地位等問題都沒有說明。近年來有關十六國時期著作官的研究著作，以前揭牛潤珍氏所著《漢至唐初史官制度的演變》一書最具代表性，該書對十六國政權著作官的論述頗爲系統，也很有深度，可以視爲十六國政權著作官問題研究的代表之作，不過，氏著之著眼點仍爲「史官」制度的發展與演變，與圖書編撰出版的關涉度尚有道里之距。此外，前揭李瑞良氏所著《中國古代圖書流通史》則爲一部專論中國古代「圖書流通」的著作，其中對歷代「藏書管理機構」均有所述及，所惜者篇幅過於短小，其中有關魏晉南北朝時期的「藏書管理機構」的內容不到二千字，至於十六國政權者，則僅言及前秦，實不足闡明其眞實情況。至於其它一些著作，如吉少甫氏主編的《中國出版簡史》〔註2〕，對此問題則根本沒有涉及。總之，從國家圖書編撰出版機構的角度，對十六國政權著作官所進行的研究，還缺乏系統性，不足以說明十六國著作官在魏晉南北朝時期圖書出版事業中的地位和作用。

　　基於以上研究狀況，本文擬通過對相關史料的檢索剖析，從圖書編纂出版的角度對十六國政權的著作官略作考述，以期揭示十六國政權著作官制度在魏晉南北朝圖書編纂史上地位的同時，彌補傳統研究之不足。

一、前趙、後趙的著作官

　　十六國政權中最早建國者，爲匈奴劉淵開創的漢趙政權。漢趙政權的締造者劉淵，在起兵時假託爲兩漢皇室的後裔，因此漢政權建立以後，其職官設置遙承兩漢制度。其中，史官著作之職由太中大夫承擔，據劉知幾說：「前趙劉聰時，領左國史公師彧撰《高祖本紀》及功臣傳二十人，甚得良史之體。」〔註3〕又，同書《史官建置》篇云：「僞漢嘉平初，公師彧以太中大夫領左國史，撰其國君臣紀傳。」〔註4〕據此可知，前趙曾以太中大夫公師彧兼領左國史，負責漢趙政權君臣紀傳的編撰工作，而且「甚得良史之體」，即表現出相當高的修史水平。又根據其時職官設置的一般規律，前趙政權既置有「左國史」，依理而論似宜同時設有「右國史」之職，惜者史書未見其載。又因爲少

〔註2〕吉少甫撰：《中國出版簡史》，上海，學林出版社，1991。
〔註3〕《史通通釋》卷十二《古今正史》，第358頁。
〔註4〕《史通通釋》卷十一《史官建置》，第313頁。

數民族尚左的緣故，我們或可進一步推測，前趙政權的「左國史」當爲其本族歷史，如果其確實同時設置「右國史」之職，則應當職掌他國或他朝歷史的修撰工作。當然，也有可能如牛潤珍氏所推測的那樣，「左國史」係由《漢書》所載的「左史」發展而來，職當內史，掌記注、國史。〔註5〕

除了專職的「左國史」負責修撰國史外，漢趙政權還曾以他官兼掌修史之任。據諸史載，「劉曜時，平輿子和苞撰《漢趙記》十篇，事止當年，不終曜滅。」〔註6〕和苞事蹟，《晉書‧劉曜載記》有記載，略云：劉曜欲起酆明觀，立西宮，建陵霄臺，營壽陵於霸陵西南諸事，「侍中喬豫、和苞上疏諫曰……曜大悅，下書曰：『……其封豫安昌子，苞平輿子，並領諫議大夫……』」〔註7〕由此可知，和苞在擔任侍中期間，兼領諫議大夫之職，其所修撰的《漢趙記》十篇，從「事止當年，不終曜滅」來推測，性質上當屬「時政記」或「起居注」之類。

仍據前揭《劉曜載記》：「曜立太學於長樂宮東，小學於未央宮西，簡百姓年二十五已下十三已上，神志可教者千五百人，選朝賢宿儒明經篤學以教之。以中書監劉鈞領國子祭酒。置崇文祭酒，秩次國子。散騎侍郎董景道以明經擢爲崇文祭酒。」〔註8〕又，「武功豕生犬，上邽馬生牛，及諸妖變不可勝記。曜命其公卿各舉博識直言之士一人，司空劉鈞舉參軍臺產，曜親臨東堂，遣中黃門策問之……曜改容禮之，即拜博士祭酒，諫議大夫，領太史令。」〔註9〕其中所列國子祭酒、崇文祭酒、博士祭酒、太史令諸職，都是和文教事業有密切關聯的職官，其中太史令專司天文星象災異變化，其所記錄者，爲史官撰寫《靈徵志》、《五行志》或《災異志》的重要依據，因此將它視爲著作官的一個組成部分，也未嘗不可。至於國子祭酒、崇文祭酒、博士祭酒諸職，它們負責學校教育，但參與經籍的整理、撰述，本也是分內之事。

羯族建立的後趙，對文教事業也頗爲重視。而從現有史料來看，最早將史學作爲一門學科進行教授者，正是後趙的創建者石勒。〔註10〕徵諸《晉書‧

〔註5〕前揭《漢至唐初史官制度的演變》，第130頁。
〔註6〕《史通通釋》卷十二《古今正史》，第358頁。
〔註7〕《晉書》卷一○三《劉曜載記》，第2688～2689頁。
〔註8〕《晉書》卷一○三《劉曜載記》，第2688頁。
〔註9〕《晉書》卷一○三《劉曜載記》，第2698頁。
〔註10〕周一良氏在《魏晉南北朝史學發展的特點》一文中說：「史學作爲學科的獨立，還從制度上反映出來。從現有史料來看，最早把史學作爲一門學科進行教授的，不是漢族而是少數民族政權。《晉書‧石勒載記》稱，石勒曾立大學及十

石勒載記》，公元 319 年，石勒稱趙王後，「署從事中郎裴憲、參軍傅暢、杜
嘏並領經學祭酒，參軍續咸、庾景為律學祭酒，任播、崔濬為史學祭酒……
命記室佐明楷、程機撰《上黨國記》，中大夫傅彪、賈蒲、江軌撰《大將軍起
居注》，參軍石泰、石同、石謙、孔隆撰《大單于志》。」〔註11〕可見，自後
趙建立，石勒就注意本國歷史的修撰，而從「史學祭酒」與「經學祭酒」、「律
學祭酒」並列設置的事實來看，可知石勒本人對於歷史學的高度重視。不過，
從修史者的職任來看，無論是經學祭酒、律學祭酒還是史學祭酒，在當時還
基本都是以記室官或他官兼領，這主要是由於後趙政權尚在初創時期，職官
制度的設置不可能完備。

　　隨著後趙統治的繼續以及制度建設的不斷推進，其職官設置也不斷完
善。在石勒統治時期，就已經有秘書、著作官員的設置了。據諸史載，東晉
穆帝咸和五年（330），石勒稱天王，行皇帝事，大封百官，其中「署參軍事
徐光為中書令、領秘書監。」〔註12〕徐光事蹟以及秘書監的具體職掌，《晉書》
無載，徵諸清四庫館臣所整理之《十六國春秋·後趙錄》：「徐光，字季武，
頓丘人也……光幼好學，有文才……（石）勒授記室參軍……勒如苑鄉，召
光，光醉不至……於是幽光并其妻子於襄陽國詔獄。光在獄中，註解經史十
萬餘言……尋遷中書令，領秘書監。光嘗勸勒除（石）虎威權，以安太子，
勒不聽，及死，虎總朝政，以私憾殺之。」〔註13〕徐光在獄著述，與任中書

〔註11〕　餘小學，簡選將佐豪右子弟教之。」（前揭氏著《魏晉南北朝史論集》，第 387
　　　　　頁。）
〔註11〕　《晉書》卷一〇五《石勒載記下》，第 2735～2736 頁。
〔註12〕　《晉書》卷一〇五《石勒載記下》，第 2746 頁。
〔註13〕　《十六國春秋》卷二十二《後趙錄十二》「徐光」條，清文淵閣四庫全書第 463
　　　　　冊第 488～489 頁，上海，上海古籍出版社縮微影印文淵閣四庫全書本。按，
　　　　　本文所引用之文淵閣四庫全書本一百卷《十六國春秋》，可能並非崔鴻原著，
　　　　　據四庫館臣《十六國春秋提要》云：「臣等謹案，《十六國春秋》一百卷，舊
　　　　　本題魏崔鴻撰，實則明嘉興屠喬孫、項琳之偽本也。鴻作《十六國春秋》一
　　　　　百二卷，見《魏書》本傳，《隋志》、《唐志》皆載之，宋初李昉等作《太平御
　　　　　覽》，猶引其文，《宋·藝文志》始不著錄，南宋諸家書目亦不載，是亡於北
　　　　　宋也。明何鏜《漢魏叢書》載鴻書十六篇，國各一錄，卷帙寥寥，與舊史所
　　　　　記不合，世疑其偽。萬曆以後，此本乃出，莫其所自來，證以《藝文類聚》
　　　　　諸書所引，一一相同，遂行於世，論者或疑鴻身仕北朝，而仍用晉宋年號，
　　　　　考劉知幾《史通·探賾篇》曰：『鴻書之紀綱皆以晉為主，亦猶班書之載吳項，
　　　　　必繫漢年；陳志之述孫劉，皆宗魏世。』喬孫等正巧附斯義，以售其欺，所
　　　　　摘者未中其疾。惟《魏書》載鴻子子元奏，稱刊著越燕秦夏梁蜀遺載，為之

監領秘書監，究竟何事在前？其實史籍記載有相互矛盾之處，宋人李昉等人所編《太平御覽》，也有關於徐光著述一事的記載，云：「崔鴻《後趙錄》曰：徐光，字季武，頓丘人，幼有文才，年十三，王陽攻頓丘，掠之，而令主秣馬。光但書柱作詩賦，左右以白石勒。勒令召光，付紙筆，光立為頌，賜衣服，遷為中書令。」〔註14〕其中不言徐光下獄事，當為敘事簡省之故，據此則徐光下獄前可能已經擔任中書令之職。退而言之，徐光被囚禁期間，完成十餘萬字的著述，不論其任職在前，抑或是出獄之後遷為中書令，領秘書監。均足表明，後趙秘書監主要職掌之一，應當就是經史著述。需要指出的是，後趙政權以中書令兼領秘書監的做法，乃是模仿曹魏、西晉的制度，在某種意義上正體現出後趙政權革夷從夏的漢化傾向。

後趙不但設有秘書監職掌國史修撰諸事，而且設有專職的著作官，據諸史載，石虎即位後，百姓因為崇拜佛圖澄的緣故，多數信奉佛法，競相營造寺廟或剃度出家，以致真偽混淆，「季龍下書料簡，其著作郎王度奏曰：『佛，外國之神，非諸華所應祠奉……其趙人為沙門者，還服百姓。』朝士多同度所奏。」〔註15〕由此可見，石趙設有著作郎一職。又據《石勒載記》：「命郡國立學官，每郡置博士祭酒二人，弟子百五十人，三考修成，顯升台府。於是擢拜太學生五人為佐著作郎，錄述時事。」〔註16〕據此可知，後趙的專職著作官除著作郎外，還有「佐著作郎」之職，僅從字面意義看，即可知「佐著作郎」的職責為輔助「著作郎」從事撰述工作，即「錄述時事」，而從「佐著作郎」由太學生中選拔，且須經過「三考修成，顯升台府」的程序來看，

贊序，而此本無贊序。《史通‧表歷篇》稱：『晉氏播遷，南據楊越；魏宗勃起，北雄燕代，其間諸偽十有六家，不附正朔，自相君長，崔鴻著表，頗有甄明。』而此本無表，是則檢閱，偶疏失於彌縫耳。然其文皆聯綴古書，非由杜撰，考十六國之事者，固宜以是編為總匯焉。錄而存之，削其標名，亦疑以傳疑之義云。乾隆四十二年八月恭校上。總纂官臣紀昀，臣陸錫熊，臣孫士毅；總校官臣陸費墀。」（清文淵閣四庫全書第 463 冊第 315～316 頁《十六國春秋》提要）由此可知，四庫本一百卷《十六國春秋》當非崔鴻之原著，有可能是明人屠喬孫、項琳所輯錄之偽本，但正如四庫館臣所說，「其文皆聯綴古書，非由杜撰，考十六國之事者，固宜以是編為總匯焉」，研討十六國歷史，此書實為重要參考書目，可補正史記載之不足也，故凡本書所引用之《十六國春秋》相關史料，如不特別標明，均以此本為準。

〔註14〕《太平御覽》卷二二〇《職官部一八》「中書令」條，第 1046 頁。
〔註15〕《晉書》卷九五《藝術‧佛圖澄傳》，第 2487 頁。
〔註16〕《晉書》卷一〇五《石勒載記下》，第 2751 頁。

又可知此職的選拔需要經過一定程序，既有一套較爲嚴格的選拔程序，又有固定職掌，充分顯示出後趙對於著作官的重視。由此或可認爲：後趙設有「著作郎」、「佐著作郎」等專職著作官，儘管其著作官的員數，已不可確知，但著作郎、佐著作郎較爲完備地構成後趙著作官體系，則可以肯定。佐著作郎「錄述時事」，與魏晉南北朝著作佐郎職司資料收集、實錄撰寫的職能完全相同，乃是著作郎最重要的助手。

後趙政權的第三任君主石虎，在歷史上素以殘暴著稱，但他比較重視文化教育事業，也是不爭之事實。史書明確記載，石虎「雖昏虐無道，而頗慕經學，遣國子博士詣洛陽寫石經，校《中經》于秘書。國子祭酒聶熊注《穀梁春秋》，列于學官。」〔註17〕可知，在石虎統治時期，不僅派遣國子博士到洛陽抄寫石經，還曾經組織學者在秘書省校定《中經》，此事即相當於由秘書省負責整理國家藏書。又，國子博士一職，乃是石虎新設官職，據《晉書·石季龍載記》：「下書令諸郡國立《五經》博士。初，（石）勒置大小學博士，至是復置國子博士、助教。」〔註18〕石勒設置大學、小學博士，石虎在此基礎上，進一步恢復漢代的五經博士、國子博士、國子助教等職，均可體現出他對文教事業的重視程度。從派遣國子博士到洛陽抄寫石經、國子祭酒聶熊注《穀梁春秋》諸事來看，國子祭酒、博士、助教等與文教事業有關的官員，也有協助秘書著作官員收集、整理、著述圖書典籍的職責。

二、五燕政權的著作官

慕容鮮卑漢化程度高於羯人，因此其職官體系也遠比後趙完備。例如，由慕容廆創建的前燕政權，其著作官制度就比後趙完備得多。前燕四主慕容廆、皝、儁、暐，均有很高的漢學修養，無不精熟經學天文，也都十分重視文治教化。他們起用了一大批漢人士族，特別是著作官員，多用漢人，不似羯族建立的後趙，儘管也曾表現出對文教事業的關注，但多數情況下，包括著作官員在內的官員多以文化水平不高之羯人尸充其位。

前燕重視文教，可以從崔逞的任職窺其一斑。崔逞，出自清河崔氏，「少好學，有文才……慕容暐時，郡舉上計掾，補著作郎，撰《燕記》……慕容垂滅翟釗，以爲秘書監。」是崔逞曾於前燕時任著作郎之職，並撰寫《燕記》；

〔註17〕《晉書》卷一○六《石季龍載記上》，第 2774 頁。
〔註18〕《晉書》卷一○六《石季龍載記上》，第 2769 頁。

及慕容垂建立後燕，崔逞又被任命爲秘書監之職，仍然與國史撰述事宜有關係。〔註19〕崔逞在前、後燕的任職經歷，均與著作撰述有關，從一個側面上反映慕容氏對於文教事業的重視，以及慕容氏漢化水平相對較高的事實。除著作郎外，前燕還設有秘書監一職，據《晉書・慕容儁附韓恆載記》，慕容儁即位時，議定五行次序，韓恆參與謀議，爲慕容儁採納，「儁秘書監清河聶熊聞恆言，乃歎曰……」〔註20〕按，聶熊曾在後趙石虎統治時期擔任國子祭酒之職，並撰有《穀梁春秋》一書，後趙滅亡後入燕，被慕容儁任命爲秘書監。

除秘書監、著作郎以外，前燕文化官員中與圖書編撰出版有關者，另有典書令一職，職掌圖書典籍的搜集整理和保管。徵諸史載，安定人皇甫眞就曾擔任該職，「及（慕容）儁僭位，入爲典書令。後從慕容評攻拔鄴都，珍貨充溢，眞一無所取，唯存恤人物，收圖籍而已。」〔註21〕皇甫眞不愛珍寶，唯收圖籍，固然與他不貪財貨、品格高尚的爲人有關，與他身爲典書令，職司圖籍的責任也有關係。又，劉知幾曾說：「前燕有起居注，杜輔詮錄以爲《燕紀》。」〔註22〕杜輔詮修撰《燕紀》所據之材料乃是前燕四主的起居注，這就表明，前燕有較爲完備的記注制度，而承擔記注任務者，應當包括著作郎等史官在內。徵諸史載，魏郡斥丘人黃泓，博覽經史，尤明《禮》、《易》，「及（慕容）皝嗣位，遷左常侍，領史官。」〔註23〕由此可見，前燕確曾設置有專職史官，左常侍「領史官」，除備皇帝參謀顧問外，還同時兼掌時事記錄。及慕容儁即位，黃泓又擔任或兼領過太史令〔註24〕，太史令一職專掌天文曆法，對於天地異常、災異靈徵諸事，凡事必錄，也兼有撰著的職能。

前燕的著作官員除以上秘書、著作諸職外，還有其它官員兼職國史之修撰，如據《隋書・經籍志》載：「《燕書》二十卷，（自注：記慕容儁事。偽燕

〔註19〕《魏書》卷三二《崔逞傳》，第757頁。
〔註20〕《晉書》卷一一○《慕容儁載記》，第2843頁。
〔註21〕《晉書》卷一一一《慕容暐載記》，第2860～2861頁。
〔註22〕《史通通釋》卷十二《古今正史》，第358頁。
〔註23〕《晉書》卷九五《藝術・黃泓傳》，第2493頁。
〔註24〕據《晉書》卷九五《藝術・黃泓傳》：「及慕容儁即王位，遷從事中郎。儁聞冉閔亂，將圖中原，訪之於泓。泓勸行，儁從之。及僭號，署爲進謀將軍、太史令、關內侯，尋加奉車都尉、西海太守、領太史令、開陽亭侯，又封平舒縣五等伯，常從左右，諮決大事，靈臺令許敦害其寵，諮事慕容評，設異議以毀之，乃以泓爲太史靈臺諸署統，加給事中。」（第2493頁）

尚書范亨撰。）」〔註25〕范亨所撰《燕書》二十卷，相當於慕容儁的「實錄」或起居注，這裏難以判斷的是，《隋書》所載范亨官職爲「尚書」，究竟是范亨的最高官職，還是他撰寫《燕書》時所任官職。如果是後一種情況，那就表明，前燕的尚書官員也可以充任著作官員。

關於後燕著作官之設置，我們可以從其國史修撰的情況推知大概。據劉知幾在《史通》中說：「後燕（垂、寶、盛、熙）建興元年，董統受詔草創後書，著本紀并佐命功臣、王公列傳，合三十卷。慕容垂稱其敘事富贍，足成一家之言。」〔註26〕建興元年即公元386年，距慕容垂建立後燕僅一、二年時間，由此可見，後燕自慕容垂復國起，就專設史官以修本國歷史。不過，由於劉知幾只說「董統受詔草創後書」，並未言及董統所任職官的具體名稱，因此董統究竟是以專職著作官員的身份，抑或是以他官兼領著作的身份從事國史修撰，已不可確知。董統所撰三十卷列傳，以「敘事富贍」受到慕容垂的高度讚賞，並認爲其「足成一家之言」，表明董統具有相當高的修史水平。

儘管董統所任職官不詳，但有材料表明，後燕確置有秘書監之職。後燕秘書監，除前揭崔逞曾擔任此職外，另有郎敷。據《晉書·慕容盛載記》，慕容盛曾在東堂集議，與群臣討論周公輔政之美，「乃命中書更爲《燕頌》以述（慕容）恪之功焉。又引中書令常忠、尚書陽璆、秘書監郎敷于東堂……」〔註27〕另外，我們注意到，慕容盛下令撰寫《燕頌》，是由中書負責，由此可以推知，後燕的秘書、著作官仍歸中書省領導，這當是沿用曹魏晉初的做法。

慕容德建立的南燕，以及由漢人馮跋建立的北燕，史籍雖然未有其設有專職著作官的記載，但二者均以近侍的中書官員職掌撰寫起居注及歷史修撰，這種情況也都是對魏晉制度的倣仿或繼承。有關南燕的歷史記載，唐初官修《隋書》時，還可見到兩個版本的《南燕錄》，據《隋書·經籍志》記載：「《南燕錄》五卷（自注：記慕容德事。僞燕尚書郎張詮撰。）《南燕錄》六卷（自注：記慕容德事。僞燕中書郎王景暉撰。）」〔註28〕王景暉所撰六卷本《南燕錄》，其所依據的材料，正是他本人當初所撰寫的起居注，據《史通·

〔註25〕《隋書》卷三三《經籍志二》，第963頁。
〔註26〕《史通通釋》卷十二《古今正史》，第358頁。
〔註27〕《晉書》卷一二四《慕容盛載記》，第3100頁。
〔註28〕《隋書》卷三三《經籍志二》，第963頁。

古今正史》：「南燕有趙郡王景暉，嘗事（慕容）德、（慕容）超，撰二主起居注。超亡，仕於馮氏，官至中書令，仍撰《南燕錄》六卷。」〔註29〕由此可見，王景暉六卷本《南燕錄》的內容實際上包括慕容德、慕容超兩代史事，《隋志》所說「記慕容德事」不確。又，王景暉所任官職，《隋志》云「中書郎」，然據《十六國春秋·南燕錄》，王景暉在南燕撰寫起居注時，擔任中書侍郎之職，中書郎應當是中書侍郎之簡稱，為魏晉之際近侍人主的官員。與王景暉六卷本《南燕錄》同時代的南燕國史，還有尚書郎張詮五卷本的《南燕錄》，尚書官員擔任修撰事務，前燕已有其先例。〔註30〕

據前揭《史通》所云，王景暉在南燕滅亡後，仕於馮氏的北燕政權，官至中書令，並且正是在擔任北燕中書令期間完成的《南燕錄》，可見北燕的中書官員確曾兼任修撰事務。

由慕容泓創基的西燕，因為同慕容垂建立的後燕幾乎同時並存，為爭正統，二者不斷交兵。西燕在歷史上痕迹不顯，故其職官設置不得而知。

三、前秦、後秦、西秦的著作官

在十六國政權中，以前秦最為強大，曾一度統一中國北方。從現有史料看，早在苻生統治時期，即有秘書監、著作郎諸職的設置。據《晉書·苻生載記》，苻生曾派遣閻負、梁殊前去招服前涼，張瓘問閻、梁二使，前秦有何等人物時，二人回答說：「……文史富贍，鬱為文宗，則尚書右僕射董榮、秘書監王鷈、著作郎梁讜。」〔註31〕這表明，自苻秦建國，就開始設置著作官員了。

前秦的著作官包括秘書郎、著作郎、著作佐郎等職，職官構成比較完備。據《資治通鑒》卷一〇〇載：「秦主（苻）生尊母強氏曰皇太后，立妃梁氏為皇后。梁氏，梁安之女也。以其嬖臣太子門大夫南安趙韶為右僕射，太子舍人趙誨為中護軍，著作郎董榮為尚書。」〔註32〕又，同書卷一〇二載：「……

〔註29〕《史通通釋》卷十二《古今正史》，第358～359頁。
〔註30〕據《隋書》卷三三《經籍志二》：「《涼記》八卷（自注：記張軌事。僞燕右僕射張諮撰。）」（第963頁），記載張軌事蹟的《涼記》為「僞燕」尚書右僕射張諮，此處之「僞燕」，未知為前燕、後燕、南燕、西燕，抑或北燕？但根據正文所述，五燕政權中前燕、南燕的尚書官員兼任修撰，則是可以肯定的。因此，此處之「僞燕」以前燕、南燕的可能性較大。
〔註31〕《晉書》卷一一二《苻生載記》，第2875頁。
〔註32〕《資治通鑒》卷一〇〇晉穆帝永和十一年（355）七月，第3147～3148頁。

及慕容評敗，遂收（梁）琛繫獄。秦王（苻）堅入鄴而釋之，除中書著作郎，（胡注：秦蓋循晉初之制，併秘書於中書省也。）」〔註33〕又，同書卷一〇三載：「秦以清河房曠爲尚書左丞，徵曠兄默及清河崔逞、燕國韓胤爲尚書郎，北平陽陟、田勰、陽瑤爲著作佐郎，（胡注：《晉志》：著作郎一人，謂之大著作，專掌史任。又置著作佐郎八人。）」〔註34〕又據前揭劉知幾《史通》云：「先是，秦秘書郎趙整參撰國史，值秦滅，隱於商洛山，著書不輟。」〔註35〕由以上所述可知，前秦的著作官制度係模仿魏晉制度，且職官構成較爲完備。

尤其需要指出的是，前秦不僅著作官構成比較完備，其撰修著作制度也比較規範，史官所修起居注、實錄等，即使是君主也不得而觀。據《十六國春秋‧前秦錄》載，苻堅建元十七年（東晉孝武帝太元七年，公元 382 年）八月，「（苻堅）收起居注及著作所錄而觀之，見苟太后李威之事，慚怒，乃焚其書而大檢史官，將加其罪。著作郎趙泉、車敬等已死，乃止。著作郎董裴（自注：一作斐）雖更書時事，然十不得一。」〔註36〕按，此事亦略見於《晉書‧苻堅載記》：

> 初，堅母少寡，將軍李威有辟陽之寵，史官載之。至是，堅收起居注及著作所錄而觀之，見其事，慚怒，乃焚其書而大檢史官，將加其罪。著作郎趙泉、車敬等已死，乃止。〔註37〕

按，趙泉即趙淵，《晉書》爲唐初官修史書，因避諱改「淵」爲「泉」。苻堅怒焚史書、大檢史官，距趙淵、車敬等修撰起居注已有十幾年之久，這說明當初趙淵、車敬等史官在著作起居注、實錄時，苻堅並未檢視，而苻堅當時所以並未檢視史官的修撰工作，與起居注、實錄的撰寫要求保密是有直接關係的。正因爲保密制度執行較嚴格，所以趙淵、車敬等人才敢於秉筆直書。及 382 年苻堅收觀起居注及實錄、大檢史官之後，著作郎董裴就不再敢如實記錄時事，於是所記錄之「時事」，只能「十不得一」了。

從苻堅入鄴後用梁琛爲「中書著作郎」一事，並參考胡三省注，我們還可以知道，前秦著作官員當歸屬中書省領導，這也是魏晉舊制，也就是胡三

〔註33〕《資治通鑒》卷一〇二晉海西公太和五年（370）十一月，第3238頁。

〔註34〕《資治通鑒》卷一〇三晉簡文帝咸安二年（372）二月，第3255頁。

〔註35〕《史通通釋》卷十二《古今正史》，第359頁。

〔註36〕《十六國春秋》卷三十七《前秦錄五‧苻堅中》，清文淵閣四庫全書第463冊第623頁。

〔註37〕《晉書》卷一一三《苻堅載記上》，第2904頁。

省所說的「循晉初之制」。又據《十六國春秋・前秦錄・趙整傳》記載，趙整十八歲即出任苻堅著作郎，官至秘書侍郎，後遁迹商洛山。〔註38〕「秘書侍郎」一職與《史通》所記趙整爲「秘書郎」，小有不同，抑或前秦秘書侍郎與秘書郎相同。秘書侍郎之職，魏晉官制無見，似爲前秦獨創。〔註39〕

此外，我們還需要注意的是，根據《苻堅載記》等相關記載來看，前秦秘書監的政治職能較強，比較重大的政治決策或謀議，秘書監都有權參與意見，如374年十二月秘書監朱肜、秘書侍郎趙整請求誅殺國內鮮卑人；後來，在決策伐晉的群臣會議上，秘書監朱肜再次參加，並發表了自己的主張。〔註40〕秘書監首長既然與現實政治聯繫較多，那麼它所承擔的著作職能，當由其屬官秘書（侍）郎及著作郎等承擔。

由羌族姚氏建立的後秦，對文化事業尤其重視，徵諸《晉書・姚萇載記》：「萇下書令留臺諸鎮各置學官，勿有所廢，考試優劣，隨才擢敘。」〔註41〕姚萇下令留臺諸鎮「各置學官」的事實，足以證明姚秦對文教事業的重視。

〔註38〕《十六國春秋》卷四十二《前秦錄十・趙整傳》：「趙整，字文業，一名正，略陽清水人，或云濟陰人。年十八，爲堅著作郎，後遷黃門侍郎，武威太守……整博聞強記，能屬文，好直言，上書及面諫五十餘事，官至秘書侍郎……後遁迹商洛山，專精經律……」（清文淵閣四庫全書第463冊第679～680頁。）

〔註39〕據《資治通鑑》卷一○三晉孝武帝寧康二年（374）十二月：「冬，十二月，有人入秦明光殿大呼曰：『甲申、乙酉，魚羊食人，悲哉無復遺！』秦王堅命執之，不獲。秘書監朱肜、秘書侍郎略陽趙整（胡注：晉秘書省有丞、有郎，無侍郎。秦以整爲秘書郎，內侍左右，故曰侍郎。）固請誅諸鮮卑，堅不聽。整，宦官也，博聞強記，能屬文，好直言，上書及面諫，前後五十餘事。」（第3268頁）是前秦秘書侍郎爲宦官之職，不過，結合趙整曾擔任著作郎，以及後來著述秦史的經歷來看，前秦秘書侍郎一職大概相當於西漢武帝時所置之「中尚書」，自漢武帝置中尚書（簡稱中書）後，到西漢滅亡，中（尚）書令一直由宦官擔任，西漢中後期的歷次尚書與中（尚）書權力之爭中，由宦官擔任的中（尚）書一直佔據絕對優勢。（參前揭《漢唐職官制度研究》，第18～23頁）因此，結合胡三省的注釋來看，前秦秘書侍郎一職的性質，即相當於貼身侍奉君主的宦官之職，既具有上傳下達皇帝命令的權利，也就同時擁有撰寫起居實錄的便利條件，從而兼有著作員的職能。

〔註40〕據《晉書》卷一一四《苻堅載記下》：「晉將軍朱綽焚踐沔北屯田，掠六百餘戶而還。堅引羣臣會議……秘書監朱肜曰：『陛下應天順時，恭行天罰，嘯咤則五嶽摧覆，呼吸則江海絕流，若一舉百萬，必有征無戰。晉主自當銜璧輿櫬，啓顙軍門，若迷而弗悟，必逃死江海，猛將追之，即可賜命南巢。中州之人，還之桑梓。然後迴駕岱宗，告成封禪，起白雲於中壇，受萬歲於中嶽，爾則終古一時，書契未有。』堅大悅曰：『吾之志也。』」（第2911～2912頁）

〔註41〕《晉書》卷一一六《姚萇載記》，第2971頁。

又據劉知幾云：「後秦扶風馬僧虔、河東衛隆景並著《秦史》。及姚氏之滅，殘缺者多。」〔註 42〕馬僧虔、衛隆景二人極可能在後秦時擔任著作官，唯史書無載。

姚興對於文化事業的熱情，更勝於其父姚萇，當他還是皇太子，鎮守長安期間，就開始和中舍人梁喜、洗馬范勖等人「講論經籍，不以兵難廢業。」〔註 43〕即位後，在政事之餘，經常在東堂會見境內耆儒碩德，與之「講論道藝，錯綜名理」，於是後秦國內一時「學者咸勸，儒風盛焉」。〔註 44〕此外，姚興信佛，故特別重視佛經翻譯，因此佛經翻譯成為後秦圖書出版業最具特色的一項內容。為了翻譯佛經，姚興禮請天竺高僧鳩摩羅什，待以國師之禮，並專門闢出西明閣、逍遙園作為譯經場所，在譯經的過程中，姚興有時親自為其執經，以相考校。在姚興的大力提倡下，不僅後秦的佛經翻譯事業成為一時之翹楚，而且後秦國內佛風勁吹，其盛況一如《晉書·姚興載記》所云：

> （姚）興如逍遙園，引諸沙門于澄玄堂聽鳩摩羅什演說佛經。
> 羅什通辯夏言，尋覽舊經，多有乖謬，不與胡本相應。興與羅什及沙門僧略、僧遷、道樹、僧叡、道坦、僧肇、曇順等八百餘人，更出大品，羅什持胡本，興執舊經，以相考校，其新文異舊者皆會於理義。續出諸經并諸論三百餘卷。今之新經皆羅什所譯。興既託意於佛道，公卿已下莫不欽附，沙門自遠而至者五千餘人。起浮圖於永貴里，立波若臺于中宮，沙門坐禪者恒有千數。州郡化之，事佛者十室而九矣。〔註 45〕

鳩摩羅什所主持的佛經翻譯，不僅數量多達三百餘卷，為當時譯經之犖犖大者；而且譯經的質量比以前也有了很大進步，這是因為鳩摩羅什的譯經助手，不僅文筆優美，且精於佛法奧密。〔註 46〕

西秦是隴西鮮卑乞伏氏所建立的政權，僻處隴西地區，是十六國政權中相對比較弱小的國家。劉知幾曾說西秦「其史或當代所書，或他邦所錄。」〔註 47〕

〔註 42〕《史通通釋》卷十二《古今正史》，第 359 頁。
〔註 43〕《晉書》卷一一七《姚興載記上》，第 2975 頁。
〔註 44〕《晉書》卷一一七《姚興載記上》，第 2979 頁。
〔註 45〕《晉書》卷一一七《姚興載記上》，第 2984～2985 頁。
〔註 46〕前揭《漢魏兩晉南北朝佛教史》第十章《鳩摩羅什及其門下》有云：「什公（按，即鳩摩羅什）相從之助手，學問文章，均極優勝。而且於教理之契會，譯籍之瞭解，尤非常人所可企及。」（第 210 頁）
〔註 47〕《史通通釋》卷十二《古今正史》，第 360 頁。

徵諸史載，東晉孝武帝太元十七年（392），乞伏乾歸宣佈大赦，並頒行職官制度：

> 太元十七年，赦其境內殊死以下，署其長子熾磐領尚書令，左長史邊芮爲尚書左僕射，右長史秘宜爲右僕射，翟瑥爲吏部尚書，翟勍爲主客尚書，杜宣爲兵部尚書，王松壽爲民部尚書，樊謙爲三公尚書，方弘、麴景爲侍中，自餘拜授——如魏武、晉文故事。猶稱大單于、大將軍。〔註48〕

「自餘拜授一如魏武、晉文故事」，表明西秦的職官設置，乃是紹承魏晉制度。後來，西秦一度爲姚興所滅，被迫稱臣於後秦，至晉安帝義熙五年（409），乞伏乾歸「僭稱秦王，赦其境內，改元更始，置百官，公卿已下皆復本位。」〔註49〕此次所恢復的職官制度，依然是太元十七年那套模仿自魏晉的官制。據此或可推測認爲，在乞伏乾歸所置百官中，當有史官或著作官之設置，因爲在魏晉職官序列中，秘書著作官員乃是必設的官職。

義熙八年（412）年乞伏熾磐繼位後，曾一度改置職官，據諸史載：

> 乾歸死，義熙六年（按，據校勘記【二】，「六年」當爲「八年」，第3137頁），熾磐襲僞位，大赦，改元曰永康。署翟勍爲相國，麴景爲御史大夫，段暉爲中尉，弟延祚爲禁中錄事，樊謙爲司直。罷尚書令、僕射、尚書、六卿、侍中、散騎常侍、黃門郎官，置中左右常侍、侍郎各三人。〔註50〕

其中「禁中錄事」一職，爲魏晉官制所無，從名稱來看，當是貼近君主，記錄其言行的近侍官，在職能大概上類似於記錄君主言、行的左史、右史之職。因此，「禁中錄事」或可視爲西秦的兼職著作官員。

四、五涼政權的著作官

前涼係漢人建立的政權，其創建者張軌，安定烏氏人，史稱爲漢常山景王張耳十七代孫，「家世孝廉，以儒學顯」，其父張溫仕東漢曾任太官令。〔註51〕河西地區在魏晉南北朝擾攘之際，能一直保持文化昌明，與前涼張氏世代儒學，推重學術的執政方略很有關係，史載張軌於漢末出任涼州刺史以後，即

〔註48〕《晉書》卷一二五《乞伏乾歸載記》，第3118頁。
〔註49〕《晉書》卷一二五《乞伏乾歸載記》，第3122頁。
〔註50〕《晉書》卷一二五《乞伏熾磐載記》，第3123頁。
〔註51〕《晉書》卷八六《張軌傳》，第2221頁。

「徵九郡胄子五百人，立學校，始置崇文祭酒，位視別駕，春秋行鄉射之禮。」
〔註52〕及張寔繼位，繼續推行崇儒興文的政策，史言張寔「學尚明察，敬賢
愛士，以秀才爲郎中」，後來曾「遣都護王該送諸郡貢計，獻名馬方珍、經史
圖籍于京師。」〔註53〕由此可見，張氏政權在圖書典籍的收聚方面頗有成效。
另據同傳附《張天錫傳》載，「天錫數宴園池，政事頗費。蕩難將軍、校書祭
酒索商上疏極諫」〔註54〕云云，其中「校書祭酒」一職，當是專門負責校勘
整理圖書典籍的官員。

　　除校書祭酒外，在前涼的著作官序列中，還有西曹掾一職。據《史通・
史官建置》蒲起龍「通釋」云：「叢書崔鴻《錄略》有云：命西曹掾集閣內
外事付索綏，著《涼春秋》。」〔註55〕此事發生於張駿在位期間，是張駿下
令西曹掾將撰集的閣內外事交給索綏，由索綏據此撰寫前涼國史《涼春秋》。
很明顯，西曹掾所「集閣內外事」，其性質與起居注或實錄相同。索綏修史，
事在張駿十五年（338），又見於《史通・古今正史》：「前涼張駿十五年，命
其西曹邊瀏集內外事以付秀才索綏，作《涼國春秋》五十卷。」〔註56〕據此
可知，前揭「西曹掾」爲邊瀏，邊瀏負責收集整理「閣內外事」，然後交給
索綏，再由他寫成前涼國史。索綏所任何職？據《十六國春秋・前涼錄》：「索
綏，字士艾，燉煌人。父戩，晉司徒。綏家貧好學，幼舉孝廉，爲記室祭酒，
母喪去官。又舉秀才，爲儒林祭酒。（張）駿命西曹掾集閣內外事，付綏著
《涼春秋》五十卷。又作《六夷頌命傳》十餘篇，以著述之功，封平樂亭侯……」
〔註57〕由此可知，記室祭酒、儒林祭酒也是前涼的著作官。又據前揭《史通・
史官建置》：「前涼張駿時，劉慶遷儒林郎、中常侍，在東苑撰其國書。」參
諸《史通・古今正史》「張重華護軍參軍劉慶在東苑專修國史二十餘年，著
《涼記》十二卷。」〔註58〕可知，劉慶是由護軍參軍轉遷爲儒林郎、中常侍
以後，專職修撰國史。因此，儒林郎、中常侍也可入前涼著作官之列。

　　前涼的著作官員除上述校書祭酒、西曹掾、儒林祭酒、儒林郎、中常侍

〔註52〕《晉書》卷八六《張軌傳》，第2222頁。
〔註53〕《晉書》卷八六《張軌附子寔傳》，第2226～2227頁。
〔註54〕《晉書》卷八六《張軌附張天錫傳》，第2250頁。
〔註55〕《史通通釋》卷十一《史官建置》，第314頁。
〔註56〕《史通通釋》卷十二《古今正史》，第359頁。
〔註57〕《十六國春秋》卷七十五《前涼錄六・索綏傳》，清文淵閣四庫全書第463冊
　　　　第931頁。
〔註58〕《史通》卷十二《古今正史》，第359頁。

諸職外，還有其它官員也可兼任，如劉昞就曾以「大將軍從事中郎」的身份，修撰《涼書》十卷，以記載張軌在位時期的歷史。〔註59〕

氐族呂光建立的後涼政權，因與前秦同出於氐族，關係比較密切，故官制多模仿前秦，而前秦官制又多承襲魏晉，因此，呂光於東晉孝武帝太元十四年（378）稱三河王以後，「置百官自丞郎已下」〔註60〕，其職官制度仍多同於魏晉。徵諸史載，在後涼職官序列中，確有著作官員之設置，史言「著作郎段業以光未能揚清激濁，使賢愚殊貫，因療疾于天梯山，作表志詩《九歎》、《七諷》十六篇以諷焉。光覽而悅之。」〔註61〕又據諸《隋書·經籍志》載：「《涼記》十卷，（自注：記呂光事。僞涼著作佐郎段龜龍撰。）」〔註62〕是後涼有著作佐郎一職。

南涼建立者禿髮氏，族源於拓拔鮮卑。〔註63〕南涼也比較重視文教。早在禿髮烏孤統治時期，就曾設置國紀祭酒一職，專掌記事，據《史通·史官建置》：「南涼主烏孤初定霸基，欲造國紀，以其參軍郭韶爲國紀祭酒，使撰錄時事。」〔註64〕再如，禿髮利鹿孤即位之後，曾「使記室監麴梁明聘于段業」〔註65〕，按，「記室監」一職，相當於記室參軍一類官職的首長，爲掌起居注之官。後來，利鹿孤又任命「田玄沖、趙誕爲博士祭酒，以教胄子。」〔註66〕聯繫上下

〔註59〕《隋書》卷三三《經籍志二》：「《涼書》十卷（自注：記張軌事。僞涼大將軍從事中郎劉景撰。）」（第963頁）按，劉景，即劉昞，唐人修《隋書》，避「昞」諱，改爲「景」。劉昞一生著述頗多，據《魏書》卷五二《劉昞傳》：「昞以三史文繁，著《略記》百三十篇、八十四卷，《涼書》十卷，《敦煌實錄》二十卷，《方言》三卷，《靖恭堂銘》一卷，注《周易》、《韓子》、《人物志》、《黃石公三略》，並行於世。」（第1160頁）。

〔註60〕《晉書》卷一二二《呂光載記》，第3059頁。

〔註61〕《晉書》卷一二二《呂光載記》，第3059頁。

〔註62〕《隋書》卷三三《經籍志二》，第963頁。

〔註63〕據《晉書》卷一二六《禿髮烏孤載記》：「禿髮烏孤，河西鮮卑人也。其先與後魏同出。八世祖匹孤率其部自塞北遷于河西，其地東至麥田、牽屯，西至濕羅，南至澆河，北接大漠。匹孤卒，子壽闐立。初，壽闐之在孕，母胡掖氏因寢而產於被中，鮮卑謂被爲『禿髮』，因而氏焉。」（第3141頁）按，「禿髮」即拓跋之異譯，所謂「鮮卑謂被爲『禿髮』，因而氏焉」云云，本係魏收修撰《魏書》時尊魏抑涼之臆說，唐人修《晉書》，關於禿髮氏之史料又取自魏收，從而爲其所誤。關於「禿髮」即拓跋之異譯，詳參前揭姚薇元氏《北朝胡姓考》外篇第一《東胡諸姓》「源氏」條，第238～241頁。

〔註64〕《史通通釋》卷十一《史官建置》，第313頁。

〔註65〕《晉書》卷一二六《禿髮利鹿孤載記》，第3144頁。

〔註66〕《晉書》卷一二六《禿髮利鹿孤載記》，第3146頁。

文可知，博士祭酒一職，專門負責王室子弟之教育。

　　北涼第一代君主段業，曾在呂氏後涼政權擔任過著作郎，因此對文教事業也頗爲留意。其後繼者沮渠蒙遜爲臨松盧水胡人，「博涉群史，頗曉天文，雄傑有英略，滑稽善權變。」〔註67〕漢文化修養較高。北涼設有秘書郎一職，專掌記注，如前揭敦煌人劉昞，在西涼時曾任儒林祭酒，從事中郎，及沮渠蒙遜平定酒泉，「拜秘書郎，專管注記。」劉昞在北涼受到極高禮遇，沮渠蒙遜任命他專管注記後，還爲之修建陸沉觀於西苑，並親自禮拜，尊之爲「玄處先生」；及沮渠牧健在位，又「尊爲國師，親自致拜，命官屬以下皆北面受業焉。時同郡索敞、陰興爲助教，並以文學見舉，每巾衣而入。」〔註68〕北涼國史撰修，似由秘書郎承擔，據《魏書‧宗欽傳》載，宗欽「博綜羣言，聲著河右。仕沮渠蒙遜，爲中書郎、世子洗馬……欽在河西，撰《蒙遜記》十卷，無足可稱。」〔註69〕北涼秘書省官員中，還有秘書考課郎中一職，專門負責圖書典籍的校勘整理，如敦煌人闞駰「博通經傳……注王朗《易傳》，學者藉以通經。撰《十三州志》，行於世。蒙遜甚重之，常侍左右，訪以政治損益。拜秘書考課郎中，給文吏三十人，典校經籍，刊定諸子三千餘卷。加奉車都尉。牧犍待之彌重，拜大行，遷尙書。」〔註70〕

　　五涼政權中的西涼，是由隴西李氏建立的漢族政權。據《晉書‧涼武昭王李玄盛傳》載：「玄盛既遷酒泉，乃敦勸稼穡。羣僚以年穀頻登，百姓樂業，請勒銘酒泉，玄盛許之。於是使儒林祭酒劉彥明爲文，刻石頌德……是時白狼、白兔、白雀、白雉、白鳩皆棲其園囿，其羣下以爲白祥金精所誕，皆應時邕而至，又有神光、甘露、連理、嘉禾眾瑞，請史官記其事，玄盛從之。」〔註71〕是西涼設有史官負責記錄祥瑞災異，儒林祭酒就是史官之一員。引文中「儒林祭酒劉彥明」即劉昞（按，唐人避諱，而稱其字彥明），據《魏書‧劉昞傳》：「劉昞，字延明……李暠（即李玄盛，唐人修《晉書》避諱而稱字玄盛）私署，徵爲儒林祭酒，從事中郎，暠好尚文典，書史穿落者親自補治，昞時側侍，前請代暠。暠曰：『躬自執者，欲人重此典籍。吾與卿相值，何異孔明之會玄德。』遷撫夷護軍，雖有政務，手不釋卷。暠曰：『卿注記篇

〔註67〕　《晉書》卷一二九《沮渠蒙遜載記》，第3189頁。
〔註68〕　《魏書》卷五二《劉昞傳》，第1160～1161頁。
〔註69〕　《魏書》卷五二《宗欽傳》，第1154、1157頁。
〔註70〕　《魏書》卷五二《闞駰傳》，第1159頁。
〔註71〕　《晉書》卷八七《涼武昭王（李玄盛）傳》，第2264頁。

籍，以燭繼晝。白日且然，夜可休息。』……昞以三史文繁，著《略記》百三十篇、八十四卷，《涼書》十卷，《敦煌實錄》二十卷，《方言》三卷，《靖恭堂銘》一卷，注《周易》、《韓子》、《人物志》、《黃石公三略》，並行於世。」〔註 72〕劉昞任儒林祭酒、從事中郎時，見李玄盛親自補輯圖書，請求代其完成，除了出於臣下不忍見其君主操勞的原因以外，還與他任職儒林祭酒，校勘整理圖籍乃屬份內之事有關係。從李暠所爲所言，還可知李氏西涼政權對於圖書典籍的收集、整理、著述均頗爲重視，這也正是河西地區在魏晉南北朝大動蕩、大混亂的時代背景下，仍能保持文化昌明的重要原因之一。

五、其它少數民族政權的著作官

由匈奴赫連勃勃建立的夏政權，既設有秘書監，也設有著作郎等著作職官。如赫連勃勃曾刻石以頌功德，頌文內容即「其秘書監胡義周之辭也」〔註 73〕。據此可知，赫連氏夏政權設有秘書監一職。又如天水人趙逸，「好學夙成，仕姚興，歷中書侍郎。爲興將齊難軍司，征赫連屈丐。難敗，爲屈丐所虜，拜著作郎。」〔註 74〕赫連屈丐即赫連勃勃，可知，赫連氏夏政權設有著作郎之職。赫連氏夏政權的國史修撰，即由著作郎負責，據前揭《史通·古今正史》:「天水趙思羣、北地張淵，於眞興、承光之世（419～427），並受命著其國書。及統萬之亡，多見焚燒。」〔註 75〕其中所云趙思群，即趙逸（逸，字思群），時任著作郎。

另有材料表明，赫連氏夏政權有時也用中書官員參與著作。如安定臨涇人胡方回，「父義周，姚泓黃門侍郎。方回，赫連屈丐中書侍郎。涉獵史籍，辭彩可觀，爲屈丐《統萬城銘》、《蛇祠碑》諸文，頗行於世。」〔註 76〕胡方回在擔任中書侍郎期間，曾因爲「辭彩可觀」，而替赫連勃勃執筆著作《統萬城銘》、《蛇祠碑》等文，並大行於世。

偏處巴蜀的成漢政權，由於戰爭相對較少，故而復興文教更有條件，再加上最高統治者的提倡，因此，巴蜀地區一度文化昌盛。如李雄統治時期「簡刑約法，甚有名稱……由是夷夏安之，威震西土。時海內大亂，而蜀獨無事，

〔註 72〕《魏書》卷五二《劉昞傳》，第 1160 頁。
〔註 73〕《晉書》卷一三〇《赫連勃勃載記》，第 3213 頁。
〔註 74〕《魏書》卷五二《趙逸傳》，第 1145 頁。
〔註 75〕《史通通釋》卷十二《古今正史》，第 359～360 頁。
〔註 76〕《魏書》卷五二《胡方回傳》，第 1149 頁。

故歸之者相尋。雄乃興學校，置史官，聽覽之暇，手不釋卷。」〔註77〕繼任者李班，「謙虛博納，敬愛儒賢，自何點、李釗，班皆師之，又引名士王嘏及隴西董融、天水文夔等以爲賓友。」〔註78〕據諸劉知幾云：「蜀李與西涼二朝記事，委之門下。」〔註79〕可知，成漢著作官歸屬門下省統領，諸如散騎常侍、散騎侍郎等門下屬官，都兼職國史修撰。如《華陽國志》的作者常璩，就是在李雄即位，大興文教的時候來到巴蜀地區，並任職於成漢政權，因此，常璩撰寫《蜀漢書》等著作時，可能就已經被任命爲史官，或者擔任散騎常侍之職。〔註80〕

〔註77〕《晉書》卷一二一《李雄載記》。第 3040 頁。

〔註78〕《晉書》卷一二一《李班載記》。第 3041 頁。

〔註79〕《史通通釋》卷十一《史官建置》，第 313 頁。

〔註80〕按，關於常璩的身世經歷，任乃強氏在《華陽國志校補圖注》（上海，上海古籍出版社，1987。）一書前言中有較爲詳細的考證，茲錄述與本文有關者如下：「常璩字道將，晉世蜀郡江原縣人。江原常氏爲巨族，頗多治學藝、擅文辭、喜著述者……（李）雄既奄有梁益，頗興文教……逮李期、李壽之世，璩仍爲史官。曾依李雄時圖籍版檔，撰《梁益寧三州地志》及《蜀漢書》。李壽與江左絕，而頗交通北方，璩書緣是最先流傳黃河流域。李勢時，璩官散騎常侍，素服冀壯言論，傾心江左。永和三年，桓溫伐蜀，軍至成都，璩與中書監王嘏等勸勢降晉，隨勢徙建康。」（第 1～2 頁）徵諸《晉書》卷一二一《李勢載記》：「大司馬桓溫率水軍伐勢……勢眾惶懼，無復固志，其中書監王嘏、散騎侍常璩等勸勢降。」（第 3047～3048 頁）據此則常璩擔任散騎常侍一職的時間，是在成漢滅亡前夕，因此他撰寫《梁益寧三州地志》、《蜀漢書》等著作時，是否擔任此職，還需要作進一步的論證。

渤海封氏與慕容鮮卑關係試探

後世言北朝門閥，於「崔盧李鄭」之後，往往稱「羊畢封高」。和以婚宦爲標識、文化爲特徵的「崔盧李鄭」諸姓不同，世居渤海蓨縣（今河北景縣）的封氏及「羊畢高」諸族，乃是以宗族爲根基、武力爲特徵的土著豪強。縱觀渤海封氏的家族歷史，自從西晉末年登上歷史舞臺，歷十六國北朝四百餘年，其間無論政權更迭或是政治變動，始終代不乏人，成爲「地方土豪型」政治家族的典型代表。〔註 1〕

慕容鮮卑建立的諸燕政權，則是渤海封氏最重要的政治舞臺，正是與慕容鮮卑的政治合作，奠定了封氏在十六國北朝的政治根基。因此，探討渤海封氏與慕容鮮卑的關係，不獨有助揭示封氏家族在十六國時期的變遷與發展，進而有助於深化對整個華北漢人士族群體在十六國北朝時期政治命運的

〔註 1〕【宋】歐陽修，宋祁撰：《新唐書》卷七一下《宰相世系表一下》「封氏」條云：「封氏出自姜姓，炎帝裔孫鉅爲黃帝師，胙土命氏，至夏后氏之世，封父列爲諸侯，其地汴州封丘有封父亭，即封父所都。至周失國，子孫爲齊大夫，遂居渤海蓨縣。裔孫岌，字仲山，後漢侍中、涼州刺史。生啞，啞四世孫仁，仁孫釋，晉侍中、東夷校尉。二子：悝、悛。悛二子：放、弈。弈，燕太尉。二子：蘄、勸。蘄孫鑒，後魏滄水太守。三子：琳、回、滑。」（第 2341 頁，北京，中華書局，1975。）按，《新唐書・宰相世系表》所以將封氏列入，乃是因爲封氏在唐代出宰相一人：封倫（字德彝）。不過，《新表》此處所列封氏之早期歷史，可以徵諸史實者並不多，所載封氏出自姜姓，其說不必指之爲虛，但封氏遠祖爲黃帝師，及夏后氏之世封爲諸侯之事，則有可能出自假託。封氏有史可考的歷史，《新表》上溯至封岌仕於東漢時期，任侍中、涼州刺史，然查《後漢書》、《三國志》等相關史籍，封岌之事蹟無蹤可覓，至於其後之封啞、封仁，更是無聞於史乘。這也就是說，渤海封氏眞正有史可稽者，始於封釋，但其時已到「五胡亂華」之後的西晉末年了。

認識和理解。〔註2〕

一、渤海封氏與前燕政權

　　渤海封氏與慕容鮮卑淵源甚深，封氏崛起乃至長盛於十六國北朝政治舞臺，實與慕容鮮卑建立的諸燕政權有著密不可分的關係。渤海封氏與慕容鮮卑發生關係，始於封釋與慕容廆之結緣，時在永嘉大亂之際，地點則爲遼東一帶。封釋在遼東的政治生涯，乃是封氏走上十六國北朝政治舞臺的跬步之始，也是封氏與慕容鮮卑政治合作的開始。有關封釋在西晉時期的政治活動情況，《資治通鑑》的記載頗爲條理系統，略云：

> 初，東夷校尉勃海李臻，與王浚約共輔晉室，浚內有異志，臻恨之。和演之死也，別駕昌黎王誕亡歸李臻，說臻舉兵討浚。臻遣其子成將兵擊浚。遼東太守龐本，素與臻有隙，乘虛襲殺臻，遣人殺成於無慮。誕亡歸慕容廆。詔以勃海封釋代臻爲東夷校尉，龐本復謀殺之；釋子悛勸釋伏兵請本，收斬之，悉誅其家。〔註3〕

《資治通鑑》將此事附於晉懷帝永嘉三年（309）十二月之後，足見此事發生於當年十二月之前，但確切時間已很難考訂，這主要是因爲事情發生於遼東地區，且其時「五胡亂華」的大幕已經拉開，世道已然大亂。

　　從上述記載可以獲取的有效信息是，封釋出任東夷校尉，實具有臨危受命的性質，表明其時西晉朝廷對於遼東之地並未完全忘卻。封釋就任後，龐本再次圖謀不軌，封釋則在其子封悛的規勸和協助下，反手將龐本族滅。封氏乃心司馬氏晉政權，雖成功謀殺叛晉而與王浚暗通款曲的龐本，但是龐本

〔註2〕學界對華北士族社會在十六國時期的發展和變遷情況所進行的研究，代表性著作主要有羅新氏《五燕政權下的華北士族》（《國學研究》第四卷，第127～155頁，北京，北京大學出版社，1997。）、高詩敏氏《十六國北朝時期渤海封氏的變遷》（《大同職業技術學院學報》2000年第3期，第17～20頁）、李海葉氏《漢士族與慕容氏政權》（《內蒙古師大學報》2001年第4期，第104～110頁）。在羅新氏的文章中，渤海封氏爲其首列之「華北士族」，惜著墨甚少，且頗多謬誤，實不足説明渤海封氏與慕容鮮卑關係之眞相；高詩敏氏的文章，依時間爲順序，對渤海封氏人物在十六國北朝時期的事蹟進行敘述；李海葉氏的文章，則是從少數民族漢化的角度，對漢士族在慕容鮮卑政權中的作用進行分析，但就渤海封氏而言，所論尤爲不足。本文在參考前賢論文的基礎上，通過對相關史料的排比整理，對渤海封氏與慕容鮮卑的關係進行專題研究。
〔註3〕《資治通鑑》卷八七晉懷帝永嘉三年（309）十二月，第2747頁。

族滅之後，封釋並沒有能夠穩定遼東的局勢，面對附塞鮮卑的殺掠，封釋更是沒有能夠將其壓服，最後，幫助封釋穩定遼東局面的，是鮮卑慕容廆。在這種情況下，封釋在臨終前，將子孫託付給了慕容廆。據《資治通鑑》略載：

李臻之死也，遼東附塞鮮卑素喜連、木丸津託爲臻報仇，攻陷諸縣，殺掠士民，屢敗郡兵，連年爲寇。東夷校尉封釋不能討，請與連和，連、津不從。民失業，歸慕容廆者甚眾，廆稟給遣還，願留者即撫存之。

廆少子鷹揚將軍翰言於廆曰「自古有爲之君，莫不尊天子以從民望，成大業。今連、津外以廆本爲名，內實幸災爲亂。封使君已誅本請和，而寇暴不已。中原離亂，州師不振，（胡注：州師，謂平州之兵，東夷校尉所統者是也。）遼東荒散，莫之救恤，單于不若數其罪而討之。上則興復遼東，下則并吞二部，忠義彰於本朝，私利歸於我國，此霸王之基也。」廆笑曰：「孺子乃能及此乎！」遂帥眾東擊連、津，以翰爲前鋒，破斬之，盡併二部之眾。得所掠民三千餘家，及前歸廆者悉以付郡，遼東賴以復存。

封釋疾病，屬其孫（封）奕於廆。釋卒，廆召奕與語，說之，曰：「奇士也！」補小都督。釋子冀州主簿（封）悛、幽州參軍（封）抽來奔喪。廆見之，曰：「此家抏抏千斤犍也。」以道不通，喪不得還，皆留仕廆，廆以抽爲長史，悛爲參軍。（胡注：史言封氏諸子遂爲慕容佐命之臣。）〔註4〕

渤海封氏和慕容鮮卑結緣，始於封釋在遼東地區的活動。封釋面對鮮卑素喜連、木丸津二部的軍事進攻，討則力有不逮，和又求之不得，當此危難之際，慕容鮮卑出兵擊滅二部，助其解決難題。慕容廆出兵幫助封釋，與封釋臨終託孤，二事遞成因果。

封釋以臨終託孤的方式，將其孫封奕交付慕容廆。後來，封釋二子悛、抽又奔喪不還，留仕慕容廆，封氏諸子遂成爲慕容氏佐命功臣，渤海封氏與慕容鮮卑政治合作的大門，由此而開啓。徵諸史籍所載，封釋至少有三子，分別爲封悝、封悛、封抽。〔註5〕

〔註4〕《資治通鑑》卷八七晉懷帝永嘉五年（311）十二月，第2773～2774頁。

〔註5〕據前揭《新唐書》卷七一下《宰相世系表一下》，封釋，仕西晉任侍中、東夷校尉，二子悝、悛。（第2341頁）據《資治通鑑》卷八七晉懷帝永嘉五年十二

　　封氏一門三枝，並未能同時競秀於歷史，其中封悝一枝，不但本人未留下任何歷史痕迹，其後嗣也是名不見經傳。封抽一枝，在前燕曾顯赫一時，封抽、封裕父子，歷慕容廆、皝、儁三代，均任居機要，地位崇重，但此枝人丁不旺，封裕之後，再也未見出類拔萃的政治人物。眞正克振家聲、光大封氏門戶的是封悛一枝，就史籍所載，封悛本人在前燕的政治地位遠不及封抽、封裕父子，但其二子封奕、封放，一在中央、一在家鄉，從不同途徑、以不同方式，活動於前燕政治舞臺，進一步夯實了渤海封氏在慕容鮮卑的政治根基。

　　在慕容廆時期，渤海封氏稱得上「佐命之臣」的是封抽、封裕及封奕。據諸史載：

　　　　初，中國士民避亂者，多北依王浚，浚不能存撫，又政法不立，士民往往復去之。段氏兄弟專尚武勇，不禮士大夫。唯慕容廆政事脩明，愛重人物，故士民多歸之。廆舉其英俊，隨才授任，以河東裴嶷、北平陽耽、盧江黃泓、代郡魯昌爲謀主，廣平游邃、北海逄羨、北平西方虔、西河宋奭及封抽、裴開爲股肱，平原宋該、安定皇甫岌、岌弟眞、蘭陵繆愷、昌黎劉斌及封奕、封裕典機要。裕，抽之子也。〔註6〕

慕容廆終以「政事脩明，愛重人物」，成爲原本心存華夷之防的漢人士大夫的投奔對象，主要還是因爲其時西晉政權已經名存實亡，華北處於四處戰亂的狀態，加之路程遙遠，道路多阻，令這些對司馬氏政權尚心存些微眷戀的漢人士大夫看不到任何希望。其時之北方擁有實力者，除王浚以外皆爲胡族。王浚其人殘忍多疑，曾追殺北來流民，讓這些本擬投奔的漢人士大夫心驚膽寒，於是就只剩下偏處東北一隅的慕容鮮卑或鮮卑段部可資依歸。相較之下，段氏雖實力暫時較強，但因漢化較淺且對漢士大夫缺乏足夠的尊敬，故慕容廆所在的遼東遂成爲這批惶然失據的漢人士大夫競相前往的避難場所。〔註7〕

　　　　月條載，封釋既死遼東，其子冀州主簿封悛、幽州參軍封抽來奔喪，遂留仕慕容廆。綜合二書所載，可知封釋至少有三子：悝、悛、抽。
〔註6〕《資治通鑑》卷八八晉愍帝建興元年（313）四月，第2797頁。
〔註7〕按，王浚、鮮卑段氏、慕容廆三方在對待流民的策略，明顯有所不同，除上引司馬溫公這段帶有評論性質的敘述之外，《資治通鑑》還有更加細緻生動的描述。如裴嶷、裴開叔侄有一段對話就反映出漢士大夫當時在面臨多種選擇時的猶豫心態，時玄菟太守裴武卒，其弟昌黎太守裴嶷與裴武子裴開護喪回歸故土河東，途中得到慕容廆的禮敬，行至遼西，由於道路不通，裴嶷遂決

　　大批漢人士族的投效，爲慕容廆提供了智力方面的支撐，但僅有漢人士族的實際效命還是不夠，要在逐鹿中原的征戰中進一步發展壯大，還必須擁有名正言順的旗號。我們注意到，在起兵初期，慕容廆先後拒絕了王浚和晉愍帝給予的封號；建武初年，晉元帝司馬睿承制封拜，起初也被他拒絕，後接受魯昌的建議，這才接受了司馬睿的任命。〔註8〕隨著河東裴氏、渤海封氏、廣平游氏等相繼加入，慕容廆對於司馬氏冊命的重要性也有了進一步的認識，因此，當司馬睿正式稱帝、東晉建國以後，慕容廆多次上書東晉朝廷，

　　　定返回投歸慕容廆，裴開心存質疑，認爲段氏強而慕容氏弱，爲何去此就彼？裴嶷回答說，中原已經喪亂，投奔朝廷如羊入虎口，家鄉河東，路途遙遠，也無法返回，因此要尋找一處可以立足之地，就要謹慎選擇歸依的對象，「汝觀諸段，豈有遠略，且能待國士乎？慕容公修仁行義，有霸王之志，加以國豐民安，今往從之，高可以立功名，下可以庇宗族，汝何疑焉！」（《資治通鑑》卷八八晉愍帝建興元年五月，第2798頁）又如游邃、逢羨、宋奭、黃泓等人避難於薊，後來也都歸於慕容廆。需知，他們的初衷本爲投奔王浚，王浚曾多次致書邀召游邃兄游暢，暢擬赴之，游邃勸阻說：「彭祖（按，王浚字彭祖）刑政不修，華、戎離叛。以遠度之，必不能久，兄且磐桓以俟之。」（《資治通鑑》卷八八晉愍帝建興元年五月，第2798頁）游暢回答說：「彭祖忍而多疑，頃者流民北來，命所在追殺之。今手書慇勤，我稽留不往，將累及卿。且亂世宗族宜分，以冀遺種。」游邃只好同意游暢的提議，讓他前往投奔王浚，游暢最終和王浚一起毀滅。再如，宋該、杜群、劉翔三人，也是先依王浚，又依段氏，皆以爲不足託，後來也都相繼帥流民歸於慕容廆。（《資治通鑑》卷八八晉愍帝建興元年五月，第2798頁）凡此均可證明，慕容廆原本並非漢人士大夫首選的投奔對象，只不過由於王浚猜忍多殺、鮮卑段氏不能禮敬漢士大夫，從而爲慕容鮮卑提供了招攬人才的契機。

〔註8〕《晉書》卷一〇八《慕容廆載記》：「懷帝蒙塵于平陽，王浚承制以廆爲散騎常侍、冠軍將軍、前鋒大都督、大單于，廆不受。建興中，愍帝遣使拜廆鎮軍將軍、昌黎·遼東二國公。建武初，元帝承制拜廆假節、散騎常侍、都督遼左雜夷流人諸軍事、龍驤將軍、大單于、昌黎公，廆讓而不受。征虜將軍魯昌說廆曰：『今兩京傾沒，天子蒙塵，琅邪承制江東，實人命所係。明公雄據海朔，跨總一方，而諸部猶怙眾稱兵，未遵道化者，蓋以官非王命，又自以爲強。今宜通使琅邪，勸承大統，然後敷宣帝命，以伐有罪，誰敢不從！』廆善之，乃遣其長史王濟浮海勸進。」（第2805～2806頁）慕容廆先後拒絕王浚、晉愍帝的任命，其情可以理解，因爲一旦接受王浚「承制」封拜，那麼在同王浚的軍事鬥爭中，就難免以下犯上之嫌，至於拒絕晉愍帝的封號，則是因爲其時慕容廆對於封拜是否真的出於晉愍帝詔命，心存懷疑。及司馬睿東渡建康，「承制」封拜，開始也被拒絕，是因爲其時他對局勢還不是十分明朗，因爲當時司馬睿畢竟還沒有稱帝。然而，就其時形勢來看，司馬睿既已渡江，偏安江左的大局實已確定，因此魯昌勸說，在這個時候必須接受冊命，並遣使勸進，以扛起「敷宣帝命，以伐有罪」的旗幟。

請求東晉朝廷能夠賜予自己旌節，慕容廆之所以這麼做，一方面是爲了利用晉朝旗號，以招徠更多漢族士人的支持；另一方面則是受到漢士大夫的啓發。有跡象顯示，封抽應該是主要謀劃者之一，因爲在所附上東晉權臣陶侃疏，以及陶侃的覆信中，帶頭人均爲「東夷校尉封抽」〔註9〕。

封裕，歷仕慕容廆、皝、儁三朝，除曾經短時間出任河間太守一職外，一直擔任慕容氏三代君主的記室參軍，該職負責中央最高政治決策的記錄、整理等工作，實際相當於慕容燕君主的貼身機要秘書，封裕能夠長期擔任此職，參與軍國大政的謀議決策，足見其在慕容氏政權中的地位確非尋常。〔註10〕

封奕（按，《晉書》或作「封弈」），爲前燕政權中尤其需要注意的渤海封氏人物。早在慕容廆時期，封奕就已經「典機要」，進入前燕的權力中樞。不過，對於封奕乃至渤海封氏來說，更加有意義的是，封奕在前燕軍事活動中長期領兵征戰，且軍功卓著，在爲前燕政權穩固及開疆拓土做出卓越貢獻的同時，也進一步積聚起渤海封氏立家持門戶的政治資本。

東晉成帝咸和八年（333）五月，慕容廆死，雖然慕容皝以世子的身份較爲順利地繼承了王位，但慕容氏最高統治階層的內部權力之爭卻未能避免。慕容皝的庶兄慕容翰驍勇而有雄才，素爲慕容皝所忌；慕容皝的母弟征虜將軍慕容仁、廣武將軍慕容昭也一向受到乃父慕容廆的寵愛，慕容皝對此情況心中一直不滿。慕容廆在世時，慕容氏兄弟之間儘管一直存在矛盾和爭鬥，但始終處於暗戰狀態，及慕容廆既死，彼此之間的矛盾和爭鬥立即公開化了。因爲擔心不測，慕容翰採取了走爲上的計策，出奔鮮卑段遼。慕容仁力勸慕容昭舉兵向闕，廢黜慕容皝，不料事情泄露，慕容昭因此被殺，慕容仁於是

〔註9〕《晉書》卷一○八《慕容廆載記》，第2810～2811頁。

〔註10〕封裕在慕容燕的行蹟，主要見於《晉書》卷一○九《慕容皝載記》、卷一一○《慕容儁載記》。《慕容皝載記》所載慕容氏欲行分田事，原方案爲：由政府提供耕牛、土地，則公私以二八分成，即耕種者二，官府得八；有牛而無地者，耕於苑中，則公私三七分成，官收其七，作者得三。對此方案，王憲、劉明等諫官曾提出反對意見，卻因此受到處理，時任慕容皝記室參軍的封裕遂就此上疏勸諫，建議公私四六分成，即官得其六而私家得四，並提議赦免王、劉等諫官。面對封裕的長篇疏奏，慕容皝表示讚賞，全盤接受了他的建議，並予以賞賜，略云：「覽封記室之諫，孤實懼焉……王憲、劉明……可悉復本官，仍居諫司。封生寒寒，深得王臣之體……其賜錢五萬，明宣內外，有欲陳孤過者，不拘貴賤，勿有所諱。」（第2825頁）《慕容儁載記》則載，冉閔殺石祇後稱王，派遣常煒出使前燕，慕容儁遂命封裕詰問常煒一事，是封裕出面處理兩國間的外交關係。（第2832頁）

舉兵反叛。慕容皝遂派弟弟建武將軍慕容幼領兵進討，但被慕容仁擊敗。在此形勢下，原慕容皝所任命之將帥官長，或降於慕容仁，或棄城逃還，遼左之地不久即盡歸於慕容仁。慕容仁遂自稱車騎將軍、平州刺史、遼東公，進而得到宇文歸、段遼及其它眾多鮮卑部落的支持與聲援，從而與慕容皝形成分庭抗禮之勢。〔註11〕

這場由慕容氏兄弟內爭所引起的動亂，因為遼東地區鮮卑諸部的參與而進一步變得複雜起來，如果處置不當或征討繼續失利，則慕容皝的統治岌岌可危。正是在這種明顯不利的形勢下，封奕臨危受命，統兵四出征戰，並最終為壓平動亂、穩定局勢做出了重大貢獻。綜合諸史所載，發生於東晉成帝咸和九年（334）的白狼之戰和柳城之戰，實為慕容皝扭轉被動局面的關鍵性戰役。白狼之戰，係由封奕獨立領兵作戰，此役一舉擊潰鮮卑木提部；柳城之戰，則是在另一將領慕容汗慘敗的不利形勢下，封奕與柳城守軍石琮所部密切配合，擊敗鮮卑段蘭部，確保柳城這一戰略要地。〔註12〕在此後的一系列征戰中，封奕率部接連取得勝利，公元335年，封奕領兵襲擊宇文別部涉奕干，大獲而還；涉奕干不甘心失敗，率騎追擊，結果又在渾水被封奕擊敗。〔註13〕公元336年，慕容皝與鮮卑段部展開大戰，封奕先是領兵追擊段蘭、宇文歸諸部，「敗之，收其軍實館穀，二旬而還」，緊接著又在馬兜山設伏，大敗段遼，不久，又隨世子慕容儁攻討段遼、宇文諸部，均大獲全勝。〔註14〕

338年四月，後趙石虎發兵進攻前燕，前燕舉國震動，與此同時，石虎又「遣使四出，招誘民夷，燕成周內史崔燾、居就令游泓、武原令常霸、東夷

〔註11〕《晉書》卷一○九《慕容皝載記》，第2815～2816頁。

〔註12〕《晉書》卷一○九《慕容皝載記》，第2816頁。

〔註13〕按，「涉弈干」，或作「涉奕干」，諸史記載不一，因「干」、「于」二字極易混淆。《晉書》卷一○九《慕容皝載記》校勘記【二】云：「《通鑑》九七『涉奕于』作『涉夜干』。『奕』『夜』譯音之異，『于』『干』二字常相混，不知孰是。下不再出校。」（第2829頁）姚薇元氏在其《北朝胡姓考》一書中，曾多次考辨胡人名、姓，凡涉及「干」、「于」二字者，多數情況下均作「于」，故本文取「干」字為是。又據《資治通鑑》卷一○六晉孝武帝太元十一年（386）七月：「秦平涼太守金熙、安定都尉沒弈干與後秦左將軍姚方成戰于孫丘谷，方成兵敗……金熙本東胡之種；（胡注：秦謂鮮卑之種居遼碣者為東胡。）沒弈干，鮮卑乞蘭部帥也。」（第3366頁）疑《資治通鑑》此處所云「沒弈干」，即同書卷九七所說之「涉夜干」，亦即《晉書·慕容皝載記》所說之「涉弈干」，蓋「沒」、「涉」譯音清濁不同也。

〔註14〕《晉書》卷一○九《慕容皝載記》，第2816～2817頁。

校尉封抽、護軍宋晃等皆應之，凡得三十六城……趙兵進逼棘城。燕王皝欲出亡……」〔註 15〕前燕與後趙這次大規模交兵，其戰爭結果直接關乎前燕的生死存亡。在重兵壓境之下，慕容皝幾欲出逃。在這危急時刻，又是慕輿根、劉佩、封奕等人的鎮定與堅持，尤其是封奕對燕趙雙方形勢的準確分析，堅定了慕容皝的信心，從而堅守禦敵，最終擊退趙兵。據《資治通鑑》晉成帝咸康四年（338）五月條載：

> 戊子，趙兵進逼棘城。燕王皝欲出亡，帳下將慕輿根諫曰：「趙強我弱，大王一舉足則趙之氣勢遂成，使趙人收略國民，兵強穀足，不可復敵。竊意趙人正欲大王如此耳，奈何入其計中乎？今固守堅城，其勢百倍，縱其急攻，猶足枝持，觀形察變，間出求利；如事之不濟，不失於走，奈何望風委去，為必亡之理乎！」皝乃止，然猶懼形於色。玄菟太守河間劉佩曰：「今強寇在外，眾心恟懼，事之安危，繫於一人。大王此際無所推委，當自強以屬將士，不宜示弱。事急矣，臣請出擊之，縱無大捷，足以安眾。」乃將敢死數百騎出衝趙兵，所向披靡，斬獲而還，於是士氣自倍。皝問計於封奕，對曰：「石虎凶虐已甚，民神共疾，禍敗之至，其何日之有？今空國遠來，攻守勢異，戎馬雖強，無能為患；頓兵積日，釁隙自生，但堅守以俟之耳。」皝意乃安。或説皝降，皝曰：「孤方取天下，何謂降也！」

> 趙兵四面蟻附緣城，慕輿根等晝夜力戰；凡十餘日，趙兵不能克，壬辰，引退。皝遣其子恪帥二千騎追擊之，趙兵大敗，斬獲三萬餘級。〔註 16〕

燕趙此次交兵，最終以前燕擊退趙兵，穩定政權而告終，這場軍事勝利乃是前燕君臣共同努力的結果，其中慕輿根的堅持、劉佩的主動出擊、封奕對形勢的分析與堅守應敵的策略，都是前燕最終獲勝的重要原因。同時我們也看到，在後趙強大軍事壓力下，也有一些北方士族，包括封抽在內，選擇了投降。擊退趙兵以後，慕容皝開始對北方諸豪的功罪進行賞罰，「皝賞鞠彭、慕輿根等而治諸叛者，誅滅甚眾；功曹劉翔為之申理，多所全活。」〔註 17〕

〔註 15〕《資治通鑑》卷九六晉成帝咸康四年（338）五月，第 3018～3019 頁。
〔註 16〕《資治通鑑》卷九六晉成帝咸康四年（388）五月，第 3019～3020 頁。
〔註 17〕《資治通鑑》卷九六晉成帝咸康四年（388）五月，第 3021 頁。

我們注意到，在這場決定前燕存亡的戰爭中，曾被視爲「股肱」的封抽先是投降後趙，及後趙被擊潰後，封抽又與宋晃、游泓等逃亡到高句麗，若依據常理，渤海封氏當在「誅滅」之列。然而實際情況卻是，在封抽本人逃往高句麗後，渤海封氏並沒有受到絲毫株連，其子封裕依然處於前燕的權力中樞。其中原因固然不一而足，但與封奕在這場戰爭中的突出表現當有某種關係；另外，慕容皝如此處理方式，也充分說明渤海封氏在前燕政權中的份量。

公元 350 年三月，前燕攻取薊城（今北京），慕容儁徙都於此，標誌著前燕疆域已跨越遼西，拓展至華北地區。352 年，慕容儁出兵擊滅冉閔，十月，慕容儁稱帝於薊城；357 年十一月，前燕又徙都鄴城（今河北臨漳縣），前燕疆域臻於極盛，佔有中原地區的今河北、河南、山西、山東廣大地區，與關中的苻秦中分了黃河流域的廣大地區。在前燕拓展疆域的過程中，原本爲「中州士望」的渤海封氏、高氏等中原大族的政治能量逐漸表現出來，他們利用在華北地區的政治影響力爲前燕開疆拓土、穩定局勢發揮出無可替代的作用。以封氏爲例，他們在攻取冀州的過程中，或以「鄉里」之情收服當地豪望，或出任當地郡守，替慕容氏穩定時局。據《資治通鑑》晉穆帝永和六年（350）九月條載：

> 九月，燕王儁南徇冀州，取章武、河間。（胡注：晉武帝泰始元年，分勃海置章武國……）初，勃海賈堅，少尚氣節，仕趙爲殿中督。趙亡，堅棄魏主（冉）閔還鄉里，擁部曲數千家。慕容評徇勃海，遣使招之，堅終不降；評與戰，擒之。儁以評爲章武太守，封裕爲河間太守。儁與慕容恪皆愛賈堅之材……儁以堅爲樂陵太守，治高城。（胡注：高城縣，自漢以來屬勃海郡。〔李〕賢曰：高城故城，在今滄州鹽山縣南。）〔註18〕

慕容評在略定勃海時，遇到土豪賈堅的頑強抵抗，在用武力擒獲賈堅以後，卻面臨著收攏當地人心的任務，相對於武力征討這樣的純軍事行動，服人之心難度更大。慕容儁任命封裕出任河間太守，其用意即在於通過「鄉里」之情和渤海封氏在這個地區的政治影響力，收服勃海人心，因爲河間、樂陵、章武原本都屬於勃海，而勃海正是封氏的「勢力範圍」。仍據《資治通鑑》載：

> 渤海人逢約，因趙亂，擁眾數千家，附於（冉）魏，魏以約爲

〔註18〕《資治通鑑》卷九八晉穆帝永和六年（350）九月，第 3108～3109 頁。

渤海太守。故太守劉準，隗之兄子也；土豪封放，奕之從弟也；別聚眾自守。（冉）閔以準爲幽州刺史，與約中分渤海。燕王儁使封奕討約，使昌黎太守高開討準、放。開，瞻之子也。

　　奕引兵直抵約壘，遣人謂約曰：「相與鄉里，隔絕日久，會遇甚難。時事利害，人皆有心，非所論也。願單出一相見，以寫佇結之情。」約素信重奕，既出，見奕於門外，各屏騎卒，單馬交語。奕與論敍平生畢，因說之曰：「與君累世同鄉，情相愛重，誠欲君享祚無窮；今既獲展奉，不可不盡所懷。冉閔乘石氏之亂，奄有成資，是宜天下服其強矣，而禍亂方始，固知天命不可力爭也。燕王奕世載德，奉義討亂，所征無敵。今已都薊，南臨趙、魏，遠近之民，襁負歸之。民厭荼毒，咸思有道。冉閔之亡，匪朝伊夕，成敗之形，昭然易見。且燕王肇開王業，虛心賢雋，君能翻然改圖，則功參絳、灌，慶流苗裔，孰與爲亡國將，守孤城以待必至之禍哉！」約聞之，悵然不言。奕給使張安，有勇力；奕豫戒之，俟約氣下，安突前持其馬鞬，因挾之而馳。至營，奕與坐，謂曰：「君計不能自決，故相爲決之，非欲取君以邀功，乃欲全君以安民也。」

　　高開至渤海，準、放迎降。儁以放爲渤海太守，準爲左司馬，約參軍事。以約誘於人而遇獲，更其名曰釣。〔註19〕

這段史料十分生動地記述了封奕、高開二人利用他們在渤海的政治影響力、以「鄉里之情」，順利收服當地強宗大族歸降前燕的過程。逢約單騎赴會，並不僅僅是出於對封奕的「信重」，更是出於對渤海封氏家族的信任和敬重，高開說降劉準、封放，道理與之相同。另外，我們注意到，在這些「土豪」被收服之後，前燕政權並沒有另行委派官員到渤海任職，而是把這個地區的軍政大權，全部交給了這批「土豪」，其用意也正在於利用他們在本地的政治能量，實現「無爲而治」的政治目標。

　　封奕在前燕的政治地位，不僅體現爲南征北戰時的領兵權，還表現在前燕的最高政治決策中，他常起到關鍵性甚至是決定性的作用。早在慕容皝時期，封奕就被任命爲「國相」，到慕容儁時又官居太尉、領中書監〔註20〕，這

〔註19〕《資治通鑑》卷九九晉穆帝永和七年（351）四月，第3116～3118頁。
〔註20〕據《資治通鑑》卷九九晉穆帝永和八年（352）十月、十一月載：「燕羣僚共上尊號於燕王儁，儁許之。十一月，丁卯，始置百官，以國相封奕爲太尉，

些職務在前燕職官制度中，實與宰相無異，可直接參與中央決策。如慕容儁時期，「調發繁數，官司各遣使者，道路旁午，郡縣苦之。太尉、領中書監封奕請『自今非軍期嚴急，不得遣使，自餘賦發皆責成州郡，其臺司所遣彈督在外者，一切攝還。』儁從之。」〔註21〕封奕在前燕的的政治作用，還可從其諡號「匡」窺見一斑。公元 365 年四月壬午，前燕太尉封奕死，贈其諡曰「匡」，據胡三省注引《諡法》：「貞心大度曰匡。」〔註22〕以「匡」爲諡，既是前燕政權對封奕政治品質的肯定，也是對其政治作用、政治功績的認可。

封放，歸服慕容氏的時間較晚，公元 351 年慕容儁南徇冀州時始投效於前燕。與其族兄兄封奕不同，封放是以「土豪」的形象亮相於前燕的政治舞臺。有關封放的資料，除前引《資治通鑒》記載他歸降後被任命爲渤海太守外，另見《魏書·封懿傳》：「封懿，字處德，勃海蓚人也。曾祖釋，晉東夷校尉。父放，慕容暐吏部尚書。兄孚，慕容超太尉。」〔註23〕據此可知，封放在前燕後主慕容暐時期曾擔任吏部尚書一職，該職在前燕也屬顯宦要職。然而，關於封放在前燕的政治活動，特別是在中央的活動情況，仍付闕如。有關封放的事蹟，史籍爲何難得一見？我推測這可能與封放參與政治的獨特方式有某種關係，封放在歸服慕容儁以後的首任職務爲渤海太守，據此或可推測認爲，此後封放有可能長期任職於家鄉，只是在慕容暐時期短暫出任吏部尚書一職，故有關他在前燕中央政治活動的記錄，史籍也就難得一見了。儘管封放在前燕的政治地位和政治影響，都遠不及封奕，但其二子封孚、封懿，後來卻都成爲很有影響的政治人物。只不過，封孚、封懿活躍於政治舞臺，成爲風雲人物，則要到後燕、南燕甚至是北魏時期了。

二、後燕、西燕、南燕政權中的渤海封氏

後燕、西燕、南燕甚至前秦，都有封氏人物活動於政治舞臺，僅史籍所

左史陽騖爲尚書令，右司馬皇甫真爲尚書左僕射，典書令張悕爲右僕射；其餘文武，拜授有差。戊辰，儁即皇帝位，大赦。」（第3131頁）公元352年慕容儁稱帝，「始置百官」即正式確立前燕的職官制度，封奕以「國相」的身份改任太尉，這表明此前封奕的職官爲「國相」，其出任「國相」當始於慕容皝時期。

〔註21〕《資治通鑒》卷一〇〇晉穆帝昇平二年（358）十二月，第3171頁。
〔註22〕《資治通鑒》卷一〇一晉哀帝興寧元年（365）四月壬午條胡注，第3199頁。
〔註23〕《魏書》卷三二《封懿傳》，第760頁，又《晉書》卷一二八《慕容超載記附封孚傳》亦云：「封孚……父放，慕容暐之世吏部尚書。」（第3185頁）

載就有封孚、封懿、封則、封衡、封勸、封愷、封逞、封嵩等。以下徵諸相關史籍，對渤海諸封之事跡略加考述。

1、封孚：據《晉書》卷一二八《慕容超載記》附《封孚傳》載，封孚卒年 71 歲。又據《資治通鑑》，封孚死於 406 年十月〔註24〕，故封孚的出生時間爲 336 年，亦即晉成帝咸康二年。諸史所載封孚最早任職，是在慕容暐時期。東晉海西公太和四年（369）四月，大司馬桓溫自兗州北伐前燕，七月，桓溫兵至枋頭，慕容暐大懼，與慕容評謀奔和龍。後在慕容垂等人堅持下，才放棄這個打算，委任慕容垂爲使持節、南討大都督，率征南將軍慕容德等抵禦桓溫。慕容垂出征前，上表徵「司徒左長史申胤、黃門侍郎封孚、尚書郎悉羅騰皆從軍……（八月）……太子太傅封孚問於申胤曰……」〔註25〕，此處所言「黃門侍郎」、「太子太傅」，乃是史籍所見封孚的最早官職，此二職均屬清要，太子太傅一職，更是朝廷優崇功德雙茂老臣之榮譽職銜，時年不過34歲的封孚已處此位，適足說明他在前燕資歷甚深。史籍所見封孚在前燕的政治活動，似僅此一次，但這僅見的一次政治活動，卻是封孚和慕容垂之間的結緣，及至慕容垂建立後燕，封孚大受重用，當與此有關。

實際上，封孚還有在前秦任職的經歷，據《晉書·苻堅載記》云：「苻丕在鄴糧竭……又遣其參軍封孚西引張蚝、并州刺史王騰於晉陽，蚝、騰以眾寡不赴。」〔註26〕封孚隨苻丕駐守鄴城，大約在淝水之戰前後，其時他的職務是長樂公苻丕公府參軍。封孚效命於前秦，始於何時，原因又是什麼？我以爲可能與慕容垂有某種關係。我們知道，慕容垂後來是因爲受到慕容暐的猜忌，不得已而投奔苻堅。從前述慕容垂在奉命抗禦桓溫時，指名封孚隨從自己征戰的事實，可證他與封孚的關係應當較爲親密。封孚與慕容垂二人淵源既深，那麼，慕容垂投歸前秦時，封孚一同前往也就大有可能了。又，鄴城乃是前燕後期的都城，及前燕被前秦所滅，鄴城因此成爲前秦在關東地區的重鎮之一，及苻堅發動淝水之戰，鄴城又成爲前秦軍事行動的後方重要根據地，因而鎮守鄴城的責任十分重大，封孚得參苻丕公府軍事，足見他在前

〔註24〕《資治通鑑》卷一一四晉安帝義熙二年（406）十月：「冬十月，封孚卒。」（第3593頁。）

〔註25〕《資治通鑑》卷一〇二晉海西公太和四年（369）七、八月，第 3215～3216 頁。

〔註26〕《晉書》卷一一四《苻堅載記下》，第 2923 頁。按，《資治通鑑》將此事繫於公元 384 年十月（見卷一〇五晉孝武帝太元九年十月，第 3335 頁。）

秦的政治地位也頗爲不低。

封孚再次效命於慕容鮮卑，是在淝水戰後。和他有類似經歷的封氏人物，還有其叔封奕之子封勸，在前秦曾官至鉅鹿太守。在重歸慕容氏之前，封氏兄弟均有過短暫歸服東晉的歷史，據《資治通鑑》記載，公元 385 年八月，苻丕自鄴城奔晉陽後，前秦冗從僕射光祚「與黃門侍郎封孚、鉅鹿太守封勸皆來奔。勸，奕之子也。（胡注：封奕仕燕，燕興於昌黎，奕有力焉。）……詔以（光）祚等爲河北諸郡太守，皆營於濟北、濮陽，羈屬溫詳，（胡注：師古曰：言羈縻屬之而已。）詳敗，俱詣燕軍降。」〔註27〕是封氏在歸服東晉期間，曾在名義上隸屬於溫詳。及至東晉孝武帝太元十二年（387）正月，慕容垂再圍鄴城，打敗溫詳，封氏兄弟及光祚等人，便一起再歸慕容垂，慕容垂不僅赦免諸人，且「撫待如舊」〔註28〕。

封孚入後燕不久，就開始任職於留臺龍城（今遼寧朝陽）。東晉孝武帝太元十四年（389）年正月，後燕遼西王慕容農就任侍中、司隸校尉，慕容垂改以高陽王慕容隆爲都督幽·平二州諸軍事、征北大將軍、幽州牧，「建留臺於龍城，以隆爲錄留臺尚書事。又以護軍將軍平幼爲征北長史，散騎常侍封孚爲司馬，並兼留臺尚書。」〔註29〕眾所週知，後燕的政治中心和戰略據點共有五處，一是都城中山，二是慕容皝時期的舊都龍城，三是前燕舊都鄴城，四是并州刺史治所晉陽，五是幽州刺史治所薊。其中龍城乃是慕容氏興起之地，也是慕容鮮卑的大後方，其重要性僅次於都城中山。正因龍城戰略地位十分重要，故後燕建國，慕容垂即開始將龍城作爲陪都加以經營。封孚能夠出任征北府司馬，兼留臺尚書一職，足見其得慕容垂之信任。又據史載，晉安帝隆安二年（398）四月，蘭汗在龍城發動叛亂，弒後燕主慕容寶，「燕吏部尚書封孚南奔辟閭渾，渾表爲勃海太守。」〔註30〕可知，封孚自 384 年隨慕容隆任職於龍城，到 398 年南奔辟閭渾，前後長達 12 年的時間一直在後燕的陪都龍城，並官至吏部尚書。〔註31〕

封孚走上政治巔峰，是在南燕。公元 399 年慕容德攻克莒城，封孚出降，

〔註27〕《資治通鑑》卷一○七晉孝武帝太元十二年（387）正月，第3374頁。
〔註28〕《資治通鑑》卷一○七晉孝武帝太元十二年（387）正月，第3374頁。
〔註29〕《資治通鑑》卷一○七晉孝武帝太元十四年（389）正月，第3387頁。
〔註30〕《資治通鑑》卷一一一晉安帝隆安三年（399）八月，第3495～3496頁。
〔註31〕《晉書》卷一二八《慕容超載記附封孚傳》：「（慕容）寶僭位，累遷吏部尚書。」（第3185頁）可證封孚擔任吏部尚書，是在慕容寶統治時期。

「德曰：『朕平青州，不以爲慶，喜于得卿也。』常外總機事，內參密謀，雖位任崇重，謙虛博納，甚有大臣之體。」〔註32〕慕容德不以得青州爲慶，而喜於得封孚，所言並非誇張，這是因爲其時之渤海封氏已成爲青齊地區有重大影響之土豪，有了封孚的歸降，就可以爭取更多青齊土豪的支持，從而有利於政權的穩定。對於南燕政權之成立及其性質，唐長孺氏曾有精闢論斷，略云：南燕乃是由南遷青齊的河北大族和鮮卑慕容部殘餘勢力相結合而建立起來的政權，因此，在南燕政權中，南遷青齊的河北大族如渤海封氏、高氏，清河崔氏、張氏等，在政治、經濟上都享受特殊的權利。〔註33〕慕容德以封孚「外總機事，內參密謀」，其中既有渤海封氏與慕容鮮卑政治合作關係淵源已久的原因，同時也是由青齊地區的特殊政治局面所決定，封氏既爲青齊地區有重大影響的南遷大族，慕容德自不能不加以重用。封孚在南燕，先後任尚書令、太尉等職，都是一流的高官。〔註34〕正是憑藉其在南燕的崇高地位，以及渤海封氏在南燕政治舞臺的實力和影響，封孚才敢於當面指斥慕容超爲「桀紂之主」，而昏暴如慕容超者也只能容忍。〔註35〕

2、封勸：據前揭《資治通鑑》晉孝武帝太元十二年（387）八月條載：

初，（慕容）垂在長安，秦王（苻）堅嘗與之交手語，（垂出），冗從僕射光祚言於堅曰：「陛下頗疑慕容垂乎？垂非久爲人下者也。」堅以告垂。及秦主（苻）丕自鄴奔晉陽，（光）祚與黃門侍郎封孚、鉅鹿太守封勸皆來奔。勸，奕之子也。（胡注：封奕仕燕，燕興於昌黎，奕有力焉。）〔註36〕

由此可知，封勸也曾任職於前秦，官至鉅鹿太守。及苻丕戰敗從鄴城逃往晉

〔註32〕《晉書》卷一二八《慕容超載記附封孚傳》，第3185頁。
〔註33〕前揭唐長孺氏《北魏的青齊土民》，載《魏晉南北朝史論拾遺》，第92～122頁。
〔註34〕據《資治通鑑》卷一一四晉安帝義熙元年（405）九月：「己未，（慕容）超即皇帝位……以北地王（慕容）鍾都督中外諸軍事、錄尚書事，慕容法爲征南大將軍、都督徐‧兗‧揚‧南兗四州諸軍事，加慕容鎮開府儀同三司，以尚書令封孚爲太尉，麹（胡注：『麹』，當作『鞠』）仲爲司空，封嵩爲尚書左僕射。」（第3586頁）可知，封孚在慕容超即位前任尚書令，及其即位，出任太尉之職。
〔註35〕據《晉書》卷一二八《慕容超載記附封孚傳》：「及（慕容）超嗣位，政出權嬖，多違舊章，軌憲日頹，殘虐滋甚，孚屢盡匡救，超不能納也。後臨軒謂孚曰：『朕于百王可方誰？』孚對曰：『桀紂之主。』超大慚怒。孚徐步而出，不爲改容。司空鞠仲失色，謂孚曰：『與天子言，何其亢厲，宜應還謝。』孚曰：『行年七十，墓木已拱，惟求死所耳。』竟不謝。」（第3185頁）
〔註36〕《資治通鑑》卷一〇七晉孝武帝太元十二年（387）八月，第3374頁。

陽，封勸隨同封孚、光祚等人歸降東晉，不久又歸於慕容垂。封勸在後燕慕容垂時，曾歷任侍中、太常卿等職。〔註 37〕不過，有關封勸在後燕從事政治活動的具體事蹟，則史闕其載。

3、封懿：封孚母弟，封懿事蹟，據《魏書》本傳云：

> 懿儁偉有才氣，能屬文，與孚雖器行有長短，然名位略齊。仕慕容寶，位至中書令、民部尚書。寶敗，歸闕，除給事黃門侍郎、都坐大官、寧朔將軍、章安子。太祖數引見，問以慕容舊事。懿應對疏慢，廢還家。太宗初，復徵拜都坐大官，進爵為侯。泰常二年卒。懿撰《燕書》，頗行於世。〔註 38〕

據諸封懿本傳，可知其仕宦經歷為，先仕後燕，及拓跋鮮卑滅燕，復仕於北魏。太祖道武帝拓跋珪時，一度因為「應對疏慢」而廢黜還家閒居。至太宗明元帝拓跋嗣時，封懿復出，卒於北魏泰常二年（417）。

然而，徵諸史載，封懿實際上還有過出仕前秦的履歷。公元 385 年八月，苻堅既死，庶長子苻丕從鄴城退至晉陽，發喪、繼位、改元，據《資治通鑑》晉孝武帝太元十年（385）八月條略云：

> 長樂公丕……始知長安不守，堅已死，乃發喪，即皇帝位。追諡堅曰宣昭皇帝，廟號世祖，大赦，改元大安。

> 燕王垂以魯王（慕容）和為南中郎將，鎮鄴。遣慕容農出蠮螉塞，歷凡城，趣龍城，會兵討餘巖，慕容麟、慕容隆自信都徇勃海、清河。麟擊勃海太守封懿，執之，因屯歷口。懿，放之子也。〔註 39〕

按，封懿其時既為慕容鮮卑的征討對象，則其所任勃海太守一職必非後燕所授，而只能是前秦任命的官職。另外，在退往晉陽之前，苻丕一直坐鎮鄴城，勃海、清河、信都等地均在其轄區之內。由此可證，封懿仕於前秦時，可能一度在苻丕的領導之下。

於是，這裏就有一個問題需要引起我們的特別關注了。《魏書》本傳為何不載封懿曾經出仕前秦的歷史呢？究竟是史家一時疏忽，抑或是別有蹊蹺？我認為，造成這種狀況的原因，很可能是出於史家的有意識迴避，或者封氏

〔註37〕《魏書》卷三二《封懿附從兄子愷傳》：「懿從兄子愷，字思悌，（封）弈之孫也。父勸，慕容垂侍中、太常卿。」（第 763 頁）。

〔註38〕《魏書》卷三二《封懿傳》，第 760 頁。

〔註39〕《資治通鑑》卷一○六晉孝武帝太元十年（385）八月，第 3349 頁。

家人當初向魏收提供寫作素材時，也故意不言封懿的這段仕宦經歷。其中原因就在於，封懿所出仕過的前秦，曾經有過擊滅拓跋鮮卑的歷史（即公元 376 年前秦滅「代」之役），因此，當拓跋鮮卑重新崛起、建立北魏以後，對曾經戰敗且亡國於前秦的這段晦暗歷史，肯定不願過多提及，史家在追述拓跋國史時，更有可能刻意迴避或修飾隱諱。如果這個設想成立，那麼，《魏書·封懿傳》所載，道武帝拓跋珪問封懿以「慕容舊事」，封懿因爲「應對疏慢」而廢黜還家，也就很可能別有隱情，封懿「應對疏慢」的眞正內涵，可能並非「慕容舊事」，而是涉及苻氏前秦滅代的「舊事」，這才會引起道武帝的震怒，從而將其廢棄還家。〔註 40〕由於史多隱諱，有關封懿的史料記錄還是不多，因此，封懿「應對疏慢」的眞相究竟如何，其實很難講得清楚，上面所做的分析，在很大程度上還是帶有推測的成份。所以，以下還是將探討的重點返回到封懿與後燕的政治關係這個主題。

封懿在後燕的政治活動情況，最值得一提的是，396 年拓跋珪攻取并州後，慕容寶舉行「東堂」集議，商討應對北魏的策略，封懿以尚書的身份參加了這次決策活動。有關後燕這次決策活動及其最終決策結果，《資治通鑒》有較爲翔實的記錄，略云：

> 燕主寶聞魏軍將至，議于東堂。中山尹苻謨曰：「今魏軍眾強，千里遠鬭，乘勝氣銳。若縱之使入平土，不可敵也，宜杜險以拒之。」中書令眭邃曰：「魏多騎兵，往來剽速，馬上齎糧，不過旬日；宜令郡縣聚民，千家爲一堡，深溝高壘，清野以待之，彼至無所掠，不過六旬，食盡自退。」尚書封懿曰：「今魏兵數十萬，天下之勍敵也，民雖築堡，不足以自固，是聚兵及糧以資之也。且動搖民心，示之以弱，不如阻關拒戰，計之上也。」趙王（慕容）麟曰：「魏今乘勝氣銳，其鋒不可當，宜完守中山，待其弊而乘之。」於是修城積粟，爲持久之備。（胡注：不據險拒戰而嬰城自守，此慕容寶所以敗也。）命遼西王（慕容）農出屯安喜，軍事動靜，悉以委麟。〔註41〕

〔註40〕按，封懿「應對疏慢」而遭到廢棄的原因，胡三省曾有分析，云：「（拓跋）珪蓋自疑，以爲衣冠之士慢之也。」（《資治通鑒》卷一一一晉安帝隆安三年/399 八月條胡注，第 3495 頁）我以爲，胡氏之說恐怕不是眞相，封懿「應對疏慢」的內涵，應當如本文所分析的那樣。

〔註41〕《資治通鑒》卷一〇八晉孝武帝太元二十一年（396）九月，第 3431～3432 頁。

按，這是一次事關後燕生死存亡的最高中央決策，綜觀諸人所提出的應對策略，主要可以概括爲三種：（1）、中山尹苻謨的意見與封懿的意見大致相同，核心思想爲「阻關拒戰」；（2）、中書令眭邃則主張聚民築堡，深溝高壘、堅壁清野，希望通過拖延時間的辦法，使拓跋鮮卑糧草耗盡而主動退兵；（3）、趙王慕容麟則主張完善中山的守備部署，死守國都中山，等待拓跋鮮卑自弊而出擊之。

綜合考量上述三種應對策略，實以封懿「阻關拒戰」的建議爲最佳應對之策。令人遺憾的是，封懿的策略遭到了拒絕，慕容麟死守中山的主張最終被採納並付諸實施，由此直接造成了後燕軍事上的失敗及其最後滅亡，對此，胡三省已經明確指出：「不據險拒戰而嬰城自守，此慕容寶所以敗也。」又，「東堂」集議決策，乃是魏晉南北朝時期極爲重要的中央決策方式，在十六國少數民族政權中，「東堂」會議尤其重要，絕大多數情況下都是國家最高政治決策，參加者或爲朝廷重臣或是帝王親信〔註42〕，封懿能夠參加後燕「東堂」集議，並發表意見，可見他已進入後燕統治集團之核心。

4、封則：東晉孝武帝太元十九年（394）八月，慕容垂攻殺西燕慕容永，「（西燕）尚書僕射昌黎屈遵、尚書陽平王德、秘書監中山李先、太子詹事渤海封則、黃門郎太山胡母亮、中書郎張騰、尚書郎燕郡公孫表，皆隨才擢敘。」〔註43〕據此可知，封則在西燕慕容永時，曾任太子詹事之職。

及封則歸服後燕，曾擔任散騎常侍一職，並奉命出使後秦，據《資治通鑒》載，東晉孝武帝太元二十年（396）春正月，「燕主垂遣散騎常侍封則報聘于秦；遂自平原狩于廣川、勃海、長樂而歸。」〔註44〕

是封則歷仕西燕、後燕，在後燕時曾以散騎常侍之職，充當出訪後秦的使節。

5、封衡：東晉海西公太和五年（370）前秦攻滅前燕，同年十二月遷慕容暐后妃、王公、百官並鮮卑四萬餘戶於長安，「甲寅，至長安，封慕容暐爲新興侯；以燕故臣慕容評爲給事中，皇甫眞爲奉車都尉，李洪爲駙馬都尉，皆奉朝請；李邦爲尚書，封衡爲尚書郎，慕容德爲張掖太守，燕國平叡爲宣

〔註42〕李文才撰：《太極東堂與十六國北朝政治關係述論——以東堂決策爲中心論述》，《北華大學學報》2008年第2期，第69～75頁。
〔註43〕《資治通鑒》卷一○八晉孝武帝太元十九年（394）八月，第3417頁。
〔註44〕據《資治通鑒》卷一○八晉孝武帝太元二十年（395）正月，第3419頁。

威將軍，悉羅騰爲三署郎。其餘封署各有差。衡，裕之子也。（胡注：慕容皝之興也，封裕以忠諫顯。）」〔註45〕由此可知，封衡與封孚、封勸曾有過相似的經歷，都是在前燕被前秦滅亡以後，而任職於前秦。

及至「淝水之戰」發生，前秦戰敗，慕容垂圖謀復國，封衡因之成爲慕容垂親信。鑒於洛陽四面受敵的形勢，慕容垂決策攻取鄴城作爲根據地，遂於東晉孝武帝太元九年（384）二月起，糾合烏桓、丁零等兵眾二十餘萬，對鄴城展開攻擊。由於鄴城城池堅固，慕容垂久攻不下，遂於四月「會僚佐議之」，在這次軍事決策會議上，時任右司馬的封衡提議，引漳河水灌城，結果被慕容垂採納，胡三省對此有過評論，云：「用曹操攻鄴故智也」〔註46〕。圍攻鄴城之役，是慕容垂創建後燕過程中的一次重要戰役，封衡擔任右司馬，表明從這時起，他就已經成爲慕容垂頗爲信重的人物，因爲司馬爲重要軍職，係軍事統帥主要僚佐之一。

東晉孝武帝太元十一年（386）正月，慕容垂復國稱帝，二月宣佈大赦改元，並署置公卿尚書百官，修繕宗廟社稷，「以其左長史庫辱官偉（爲太尉）、右長史段崇（爲左光祿大夫）、龍驤張崇，中山尹封衡爲吏部尚書，慕容德爲侍中、都督中外諸軍事、領司隸校尉，撫軍慕容麟爲衛大將軍，其餘拜授有差。」〔註47〕慕容垂攻克中山，早在攻取鄴之前，大概在攻取中山以後，封衡即被任命爲中山尹，這個職務也比較重要，因爲這裏最終成爲後燕的國都。386年慕容垂於中山稱帝後，封衡即由中山尹一職改任吏部尚書，成爲後燕負責官員銓選的要職。

6、封嵩：東晉安帝義熙元年（405）八月，慕容德去世，太子慕容超繼位〔註48〕，大赦改元，任命慕容鍾爲都督中外諸軍·錄書事、慕容法爲征南大將軍·都督徐、兗、揚、南兗四州諸軍事、慕容鎮加開府儀同三司、尚書令封孚爲太尉、麴仲爲司空、封嵩爲尚書左僕射，此六人共同組成南燕中央最高決策層。然而，由於慕容超信任佞倖公孫五樓等人，遂造成南燕統治集

〔註45〕《資治通鑑》卷一○二晉海西公太和五年（370）十二月，第3240頁。

〔註46〕《資治通鑑》卷一○五晉孝武帝太元年（384）四月胡注，第3328頁。

〔註47〕《晉書》卷一二三《慕容垂載記》，第3086～3087頁。又，據本卷校勘記【九】，庫辱官偉、段崇、張崇三人姓名之後皆有闕字，所闕之字爲三人所任之新職。

〔註48〕按，慕容超本爲慕容德兄子，因德無子，故立超爲太子。詳見《晉書》卷一二七《慕容德載記》，第3172頁。

團的內部分裂，慕容法、慕容鍾、段宏等密謀推翻慕容超的統治。公元 406
年九月，慕容法、慕容鍾與段宏謀反相繼被壓平，慕容統被殺，慕容鍾、慕
容始出逃後秦，段宏逃往拓跋魏。在此次統治集團內部的權力爭奪中，封嵩
也受到牽連，最終被處以車裂之刑，其弟西中郎將封融則在事發後逃往北魏，
此事詳載於《晉書・慕容超載記》。〔註49〕

　　對於南燕這次內爭的性質，前揭唐長孺氏認爲，乃是慕容鮮卑貴族和南
遷豪強的聯合陰謀政變，其中渤海封氏乃是重要參加者，甚而有可能，慕容
德在世時即已知道封嵩等大臣參與了陰謀，但由於慕容德久病在身，爲避免
驚動人心，當時僅以殺劉軌、高雅之了事，而到慕容超即位後，重新對此事
進行追究懲治。〔註50〕如果把封融逃到北魏以後，集合「群盜」攻打石塞城、
殺南燕鎮西大將軍餘鬱諸事〔註51〕，與此事聯繫起來看，則唐長孺氏的分析
很有道理。在此基礎上，我進而認爲渤海封氏人物不僅參加直接了這次政變，
封嵩很可能還是主要謀劃者之一，因爲在後來慕容超爲恢復肉刑所下發的詔
書中，特別提到了封嵩的名字，云「至如不忠不孝若封嵩之輩，梟斬不足以
痛之」〔註52〕，封嵩的名字在這裏被特別提出，可以側證他在這場政變中可
能扮演了一個比較重要的角色。

　　7、封融：仕於南燕，曾任西中郎將之職，406 年政變失敗後，逃往北魏。
封融所集「群盜」，當爲青齊地方武裝，他很可能是在得到北魏的支持以後，
率青齊地方武裝對南燕發動了攻擊，從「青土振恐，人懷異議」的情況來看，
以封融爲首反對南燕的軍事行動在青齊引起的震動比較劇烈。不過，到 409
年八月，封融又降於劉裕，原因當是被遷往北魏的慕容鮮卑謀劃逃亡，結果
被北魏道武帝拓跋珪全部處死，從而引起世爲慕容鮮卑臣屬的渤海封氏等漢

〔註49〕據《初學記》卷一一引張詮《南燕書》：「慕容德以右僕射嵩爲左僕射……又
　　　　以嵩弟融爲西中郎將。」（第 262 頁）據此可知，封嵩與封融爲兄弟。
〔註50〕前揭氏著《北魏的青齊土民》，載《魏晉南北朝史論拾遺》，第 100～103
　　　　頁。
〔註51〕據《晉書》卷一二八《慕容超載記》：「……（慕容）法常懼禍至，因此遂與
　　　　慕容鍾、段宏等謀反。超知而微之，鍾稱疾不赴，於是收其黨侍中慕容統、
　　　　右衛慕容根、散騎常侍段封誅之，車裂僕射封嵩於東門之外。西中郎將封融
　　　　奔於魏。超尋遣慕容鎮等攻青州，慕容昱等攻徐州，慕容凝、韓範攻梁父。
　　　　昱等攻莒城，拔之，徐州刺史段宏奔於魏。封融又集群盜襲石塞城，殺鎮西
　　　　大將軍餘鬱，青土振恐，人懷異議。」（第 3177 頁）
〔註52〕《晉書》卷一二八《慕容超載記》，第 3177 頁。

人家族的擔心。〔註53〕

　　東晉安帝義熙六年（410）劉裕北伐南燕，一路凱歌高奏，在這個過程中，以封融爲代表的青齊地方武裝很可能扮演了嚮導的角色，因爲封融在南燕滅亡後，即被劉裕任命爲勃海太守。但不久之後，封融卻被劉穆之所殺。《資治通鑒》記載封融歸服劉裕，至其被殺期間的事蹟，具體內容並不十分翔實，但條理卻還分明，略云：

　　　　（義熙六年二月）時克燕之問未至，朝廷急徵劉裕。裕方議留
　　鎮下邳，經營司、雍，會得詔書，乃以韓範爲都督八郡軍事、燕郡
　　太守，封融爲勃海太守，檀韶爲琅邪太守；戊申，引兵還。韶，祗
　　之兄也。久之，劉穆之稱範、融謀反，皆殺之。（胡注：二人燕之舊
　　臣，穆之恐其爲變，故殺之。）〔註54〕

從中可以看到，劉裕原本是想在下邳經營根據地，故任命南燕舊臣韓範、封融爲燕郡、勃海太守，負責管理南燕故地。劉裕如此措置，實有不得已的原因，其一是南燕初平，局面並未完全掌控；其二則是南方盧循、徐道覆之亂尚未平定。因此，在滅南燕之後，不得不繼續任用韓氏、封氏等青齊土豪。

　　至於不久之後，劉穆之誅殺韓範、封融，個中原因也頗爲複雜。不過，胡三省帶有推測性的論斷，還是頗有道理，因爲韓範、封融本爲南燕舊臣，是否會心存故國之念而出現反覆，實屬難以預料之事，劉穆之對此自然也拿捏不准。劉穆之所能夠考慮的是，韓範、封融二人皆出自久居青齊，擁有極大號召力之土豪家族，一旦他們發動變亂，則青齊局面肯定無法控制，而封融幾經反覆的歷史，也確實很難讓人相信他能夠盡忠於劉裕。是以，劉穆之先下手爲強，斷然除掉韓、封二人，從策略上講，劉穆之所爲實屬未雨綢繆、防患於未然。

　　8、封愷：封奕之孫、封勸之子，其事蹟據《魏書·封愷傳》云：

　　　　懿從兄子愷，字思悌，弈之孫也。父勸，慕容垂侍中、太常卿。
　　愷，給事黃門侍郎、散騎常侍。後入代都，名出懿子玄之右，俱坐

　　〔註53〕據《資治通鑒》卷一一五晉安帝義熙五年（409）七月：「慕容氏在魏者百餘
　　　　家，謀逃去，魏主（拓跋）珪盡殺之。」八月，「封融詣劉裕降。（胡注：封
　　　　融奔魏，見上卷二年。魏殺慕容氏，故融歸裕。）」（第3619頁）可見，封融
　　　　由北魏改投劉裕，主要就是由於道武帝拓跋珪大殺慕容氏，引起這批原追隨
　　　　慕容氏的漢族人物的疑懼，至少胡三省就持這種看法。
　　〔註54〕《資治通鑒》卷一一五晉安帝義熙六年（410）二月，第3628頁。

司馬氏事死。愷妻，盧玄姊也。愷子伯達棄母及妻李氏南奔河表，

改婚房氏。〔註55〕

而據《晉書・慕容德載記》，封愷在慕容德稱帝後，曾任度支尚書之職。〔註56〕綜合二書所載，可知封愷所任給事黃門侍郎、散騎常侍諸職，應該是在慕容垂的後燕。及後燕滅國，封愷又隨慕容德南下，參與南燕的創建，並擔任度支尚書一職。

又據諸史載，公元 407 年七月，「南燕主（慕容）超母妻猶在秦，超遣御史中丞封愷使於秦以請之。」〔註57〕據此可知，至慕容超繼位後，封愷曾擔任御史中丞一職，並於 407 年七月出使後秦，奉迎慕容超母妻。公元 409 年，劉裕北伐南燕，七月，御史中丞封愷、尚書右僕射張華俱爲劉裕所獲。〔註58〕

封愷被殺之前因後果，尚有待發之隱需進一步考鏡。據前揭封愷本傳云：「後入代都，名出懿子玄之右，俱坐司馬氏事死。」封愷所入「代都」，即指孝文帝南遷洛陽之前的北魏首都平城，這表明封愷在南燕滅亡以後，曾到北魏平城任職，後因受到「司馬氏事」的牽連而被殺於平城。封愷「入代都」的背景，應當爲 410 年二月劉穆之誅殺韓範、封融二人，引起青齊諸豪的恐懼，遂北逃至拓跋魏。所謂「司馬氏事」，指北魏明元帝拓跋嗣泰常五年（420）五月，北魏淮南公司馬國璠、池陽子司馬道賜謀外叛，被司馬文思告發，明元帝遂下詔誅殺國璠、道賜等人，「國璠等連引平城豪桀，坐族誅者數十人」〔註59〕，包括封玄之及其四子、封愷等在內的封氏一門，均因爲受到此案的牽連而被殺。〔註60〕

9、封逞：公元 399 年二月，滑臺守將南陽王慕容和被其長史李辯所殺，李辯以滑臺降於北魏。不久之後，右衛將軍慕容雲斬殺李辯，率將士家屬二萬餘口逃出滑臺，奔赴慕容德。於是，慕容德舉行會議，商討下一步行動計

〔註55〕《魏書》卷三二《封懿附從兄子愷傳》，第 763 頁。
〔註56〕據《晉書》卷一二七《慕容德載記》，南燕既建國，「（慕容德）遣其度支尚書封愷、中書侍郎封逞觀省風俗，所在大饗將士。」（第 3168 頁）
〔註57〕《資治通鑒》卷一一四晉安帝義熙三年（407）七月，第 3600 頁。
〔註58〕《晉書》卷一二八《慕容超載記》，第 3183 頁。
〔註59〕《資治通鑒》卷一一九宋武帝永初元年（420）五月，第 3733～3734 頁。
〔註60〕《魏書》卷三三《公孫表傳》：「初，表與勃海封愷友善，後爲子求愷從女，愷不許，表甚銜之。及封氏爲司馬國璠所逮，太宗以舊族欲原之，表固證其罪，乃誅封氏。」（第 783 頁）明元帝拓跋嗣因爲封氏爲「舊族」，原本打算放過封氏，但由於公孫表堅持證明其有罪，封氏遂遭到門誅。

劃。當時爭執的主要問題是，究竟是強攻滑臺以爲首都，還是另尋他處作爲未來國都。當時出現三種意見，一種以張華爲代表，主張攻佔彭城而據之，再圖進取；第二種是慕容鍾、慕輿護、封逞等人，主張強攻滑臺；第三種是尚書潘聰爲代表，主張青齊沃壤，有四塞之固、負海之饒，應攻佔廣固而都之。〔註 61〕這次君臣集議，乃是決定南燕統治集團未來發展方向的重要決策活動，封逞能夠參加並發表意見，足見其地位不低。

400 年，慕容德即帝位於廣固，封逞官拜中書侍郎。又，407 年八月，後秦遣使來訪，究竟應該使用何種禮儀接待後秦使節，慕容超遂因此展開君臣合議，張華主張「既前奉表，今宜北面受詔」，意思是，慕容超既然此前曾經向後秦稱藩並奉表承認，那麼，這個時候就應該繼續北面稱臣。〔註 62〕然而，封逞卻對張華的主張進行了反駁，理由是：「大燕七聖重光，（胡注：自廆、皝、儁、暐至垂、德、超凡七主。）奈何一旦爲豎子屈節！」〔註 63〕儘管後來慕容超沒有採納封逞的意見，但封逞能夠參與此次集議，也表明其官職不低。

綜合以上所論，對於渤海封氏與慕容鮮卑的政治關係，我們可以得出如下結論：作爲最早與慕容鮮卑合作的華北士族之一，渤海封氏在慕容氏諸燕政權中的政治地位，早在前燕創基之前就已奠定。前燕乃是封氏家族發展壯大的一個重要時期，在此期間，封氏始終是慕容鮮特卑最重要的政治合作夥伴。正因爲與慕容鮮卑淵源甚深，及至前秦敗亡、慕容鮮卑的復國活動展開，封氏又成爲最重要的擁護者和追隨者，諸燕政權都有封氏人物就是明證。封氏在諸燕政權中的勢力，到南燕時達到鼎盛，並成爲青齊地區數一數二的豪族。因此，當劉裕攻滅南燕，出於穩定青齊地區之考慮，也不得不依重封氏。鑒於封氏在青齊地區的潛在巨大影響，處於亡晉成宋前夕的劉裕，一方面對封氏加以重用，但同時也對封氏採取了暗中防範的措施，後來，劉穆之以謀反的罪名，將封融及昌黎韓氏的代表人物韓范處死，正是封、韓二家在青齊一帶的重大影響及青齊地區形勢演變的必然結果。在青齊地區遭到鎮壓後，封氏轉而北投拓跋魏，從此又走上北朝的政治舞臺。

〔註 61〕《晉書》卷一二七《慕容德載記》，第 3165～3166 頁。

〔註 62〕據《晉書》卷一二八《慕容超載記》，慕容超當初向後秦稱藩，乃是因爲母妻俱在長安，姚興以此要挾他向後秦稱藩，並送納太樂諸伎或「吳口」千人，慕容超遂就此事舉行公卿集議，會議遣韓範出使後秦，向其稱藩，幾經波折，姚興最終歸還了慕容超母妻。（第 3187～3189 頁）

〔註 63〕《資治通鑒》卷一一四晉安帝義熙三年（407）八月，第 3600～3601 頁。

赫連氏先世行蹟考述——以鐵弗劉氏與拓跋鮮卑之關係爲中心

一、序論：十六國時期胡族的共生關係

    由赫連勃勃創建的大夏（407～431），係十六國時期最晚建國的一個胡族政權。赫連氏夏政權歷赫連勃勃、赫連昌、赫連定三世而亡，前後存在 25 年。關於赫連氏種族及其世承，《晉書・赫連勃勃載記》有記述，略云：

>   赫連勃勃字屈子，匈奴右賢王去卑之後，劉元海之族也。曾祖武（按，《晉書》爲唐初官修，以避李虎諱，改「虎」爲「武」），劉聰世以宗室封樓煩公，拜安北將軍、監鮮卑諸軍事、丁零中郎將，雄據肆盧川。爲代王猗盧所敗，遂出塞表。祖豹子招集種落，復爲諸部之雄，石季龍遣使就拜平北將軍、左賢王、丁零單于。父衛辰入居塞內，苻堅以爲西單于，督攝河西諸虜，屯于代來城。及堅國亂，遂有朔方之地，控弦之士三萬八千。後魏師伐之，辰令其子力俟提距戰，爲魏所敗。魏人乘勝濟河，克代來，執辰殺之。勃勃乃奔于叱干部。〔註1〕

《晉書》係唐初官修史書，唐朝史臣的一大貢獻就在於創建了「載記」這一新的史書體裁，專門用以記述「五胡」等少數民族首領的事蹟，其實質仍然屬於「列傳」，所以名其爲「載記」，大概是因爲這些五胡首領畢竟曾經封邦建國，加上有崔鴻《十六國春秋》一類的史書修撰在前，故爲與一般的「列

〔註 1〕《晉書》卷一三○《赫連勃勃載記》，第 3201 頁。

傳」相區別，而名之爲載記。

《赫連勃勃載記》之史源，主要基於魏收所著《魏書》相關紀傳，特別是卷九五《鐵弗劉虎傳》及其所附子孫諸傳，包括務桓（又名豹子）、衛辰、屈子（即赫連勃勃）、昌（即赫連昌）、定（即赫連定）等，則爲《晉書》載記之核心史料來源。從某種意義上可以認爲，《晉書》載記就是對《魏書》卷九五的縮寫，只不過語言更爲簡潔，敘事重心也落到赫連勃勃的身上而已。由此，我們看到了這樣的情況，即載記的文字雖然較爲簡略，但包含的信息量很大，不僅指出了赫連氏的種族所屬，還將赫連勃勃的曾祖、祖父、父親三代行蹟基本表述清楚，從而爲我們進一步探討赫連氏的歷史提供了考察的線索。

田餘慶氏曾以《代北地區拓跋與烏桓共生關係——〈魏書・序紀〉有關史實解析》[註2]爲題，對北魏早期歷史進行考釋，田餘慶氏這篇著作的意義，我以爲不僅表現在對北魏早期歷史的探討方面，更在於其中所提出的一個概念——少數民族之間的「共生關係」。徵諸史實，「五胡十六國」時期，少數民族之間的「共生關係」實爲一種常態，因爲沒有哪一個民族能夠孤立存在，而是表現爲你中有我，我中有你的共生共存之關係。作爲「雜胡」之一的鐵弗劉氏，自然也不例外，其與拓跋鮮卑、慕容鮮卑、河西鮮卑（禿髮氏、乞伏氏）、匈奴（漢趙）、羯族（後趙）、氏族（前秦）等眾多民族之間，都存在著不同程度、不同方式的依存關係。因此，探討赫連氏先世的行蹟，就要從鐵弗劉氏與其它民族之間的關係入手，不過，在諸多有往還的民族中，主次之分也是客觀存在的事實。因此，本文考述赫連氏先世之行蹟，選擇鐵弗劉氏與拓跋鮮卑的「共生」關係作爲討論的中心。

鐵弗劉氏與拓跋鮮卑在血統上的親緣關係，對於二者之間的社會關係必然有所影響。[註3]然而，隨著社會的發展進步，雙方之間血緣關係的影響必

[註2] 田餘慶撰：《代北地區拓跋與烏桓共生關係——〈魏書・序紀〉有關史實解析》，原刊《中國史研究》2000 年第 3、4 期，後收入所著《拓跋史探》，第 108～187 頁，北京，三聯書店，2003。

[註3] 關於拓跋鮮卑的種族問題，中外學者頗多討論，如呂思勉、馬長壽、【日】白鳥庫吉、唐長孺、周一良、田餘慶、林幹、孫同勛、姚薇元、黃烈諸氏均有論述。近有張金龍氏通過對諸家意見的詳盡考辨，從文獻記載、語言族屬、人種學、社會習俗等方面，對拓跋鮮卑的種族問題進行多角度的總結式研討，得出了「拓跋鮮卑是上古至秦漢以前北方草原遊牧民族匈奴的一個部落或氏族，應該還是接近事實的」、「拓跋鮮卑爲東胡後裔」等重要結論（詳參氏著：《北魏政治史》

然日漸淡漠，從而導致他們之間的聯繫，更多地表現在社會政治的層面。如果僅據《晉書·赫連勃勃載記》所載，大概只能看到劉虎、劉務桓（豹子）、劉衛辰三代，與拓跋鮮卑關係近密的事實。但實際上，鐵弗劉氏與拓跋鮮卑之淵源可以上溯到更早時期，據《魏書·鐵弗劉虎傳》略云：

> 鐵弗劉虎，南單于之苗裔，左賢王去卑之孫，北部帥劉猛之從子，居於新興慮虒之北。北人謂胡父鮮卑母爲「鐵弗」，因以爲號。猛死，子副崙來奔。虎父誥升爰代領部落。誥升爰一名訓兜。誥升爰死，虎代焉。虎一名烏路孤。始臣附於國，自以衆落稍多，舉兵外叛。〔註4〕

可見，鐵弗劉氏與拓跋鮮卑發生政治關係，至遲可以上溯到劉副崙投奔拓跋鮮卑、誥升爰代領鐵弗部落的時候。劉猛死後，其子劉副崙以拓跋鮮卑爲投奔對象，並不僅僅因爲鐵弗劉氏與拓跋鮮卑之間存在血緣方面的聯繫，還因爲雙方在經濟、政治等社會關係上，也有密切往還。

爲方便下文討論的展開，茲據林幹、陸峻嶺氏合編之《中國歷代各族紀年表》，先將鐵弗劉氏的世系傳承摘錄如下：誥升爰，272～308 年；劉虎，約309～341 年；劉務桓（豹子），342～355 年；劉閼（陋）頭，356～358 年；劉悉勿祁，359 年；劉衛辰，360～391 年。〔註5〕

二、從誥升爰到劉悉勿祁：以劉虎爲中心

誥升爰統率鐵弗劉氏部落，從公元 272 年至 308 年，這應當是鐵弗劉氏有明確紀年的開始時期。拓跋鮮卑有明確紀年的歷史，始於公元 220 年，只不過比鐵弗劉氏早了幾十年，更何況拓跋鮮卑的早期歷史很大程度上還是魏收推算出來的結果，並不一定準確。因此，我們完全有理由相信，鐵弗劉氏

第一冊，第四章《拓跋鮮卑的種族：以學界的研究爲中心》，第 178～226 頁，蘭州，甘肅教育出版社，2008。）正是基於拓跋鮮卑擁有匈奴的血統，故上述學者多不否認拓跋鮮卑與鐵弗劉氏之間也存在血緣關係。在這個問題上，筆者贊同馬長壽、姚薇元二氏所提出的「禿髮」、「拓跋」與「鐵弗」爲同一詞彙之不同音譯的觀點（馬長壽撰：《烏桓與鮮卑》，第 27 頁，桂林，廣西師範大學出版社，2006。前揭姚薇元撰：《北朝胡姓考·內篇·宗族十姓》「元氏」條，第6 頁。）換言之，拓跋鮮卑、河西鮮卑禿髮氏與鐵弗劉氏三者，均爲匈奴與鮮卑混血之東胡種，彼此之間具有十分親近的血緣關係。

〔註4〕《魏書》卷九五《鐵弗劉虎傳》，第 2054 頁。
〔註5〕林幹、陸峻嶺編：《中國歷代各族紀年表》，第 634 頁，呼和浩特，內蒙古人民出版社，1984。

的實際歷史紀年，可能並不晚於拓跋鮮卑，二者作爲有親近血緣的部落，彼此發生密切關係的時間，應該可以追溯到更早的時代。基於拓跋鮮卑建立「代」國，是在公元 338 年（即拓跋什翼犍建國元年）的事實，我們至少可作如下斷言：鐵弗劉氏與拓跋鮮卑之間建立密切的政治關係，時間肯定在「代」政權建立之前，當時拓跋鮮卑在社會形態上，與鐵弗劉氏並無實質性差別，也處在部落聯盟的時代，或正處於部落聯盟向封建國家轉化的過渡時期。

公元 295 年，拓跋祿官（295～307 年在位）繼統鮮卑諸部，將鮮卑分爲三部，其中拓跋猗盧所統一部，居於定襄之盛樂故城。拓跋猗盧，即《魏書·序紀》所說的穆帝，公元 295 年，「穆帝始出并州，遷雜胡北徙雲中、五原、朔方。又西渡河擊匈奴、烏桓諸部。自杏城以北八十里，迄長城原，夾道立碣，與晉分界。」〔註6〕拓跋猗盧出并州，遷雜胡北徙雲中、五原、朔方，以及西渡河擊匈奴、烏桓諸部，並最終和西晉分界而治，對於拓跋鮮卑疆土的拓展具有歷史性意義。不過，拓跋猗盧遷雜胡北徙，渡河擊匈奴、烏桓諸部的軍事行動，是一把雙刃劍，此舉固然擴大了鮮卑拓跋部落的活動土域，但同時也埋下了拓跋鮮卑和「雜胡」、「匈奴、烏桓諸部」紛爭的種子。

公元 306 年，亦即拓跋猗盧繼統拓跋部落的第三年，「白部大人叛入西河，鐵弗劉虎舉眾於雁門以應之，攻（劉）琨新興、雁門二郡。」〔註7〕白部大人起兵反叛拓跋鮮卑，劉虎在雁門舉兵響應，並進攻西晉劉琨駐防的新興、雁門二郡。考察劉虎起兵呼應白部反叛的動機、原因，應該從民族、政治、軍事等多方面入手。

首先，來看白部與鐵弗劉氏的民族屬性，及二者之間是否存在血緣方面的關係。《魏書》有關「白部」的記載還有幾條，茲臚列如下：

> （始祖神元帝拓跋力微）三十九年（258），遷於定襄之盛樂。
>
> 夏四月，祭天，諸部君長皆來助祭，唯白部大人觀望不至，於是徵而戮之，遠近肅然，莫不震懾。（《魏書》卷一《序紀》，第 3 頁）
>
> （昭成帝拓跋什翼犍）三十九年（376），符堅遣其大司馬符洛率眾二十萬及朱彤、張蚝、鄧羌等諸道來寇，侵逼南境。冬十一月，白部、獨孤部禦之，敗績。南部大人劉庫仁走雲中。（《魏書》卷一《序紀》，第 16 頁）

〔註 6〕《魏書》卷一《序紀》，第 6 頁。
〔註 7〕《魏書》卷一《序紀》，第 7 頁。

（劉）庫仁弟眷，繼攝國事。白部大人絜佛叛，眷力不能討。
乃引苻堅并州刺史張蚝擊佛，破之。（《魏書》卷二三《劉庫仁附弟
眷傳》，第 605 頁）

據此可知，白部也是一個很早就與拓跋建立密切關係的部落，這一點與鐵弗
劉氏頗爲相似。258 年拓跋力微主持召開部落聯盟大會，確立首領地位，白部
大人因「觀望不至」，而被力微處死，因此，白部聽命於拓跋的時間，肯定也
應該在 258 年以前。拓跋什翼犍三十九年（376），前秦入侵拓跋南境，白部
與獨孤部聯合抗禦，表明此二部均聽命於拓跋鮮卑爲首的部落聯盟。《資治通
鑒》於此事，則云：「代王什翼犍使白部、獨孤部南禦秦兵，皆不勝。」〔註8〕
則清楚地說明，拓跋什翼犍乃是這個部落聯盟的首領。

白部屬於何種部落？據胡三省云：「鮮卑有白部。後漢時鮮卑居白山者，
最爲強盛，後因曰白部。」〔註9〕是明確指白部爲鮮卑部落之一，因居住於
白山，故曰白部。一直到唐代，白部仍然存在，據《新唐書·黑水靺鞨傳》
云：

黑水靺鞨居肅慎地，亦曰挹婁，元魏時曰勿吉。直京師東北六
千里，東瀕海，西屬突厥，南高麗，北室韋。離爲數十部，酋各自
治。其著者曰粟末部，居最南，抵太白山，亦曰徒太山，與高麗接，
依粟末水以居，水源於山西，北注它漏河；稍東北曰汩咄部；又次
曰安居骨部；益東曰拂涅部；居骨之西北曰黑水部；粟末之東曰白
山部。部間遠者三四百里，近二百里。

白山本臣高麗，王師取平壤，其眾多入唐，汩咄、安居骨等皆
奔散，寖微無聞焉，遺人迸入渤海。〔註10〕

按，唐代之靺鞨即北魏之勿吉，由此可知，靺鞨之白山部，當即北魏時代之
鮮卑白部。〔註11〕這表明，白（山）部在魏晉南北朝時代隨拓跋鮮卑西遷者，
只是其中一部，仍有一部分繼續保留在東北原地。至隋唐之際，白山部臣屬
於高麗，至唐高宗時克平壤，定高麗，白山部眾多數入唐，汩咄、安居骨諸

〔註 8〕《資治通鑒》卷一〇四晉孝武帝太元元年（376）十一月，第 3278 頁。
〔註 9〕《資治通鑒》卷一〇四晉孝武帝太元元年（376）十一月「代王什翼犍使白部、
　　　　獨孤部南禦秦兵，皆不勝」條胡注，第 3278 頁。
〔註 10〕《新唐書》卷二一九《北狄·黑水靺鞨傳》，第 6177～6178 頁。
〔註 11〕前揭姚薇元氏即持此說，詳參氏著《北朝胡姓考》內篇第三《內入諸姓》「和
　　　　氏」條，第 77～80 頁。

部奔散流亡，留在當地者則併入渤海，成爲黑水靺鞨之一部。易言之，白（山）部一直到唐高宗平高麗後，才逐漸消逝於歷史記錄。〔註12〕

肯定白部爲鮮卑之一部落後，我們還注意到魏晉南北朝時另有所謂「白虜」。陳寅恪氏就曾討論過「白虜」的問題，他認爲「白虜」本爲氐族苻秦對鮮卑的貶稱，此鮮卑開始是指西部鮮卑，後來，逐漸演變爲所有號稱鮮卑人的罵名。〔註13〕西部鮮卑之所以被罵爲「白虜」，是因爲其種族具有「面白鬚黃」的相貌特徵。那麼，「白部」是否也可以被人罵作「白虜」呢？白部既然是一個鮮卑人的部落，那麼血統中也可能擁有和西部鮮卑相同的成份，因此具有「面白鬚黃」這一相貌特徵的可能性，也就不能完全排除，由此一來，「白部」被視爲「白虜」也就成爲極可能之事，更何況前揭《魏書》所載白部的活動地點，主要就在今晉陝交界的黃河河曲一帶，十分巧合的是，這一帶曾經一度也是「白虜」的主要活動區域。

白部與「白虜」之間的關係，並非本文討論的重點，因此，只要肯定白部原爲鮮卑的一個部落，我們就可以斷言，白部與「胡父鮮卑母」的鐵弗部落之間，存在較爲親近的血緣關係，應當沒有疑問。

其次，我們還可以從軍事政治的層面，分析鐵弗劉氏與白部的關係。血親關係固然是溝通白部與鐵弗的重要紐帶，然隨時代之進步，軍事、政治等社會關係的溝通，對於二者來說更爲重要。實際上，白部與鐵弗之間所保持的密切關係，還可以從《資治通鑑》的敘事方式窺見一斑，我們注意到，《通鑑》敘述白部、鐵弗劉氏的事蹟，常常將二者混在一起，如：

(1) 初，匈奴劉猛死，右賢王去卑子之誥升爰代領其眾。誥升爰卒，子虎立，居新興，號鐵弗氏，與白部鮮卑皆附於漢。（卷八七晉懷帝永嘉三年/309 四月，第 2744 頁）

(2) 劉琨自將討劉虎及白部，（胡注：白部，鮮卑也。琨以劉虎及白部皆附漢，故討之。）遣使卑辭厚禮說鮮卑拓跋猗盧以請兵。

〔註12〕按，正文揭示之《新傳》所載東北諸部中，有白山部、黑水部，「白山黑水」一詞在東北地區歷來可以確指，白山即長白山，黑水即黑龍江。由此可以進一步確定，白（山）部所居之白山，應當就是長白山。《新傳》所云「白山本臣高麗……」云云，則清楚地表明，白（山）部在魏晉南北朝時期的最初活動區域就在長白山（長白山，即今日朝鮮最高領導人稱爲聖地之白頭山也），後來有一部分輾轉遷至今內蒙古、山西交界地區活動。

〔註13〕前揭《陳寅恪魏晉南北朝史講演錄》第五篇《徙戎問題》，第 96 頁。

> 猗盧使其弟弗之子鬱律帥騎二萬助之，遂破劉虎、白部，屠其營。
>
> 琨與猗盧結爲兄弟，表猗盧爲大單于，以代郡封之爲代公。（卷八七
> 晉懷帝永嘉四年／310 十月，第 2752 頁）

前揭公元 306 年白部反叛，劉虎響應，共同出擊劉琨；309 年，劉虎與白部同時歸附匈奴劉淵；310 年劉琨聯合拓跋猗盧，征討劉虎、白部，拓跋猗盧因爲襄助劉琨，擊破劉虎、白部有功，劉琨上表朝廷，封猗盧爲大單于、代公，拓跋鮮卑「代」政權即始於此。這三次事件乃是「五胡亂華」初期發生於胡族中的重要軍事、政治行爲，在這三次重要行動中，無論是作爲事件的主動發起者，還是作爲事件中被征討的對象，鐵弗劉氏與白部均呈共同進退的關係，鐵弗劉氏與白部之間的親密聯繫由此可見。

鐵弗與白部何以聯繫如此緊密？其中原因，很可能與前揭公元 295 年拓跋猗盧遷徙雜胡的軍事行動存在一定的因果關係。我推測，白部、鐵弗劉氏很可能就在 295 年所遷「雜胡」或「匈奴、烏桓諸部」之列，儘管拓跋猗盧遷徙雜胡的動機不甚清楚，但可以肯定的是，這次遷徙帶有強迫性，從而引起白部、鐵弗等部的不滿。這應當就是 306 年白部反叛走奔西河，而劉虎舉兵以相呼應，以及 309 年白部、鐵弗同時歸附劉淵之原因所在。換言之，白部與鐵弗 306 年的反叛，以及 309 年歸附劉淵漢政權的行動，某種意義上正是對 295 年拓跋猗盧強制遷徙雜胡行動的反抗，此二事之間明顯具有因果關係。

另外，我們還注意到，白部反叛後的去向爲「西河」，而 310 年劉琨與拓跋鬱律協同作戰，擊破白部與鐵弗，劉虎「收其餘燼，西走度河，竄居朔方」[註14]，其戰敗後的歸宿也是西河。白部與鐵弗劉虎不約而同地選擇「西河」作爲最後的容身之地，隱約顯示出，河西作爲「雜胡」或「匈奴、烏桓諸部」的麕集之地，對於白部、鐵弗等「雜胡」實具有戰略性的意義。同時，這也進一步側證白部與鐵弗在種群上的親密聯繫，因爲當他們隨拓跋鮮卑西遷南下，來到黃河河曲一帶之後，就已經被視爲「河西鮮卑」或是河西「雜胡」了。

自 306 年舉兵策應白部以後，劉虎就不斷以朔方爲基地，對拓跋鮮卑西境進行襲擾，從而成爲威脅拓跋鮮卑西部邊疆的勁敵。面對鐵弗劉氏的不斷襲擾，拓跋鮮卑在相當長的時期並無太多應對之策，除了軍事反擊之外，只能通過締結婚姻等羈縻之法，希望以此換取西邊的和平局面。如 318 年，劉虎以朔方爲據點，進犯拓跋鮮卑的西部，拓跋鬱律帶兵反擊，大敗劉虎，劉虎從弟劉路孤

〔註14〕《魏書》卷一《序紀》，第 7 頁。

率部落投降，鬱律遂以女妻之。〔註15〕在部落制時代，婚姻往往是聯繫兩個部落的重要紐帶，拓跋鬱律在武力打擊劉虎的同時，卻與前來投誠的劉路孤結成姻親，這當然是一種政治策略，目的在於分化瓦解鐵弗部落。

341年十月，劉虎再次進攻拓跋鮮卑的西部邊境，被拓跋什翼犍擊潰，劉虎僅以身免，不久之後死去，其子劉務桓（豹子）代領鐵弗劉氏部落。劉務桓繼承統治權後，主動遣使臣服於拓跋，什翼犍遂「以女妻之。」〔註16〕劉務桓歸服拓跋鮮卑，什翼犍即以女妻之，依然是一種羈縻政策。由此可知，即便鐵弗劉氏受到重創，卻依然保持相當的實力，什翼犍欲穩定西河地區，仍然要對其進行籠絡。

劉務桓（豹子）繼統鐵弗部落後，在「臣服」拓跋鮮卑的同時，還接受了羯族後趙的官職，被石虎任命爲平北將軍、左賢王、丁零單于。不過，他接受後趙的任命，並不像「臣服」拓跋鮮卑那樣光明正大，而是暗中溝通。〔註17〕劉務桓潛通後趙的行爲，對拓跋鮮卑來說其實並非秘密，但拓跋什翼犍顯然採取了默認或佯裝不知的態度，其中原因依然是基於鐵弗劉氏實力強大，不宜採取強硬的姿態，以避免鐵弗劉氏因受到過分刺激，而公開投靠後趙這一嚴重後果的發生。

從稱臣於什翼犍，一直到劉務桓死去的十餘年間，拓跋鮮卑西部邊疆地區一直比較平穩，這充分顯示出鐵弗劉氏在河西一帶的特殊地位，甚至可以說，正是由於鐵弗劉氏的臣服，拓跋鮮卑西部邊境的和平才有了保障。然而，到什翼犍建國十九年（356）正月，劉務桓死，其弟閼頭繼承部落統帥權，河西地區再度呈現不穩定的態勢。〔註18〕據《魏書・序紀》略云：

> 十九年春正月，劉務桓死，其弟閼頭立，潛謀反叛。二月，帝西巡，因而臨河，使人招喻，閼頭從命。
>
> ……

〔註15〕《魏書》卷一《序紀》，第9頁。

〔註16〕《魏書》卷一《序紀》，第12頁。

〔註17〕《魏書》卷九五《鐵弗劉虎附務桓傳》：「務桓，一名豹子。招集種落，爲諸部雄。潛通石虎，虎拜爲平北將軍、左賢王。」（第2054頁）顯然，劉務桓與後趙石虎之間的往來，並不像臣服拓跋鮮卑那樣公開，而是在秘密狀態下進行。

〔註18〕按，劉務桓之弟劉閼頭，《魏書》卷一《序紀》記爲「閼頭」，同書卷九五《鐵弗劉虎傳》，則記爲「閼陋頭」。當是音譯所造成的不同。

二十一年，闊頭部民多叛，懼而東走。渡河，半濟而冰陷，後
眾盡歸闊頭兄子悉勿祈。初，闊頭之叛，悉勿祈兄弟十二人在帝左
右，盡遣歸，欲其自相猜離，至是，悉勿祈奪其眾。闊頭窮而歸命，
帝待之如初。〔註19〕

據諸《序紀》所載，劉闊頭繼劉務桓之後，掌握部落統帥權，曾圖謀反叛，
但並不成功。劉闊頭反叛不能成功，主要因爲鐵弗部落內部失和。

細繹《魏書·序紀》所載，可知鐵弗內部的分裂局面，有可能是由拓跋
什翼犍實施離間之計，對其進行分化的策略所造成。我們注意到，什翼犍建
國二十一年（358）劉闊頭部民叛亂時，反叛者多數逃往河東拓跋鮮卑境內，
以及部落叛逃後眾盡歸其兄子悉勿祈，此二事充分顯示出，鐵弗部落內部此
時出現了相當嚴重的分裂。對於鐵弗內部的分裂傾向，什翼犍顯然早有覺察，
故而在闊頭謀劃反叛之際，將悉勿祈兄弟十二人全部遣返其部落，「欲其自相
猜疑」。什翼犍的離間計十分成功，實際效果也很理想，悉勿祈作爲親拓跋鮮
卑勢力的代表，成功奪取了劉闊頭對鐵弗劉氏部落的控制權。劉闊頭不得已
只好重新歸服拓跋鮮卑，劉闊頭歸降後，什翼犍之所以「待之如初」，也是爲
了利用他來制衡悉勿祈，正如當初用悉勿祈牽制闊頭一樣，只不過這個時候
相互牽制的雙方在角色上對調了一下位置而已。

三、劉衛辰時代：從助秦滅代到拓跋滅劉

然而，在取得部落統帥權僅一年之後，悉勿祈便死去，死因不明。鐵弗
部落統帥權由其弟劉衛辰掌控。劉衛辰，劉務桓（豹子）第三子，劉衛辰繼
統部落不久，即遣子朝貢於拓跋鮮卑，雙方關係一度頗爲密切。據《魏書》
卷一《序紀》：

（拓跋什翼犍）二十二年／359……悉勿祈死，弟衛辰立。秋八
月，衛辰遣子朝貢。

二十三年／360夏六月，皇后慕容氏崩。秋七月，衛辰來會葬，
因而求婚，許之。

二十四年／361春，衛辰遣使朝聘。〔註20〕

〔註19〕《魏書》卷一《序紀》，第14頁。
〔註20〕《魏書》卷一《序紀》，第14頁。按，引文中的公元紀年時間，爲筆者所加，
　　　　下同。

從字面上看，劉衛辰似是稱臣於拓跋鮮卑，但實際上恐非如此。因爲《魏書》作爲北魏的「國史」，其敘事中心乃是拓跋鮮卑，故而在記述拓跋鮮卑與其它政權的外交關係時，均記錄爲對方向拓跋鮮卑「朝貢」或「朝聘」，以此顯示拓跋鮮卑的核心地位。因此，所謂劉衛辰「遣子朝貢」、「遣使朝聘」，在很大程度上乃是魏收的美化之辭，劉衛辰至多只是名義上臣服於拓跋鮮卑，而在實際上完全不受其控制。正如張金龍氏所判斷的那樣，劉衛辰「遣子朝貢」、「會葬」、「遣使朝聘」的行爲，「正是此兩個部族互不相統的表現」[註21]。

鐵弗劉氏在劉衛辰時代，勢力盛極一時，正是因爲其實力強大，故拓跋什翼犍在處理與鐵弗劉氏的關係時，就表現得極爲謹愼和重視。如劉衛辰向拓跋求婚，什翼犍遂「以女妻衛辰」[註22]，而與劉衛辰同爲匈奴南單于後裔的獨孤部劉庫仁，乃是什翼犍的外甥，所娶卻不過是拓跋氏的宗室之女[註23]，遠不能與劉衛辰娶什翼犍親生女相比。此事正表明劉衛辰所部實力強大，故什翼犍必須刻意對其進行籠絡。

然而，大約從什翼犍二十八年（365）以後，直到道武帝拓跋珪登國六年（391），劉衛辰戰敗被殺，鐵弗劉氏與拓跋鮮卑之間，進入了綿延二十多年的戰爭時期。據《魏書》卷一《序紀》略云：

> 二十八年／365 春正月，衛辰謀反，東渡河。帝討之，衛辰懼而遁走。（第 15 頁）

> 三十年／367 冬十月，帝征衛辰。時河冰未成，帝乃以葦絚約澌，俄然冰合，猶未能堅，乃散葦於上，冰草相結，如浮橋焉。眾軍利涉，出其不意，衛辰與宗族西走，收其部落而還，俘獲生口及馬牛羊數十萬頭。（第 15 頁）

> 三十一年／368 春，帝至自西伐，班賞各有差。（第 15 頁）

> 三十七年／374，帝征衛辰，衛辰南走。（第 16 頁）

> 三十八年／375，衛辰求援於符堅。（第 16 頁）

> 三十九年／376，符堅遣其大司馬符洛率眾二十萬及朱彤、張

〔註21〕前揭氏著《北魏政治史》第一冊，第三章，第 166 頁。

〔註22〕《魏書》卷九五《鐵弗劉虎附子衛辰傳》，第 2055 頁。

〔註23〕《魏書》卷二三《劉庫仁傳》：「劉庫仁，本字沒根，劉虎之宗也，一名洛垂。少豪爽，有智略。母平文皇帝之女。昭成皇帝復以宗女妻之，爲南部大人。」（第 604 頁）

蚨、鄧羌等諸道來寇,侵逼南境。冬十一月,白部、獨孤部禦之,
敗績。南部大人劉庫仁走雲中。帝復遣庫仁率騎十萬逆戰於石子嶺,
王師不利。帝時不豫,羣臣莫可任者,乃率國人避於陰山之北。高
車雜種盡叛,四面寇鈔,不得芻牧。復度漠南。堅軍稍退,乃還。
十二月,至雲中,旬有二日,帝崩,時年五十七。(第16頁)

又據《魏書》卷二《太祖紀》略云:

> (拓跋珪,登國元年/386)春正月戊申,帝即代王位,郊天,
> 建元,大會於牛川。……冬十月,(慕容)賀驎軍未至而寇已前逼,
> 於是北部大人叔孫普洛等十三人及諸烏丸亡奔衛辰。帝自弩山遷幸
> 牛川,屯于延水南,出代谷,會賀驎於高柳,大破窟咄。窟咄奔衛
> 辰,衛辰殺之,帝悉收其眾。(第20~21頁)

> (登國五年/390)夏四月丙寅,行幸意辛山,與賀驎討賀蘭、
> 紇突隣、紇奚諸部落,大破之。六月,還幸牛川。衛辰遣子直力鞮
> 寇賀蘭部,圍之。賀訥等請降,告困。秋七月丙子,帝引兵救之,
> 至羊山,直力鞮退走。(第23頁)

> (登國六年/391)秋七月壬申,講武於牛川……其月,衛辰遣
> 子直力鞮出梱楊塞,侵及黑城。九月,帝襲五原,屠之。收其積穀,
> 還紐垠川。於梱楊塞北,樹碑記功。……十有一月戊辰,還幸紐垠川。
> 戊寅,衛辰遣子直力鞮寇南部。己卯,車駕出討。壬午,大破直力鞮
> 軍於鐵歧山南,獲其器械輜重,牛羊二十餘萬。戊子,自五原金津南
> 渡河。辛卯,次其所居悅跋城,衛辰父子奔遁。壬辰,詔諸將追之,
> 擒直力鞮。十有二月,獲衛辰尸,斬以徇,遂滅之。語在《衛辰傳》。
> 衛辰少子屈丐,亡奔薛干部。車駕次于鹽池。自河巳南,諸部悉平。
> 簿其珍寶畜產,名馬三十餘萬匹,牛羊四百餘萬頭。班賜大臣各有差。
> 收衛辰子弟宗黨無少長五千餘人,盡殺之。(第24頁)

以上所列《魏書》卷一、卷二所載,基本可以勾畫出劉衛辰時期鐵弗劉氏與
拓跋鮮卑和戰的歷史線索,在大約二十六、七年期間(365~391),雙方或戰
或和,而以爭戰爲主。

考察劉衛辰其間的行迹,主要應該關注雙方的幾次重要戰爭。就雙方總體
戰爭形勢來看,劉衛辰基本處於一種「屢敗屢戰」的地位,但是在拓跋什翼犍
三十九年(376)前秦滅代的戰爭中,劉衛辰卻扮演了極爲重要的嚮導角色。

　　首先要關注的問題是，劉衛辰爲何在每次戰敗不久，很快又能夠聚積起「叛亂」的力量呢？徵諸上引相關史料，其中原因主要有二：

　　其一，鐵弗劉氏有相對穩固的後方，這就使得它能夠在戰敗後獲得修整的棲身之地，或是擁有同拓跋進行周旋的戰略空間。鐵弗劉氏的後方基地或活動核心區域，當即黃河河曲的「西河」一帶。其理由是，什翼犍二十八（365），劉衛辰「謀反」，其行軍方向是「東渡河」，顯然是從河西出發，準備東渡黃河攻擊拓跋的代北地區。三十年（367）冬，什翼犍征討劉衛辰，首先需要渡過黃河，在利用河冰出其不意渡過黃河之後，劉衛辰率部衆「西走」，則是去往黃河以西更遠的朔方一帶。這表明，河西朔方一帶早就成爲鐵弗劉氏的實際控制區域。〔註24〕另外，三十一年（368）「帝至自西伐，班賞各有差」，表明什翼犍是從西部地區班師而回，進一步側證拓跋鮮卑攻擊鐵弗劉氏，必須進入其西部腹地。

　　其二，與當時諸族混戰的時代背景有關係。我們注意到，鐵弗劉氏爲了同拓跋鮮卑抗衡，還與包括前秦在內的其它部族或政權結成同盟。徵諸史載，劉衛辰在戰爭失利的情況下，曾不止一次向苻堅向前秦求援，並獲得支持。三十九年（376），前秦滅代戰役，其前哨戰實爲三十七、三十八（374、375）劉衛辰和拓跋鮮卑之間的爭戰，劉衛辰被什翼犍擊敗之後，向苻堅求援，並最終充當了前秦滅代的戰爭嚮導，據《資治通鑒》晉孝武帝太元元年（376）十月載：

> 衛辰爲代所逼，求救於秦，秦王堅以幽州刺史行唐公（苻）洛爲北討大都督，帥幽、冀兵十萬擊代；使并州刺史俱難、鎮軍將軍鄧羌、尚書趙遷、李柔、前將軍朱肜、前禁將軍張蚝、右禁將軍郭慶帥步騎二十萬，東出和龍，西出上郡，皆與洛會，以衛辰爲鄉導。〔註25〕

在劉衛辰的嚮導之下，前秦此次出兵一舉滅掉拓跋鮮卑的代政權。滅代之後，前秦主力部隊隨即撤出拓跋鮮卑統治的代北地區，這是因爲前秦的戰略方向，主要不在代北，而在西南和東南方向。不過，爲了對拓跋鮮卑故地實施

〔註24〕田餘慶氏就曾指出：「其實劉衛辰在河西朔方諸雜類（包括拓跋）中的統治地位，早在苻堅巡撫朔方之時就已確定了，滅代後苻堅命劉衛辰統領黃河以西，只是沿襲已有的局面。」（前揭《代北地區拓跋與烏桓的共生關係——〈魏書·序紀〉有關史實解析》，《拓跋史探》，第176～177頁。）

〔註25〕《資治通鑒》卷一〇四晉孝武帝太元元年（376）十月，第3277頁。

有效控制，苻堅將所佔領的代政權統治區域，分爲東、西兩個部分，鐵弗劉衛辰在西，獨孤劉庫仁在東。此事《魏書》卷二《太祖紀》、卷二三《劉庫仁傳》、卷九五《鐵弗劉虎附衛辰傳》均有記載。苻堅的這個安排，本來就有「以夷制夷」的政治意圖，目的在於造成鐵弗、獨孤和賀蘭等部落相互鉗制的局面，從而確保前秦對代北地區的有效控制。〔註26〕

　　然而，不久之後，劉衛辰卻發動了叛秦的戰爭，隱約透露出劉衛辰對於苻堅的這個政治安排可能並不滿意，從他叛秦以後的攻擊方向主要就是河東地區的事實來看，大概劉衛辰更希望能夠獲得黃河以東拓跋核心區域——代北的控制權。幾乎與此同時，劉衛辰與劉庫仁之間也發生了較爲激烈的爭鬥，其導火索應當也在於此，即因爲劉庫仁獲得了代北地區的控制權。不過，如果用更爲長遠的眼光來看，「（苻）堅後以衛辰爲西單于，督攝河西雜類，屯代來城」的這個安排，卻收到了「無心插柳」的效果，因爲這使得鐵弗劉氏在河西地區的根基更加厚重，並最終爲後來赫連勃勃建立大夏國奠定了基礎。

　　在前秦滅代的戰爭中，劉衛辰充當了嚮導，表明他與前秦早就建立了同盟關係或是歸服前秦。劉衛辰臣服於前秦的時間，《資治通鑒》繫年於苻堅「僭位五年」之前，苻堅即位的時間爲什翼犍建國二十年（357），由此向後推導，則劉衛辰降秦時間當在362年前後。不過，劉衛辰並不甘心永遠臣服於別人，

〔註26〕　苻堅滅代之後對代北地區的政治安排，其戰略指導思想爲部族相制，主要謀劃者則爲燕鳳，據諸史載，苻堅在滅代之後，本擬將拓跋遷往長安，燕鳳堅決表示反對，並勸説苻堅：「代王初亡，羣下叛散，遺孫沖幼，莫相統攝。其別部大人劉庫仁，勇而有智；鐵弗衛辰，狡猾多變，皆不可獨任。宜分諸部爲二，令此兩人統之；兩人素有深讎，其勢莫敢先發。俟其孫稍長，引而立之，是陛下有存亡繼絕之德於代，使其子子孫孫永爲不侵不叛之臣，此安邊之良策也。」（《資治通鑒》卷一〇四晉孝武帝太元元年十二月，第3279頁。）燕鳳的建議，最終被苻堅接受。燕鳳主張的核心內容，即在於利用劉庫仁與劉衛辰之間的世仇而相互牽制，從而實現前秦對代北地區的有效控制。對於苻堅「以夷制夷」的設想，前揭田餘慶氏也表達了類似的觀點，不過，田氏同時也指出，燕鳳的建議同時含有保全拓跋的用意，其略云：「其實劉衛辰在河西朔方諸雜類（包括拓跋）中的統治地位，早在苻堅巡撫朔方之前就已經確定了，滅代後苻堅命劉衛辰統領黃河以西的拓跋，只是沿襲已有的局面……至於以烏桓獨孤與烏桓鐵弗分統拓跋居黃河東、西部落之策略，出自拓跋使者燕鳳，而燕鳳向苻堅獻此策略，細玩《燕鳳傳》語，其意似在保全拓跋，儘量減少強制遷徙之類的暴力措施，而苻堅也得以利用獨孤、鐵弗原來與拓跋的關係看管拓跋，以安定一方局面。」（前揭《代北地區拓跋與烏桓的共生關係——〈魏書·序紀〉有關史實解析》，《拓跋史探》，第177頁。）

故而在降秦三、四年後，即發動了反叛前秦的行動。據《晉書‧苻堅載記上》略云：

> 時匈奴左賢王衛辰遣使降于堅，遂請田內地，堅許之……辰於是入居塞內，貢獻相尋……

> （興寧三年／365）匈奴右賢王曹轂、左賢王衛辰舉兵叛，率眾二萬攻其杏城已南郡縣，屯於馬蘭山。索虜、烏延等亦叛堅而通于辰、轂。堅率中外精銳以討之，以其前將軍楊安、鎮軍毛盛等為前鋒都督。轂遣弟活距戰于同官川，安大敗之，斬活并四千餘級，轂懼而降。堅徙其酋豪六千餘戶於長安。進擊烏延，斬之。鄧羌討衛辰，擒之於木根山。堅自驄馬城如朔方，巡撫夷狄，以衛辰為夏陽公以統其眾。〔註27〕

按，劉衛辰降秦不久就發動叛亂，個中原因諸史不載，我們可以根據相關史料加以推測。

原因之一，歷史的慣性：縱觀鐵弗劉氏的歷史，不難發現，該部有一個明顯的特徵，即無論對哪一個部落，均叛服無常，以前對拓跋鮮卑即是如此，因此，劉衛辰降秦不久就發動反叛，並非偶然，而是具有一定的歷史慣性。

原因之二，鐵弗劉氏實力的強大：鐵弗劉氏此時具有較為強大的實力，且得到右賢王曹轂的配合；進而，從起兵後得到索虜、烏延兩部響應的事實，可知，劉衛辰此時所統之部落，因為實力強勁而成為河西「雜胡」的領頭羊。〔註28〕劉衛辰自恃實力強大，昔日不甘俯首聽命於拓跋鮮卑，自然也就不會

〔註27〕《晉書》卷一一三《苻堅載記上》，第2887～2889頁。

〔註28〕關於此處的「索虜」、「烏延」，前揭田餘慶氏認為：「此處索虜即指拓跋部無疑，而烏延即烏桓。前引《載記》於苻堅擊斬烏延，擒獲劉衛辰之後，『巡撫夷狄，用衛辰為夏陽公以統其眾』。按文意求之，似劉衛辰所統除本屬之鐵弗外，烏延、拓跋亦在其中，而且可能是其主要成分。這就是《載記》所謂的『夷狄』，《資治通鑒》所謂的『諸胡』……如前所述，前秦長城以北、代國黃河以西的所謂朔方地區，漢代以來本有烏桓屯駐。而鐵弗、獨孤也都是廣義的烏桓。對於作為勝利者的氐族來說，烏桓與拓跋同屬異類。」（前揭《代北地區拓跋與烏桓的共生關係——〈魏書‧序紀〉有關史實解析》，《拓跋史探》，第176～178頁）田餘慶氏此處「索虜」即指拓跋的觀點，遭到張金龍氏的質疑，他指出：「《晉書》所載背叛苻堅之『索虜』恐怕並非拓跋什翼犍或其屬部，不排除打著拓跋旗號的某一支『雜胡』部落的可能性。若當時拓跋部協助鐵弗劉衛辰對抗前秦，且當時包括拓跋在內的河西朔方諸雜類都在劉衛辰部的控制之下，則不久之後拓跋與鐵弗的嚴重衝突以及劉衛辰為前秦

甘於凡事都聽從前秦的擺佈，這就是他起兵反秦的根本性原因。

然而，以劉衛辰爲首的反秦行動很快就被壓平，曹轂懼而投降，苻堅將其酋豪六千餘戶遷至長安居住控制；劉衛辰被活捉後，又被任命爲陽夏公，繼續統帥其舊部。我們注意到，苻堅在擒獲劉衛辰之後，非但未將其處死，反而讓他一如從前統帥舊部，其做法與過去拓跋鮮卑對待鐵弗劉氏的方法，幾無二致。隨後前秦滅代戰役，劉衛辰及其部落發揮了重要作用，則反證苻堅當初處置劉衛辰叛亂一事的做法，實屬明智。因爲任何其它外來力量，當時都不足以取代鐵弗劉氏在河西一帶的地位，要穩定該地形勢，非籠絡劉衛辰的鐵弗部落不可。

淝水之戰，苻堅戰敗，造成前秦瓦解，從而爲北方諸族的重新活躍提供了契機。鐵弗劉衛辰的勢力也一度得到更大發展空間。就前揭《魏書・太祖紀》所載來看，無論是 386 年十月，收留叔孫普洛等十三人及諸烏丸亡命，還是 390 年圍攻賀蘭部，迫使賀訥投降，再到 391 年，出栒楊塞，攻擊黑城，都清楚地顯示鐵弗劉氏的實力在這個時期有了長足的發展。鐵弗劉氏儼然已經成爲拓跋珪重建「代」政權之後最爲強勁的對手了。

拓跋珪重建「代」國以後，同鐵弗劉氏展開了激烈的軍事鬥爭，從登國元年（386）起，雙方戰爭不斷，互有勝負。登國六年（391）農曆七至十二月，拓跋珪兩次親征，並最終取得了對鐵弗劉氏的決定性勝利，劉衛辰之子直力鞬被生擒，劉衛辰則被部下所殺，後又遭戮屍之刑，此役之後「自河已南，諸部悉平。簿其珍寶畜產，名馬三十餘萬匹，牛羊四百餘萬頭。」從此，拓跋鮮卑在經略北方的戰場上，再也沒有鐵弗劉氏與之爭戰。

不過，《魏書》帝紀此處記載也有不確之處，其所說「收衛辰子弟宗黨無少長五千餘人，盡殺之」，就不盡符合史實，因爲衛辰第三子屈子，亦即赫連勃勃，就成功逃亡至叱干部落，叱干部酋叱干他斗伏本擬將其囚送北魏，後賴他斗伏兄子叱干阿利之助，勃勃遂得以逃往後秦，從而得以存活。〔註 29〕

軍隊做嚮導消滅拓跋代國，便難以理解。」（前揭氏著《北魏政治史》第一冊第 168 頁）按，本文贊同張金龍氏之說。

〔註 29〕《晉書》卷一三〇《赫連勃勃載記》，第 3201～3202 頁。按，「叱干」即「薛干」。叱干本爲部落名，亦譯爲薛干，係留鮮卑部落之一，本居三城（今陝西膚施縣東、延水之南）。《晉書・赫連勃勃載記》所載「勃勃乃奔叱干部。叱干他斗伏送勃勃于魏」，與《魏書・劉虎傳》所云「屈子亡奔薛干部帥太悉伏」，爲同一事；「薛干太悉伏」，亦即「叱干他斗伏」。詳參前揭姚薇元氏《北朝胡姓考》內篇第四《四方諸姓》「薛氏」條，第 204～207 頁。

要之，從拓跋珪重建代政權的登國元年起，至登國六年十二月劉衛辰被殺，這六年乃是拓跋珪奠定北魏基業的時期，也是鐵弗劉氏與拓跋鮮卑爭奪北方霸權的時期，拓跋鮮卑最終戰勝了鐵弗劉氏，從而確立了北方的統治權，易言之，拓跋珪統一北方的過程，也就是鐵弗劉氏敗亡的過程。

赫連氏夏政權職官制度考論

一、序論

　　407 年（東晉義熙三年、北魏道武帝拓跋珪天賜四年），後秦安北將軍、五原公赫連勃勃以狩獵爲名，襲殺後秦高平鎮將沒弈干，吞併其部眾，建立大夏。對於赫連勃勃建立的大夏政權，無論是《魏書》、《晉書》，還是時間更早的《十六國春秋》等史籍，所載都相當簡略，以至於我們對這個幾乎是最晚建國的「十六國」政權，一直語焉不詳，甚或未曾稍有措意。[註1] 實際上，儘管有關赫連氏夏政權的文字記述十分有限，但從其建國後改年號、「置百官」、改姓氏等一系列舉措中，我們還是隱約感到，赫連氏夏政權在制度建設上，應該並非毫無建樹；赫連氏夏政權二十五年的歷史，也絕對不應因爲時間短暫而被我們所漠視。以下即通過對相關史料的檢索，對赫連氏夏政權的職官制度略加考論。

　　關於夏政權的職官設置情況，《晉書》卷一三〇《赫連勃勃載記》有記載：

　　　　義熙三年，僭稱天王、大單于，赦其境內，建元曰龍昇，署置百官。自以匈奴夏后氏之苗裔也，國稱大夏。以其長兄右地代爲丞相、代公，次兄力俟提爲大將軍、魏公，叱干阿利爲御史大夫、梁公，弟阿利羅引爲征南將軍、司隸校尉，若門爲尚書令，叱以韞爲征西將軍、尚書左僕射，乙斗爲征北將軍、尚書右僕射，自余以次授任。（第 3202 頁）

〔註 1〕按，十六國政權中最晚建國者爲赫連勃勃建立的大夏和高雲建立的北燕，時間都在公元 407 年。

根據這段文字，我們不難發現，赫連氏夏政權的職官設置，與魏晉南北朝時期職官制度的發展流變，保持了相當程度上的同步性，既有既有對兩漢舊制——三公制的繼承和保留，也有對魏晉新制——三省制的吸收和利用，表現出明顯的新舊雜糅的時代特徵。

二、赫連氏夏政權的三公與司隸校尉

赫連氏夏政權職官制度所保留的兩漢舊制方面的內容，主要表現爲繼續設置三公，並保留司隸校尉一職。如所週知，西漢的三公制，只是一種比附性的說法，並不存在實質性的三公，西漢帶有比擬性質的三公，由丞相、太尉、御史大夫三者組成，其中丞相、御史大夫均爲文職，太尉爲武官。三公制的正式形成是在東漢時期，東漢初年，三公名號承襲西漢哀帝之舊稱，分別爲大司馬、大司徒、大司空，光武帝二十七年（51 年），改大司馬爲太尉，省大司徒、大司空前面之「大」字，以太尉、司徒、司空作爲三公的新名號。〔註2〕

赫連氏夏政權所置「三公」，由丞相、大將軍、御史大夫三職組成。其中，丞相、御史大夫名稱與西漢相同，與西漢不同者，是以「大將軍」取代了「太尉」。如果單從名號來看，赫連氏夏政權的三公與東漢差別更大。不過，我們需要特別注意的是，赫連勃勃所設三公，爵位均爲公，級別完全相同，地位尊崇，就其精神實質來說，卻與東漢三公制度完全相同。由此我們或可斷言，赫連氏夏政權的三公制，應當就是對兩漢三公制度的繼承或模仿，從名號來說，其三公制與西漢制度更爲接近，但從內涵而言，則更近乎東漢的情況。

此外，還要特別注意的是，夏政權的三公與赫連勃勃的關係極爲親密。丞相、大將軍二職分別由赫連勃勃的長兄、次兄擔任；擔任御史大夫之職的叱干阿利，既是勃勃昔日落難時有援救之功的恩人，也是他要著力籠絡之鮮卑薛干部酋。關於叱干阿利與赫連勃勃的特殊關係，據前揭《晉書·赫連勃勃載記》略云：

> 後魏師伐之，（劉衛）辰令其子力俟提距戰，爲魏所敗。魏人乘
> 勝濟河，克代來，執辰殺之。勃勃乃奔于叱干部。叱干他斗伏送勃
> 勃于魏。他斗伏兄子阿利先戍大洛川。聞將送勃勃，馳諫曰：「鳥雀

〔註 2〕關於兩漢三公制的問題，詳參前揭《漢唐職官制度研究》，第一章《中央官制》有關「三公」的討論，第1～7頁。

投人，尚宜濟免，况勃勃國破家亡，歸命于我？縱不能容，猶宜任其所奔。今執而送之，深非仁者之舉。」他斗伏懼爲魏所責，弗從。阿利潛遣勁勇篡勃勃于路，送于姚興高平公沒奕于，奕于以女妻之。〔註3〕

按，劉衛辰與拓跋鮮卑戰敗被殺，其子勃勃投奔叱干部，叱干部酋長他斗伏欲送之於拓跋鮮卑，他斗伏兄子叱干阿利極力勸阻，並暗中派人將勃勃送到後秦姚興高平公沒奕干處〔註4〕，勃勃因此得以保全。按，《晉書·載記》所述赫連勃勃逃往叱干部一事，當即《魏書》卷九五《鐵弗劉虎傳》所載「衛辰第三子屈子，亡奔薛干部帥他斗伏」，則《晉書》所說「叱干」，當即《魏書》所說「薛干」；「他斗伏」當即《魏書》所說「太悉伏」，兩書蓋同名異譯。〔註5〕叱干他斗伏既爲鮮卑叱干（薛干）部的酋長，叱干阿利作爲他的姪子，不僅在部落中擁有極高的地位，而且也頗有實力，這正是阿利敢於擅自作主將勃勃暗中送往沒奕干部的憑藉。至於沒奕干公然接納赫連勃勃，並妻之以女，可能也考慮到勃勃乃是阿利送來的人；另外，沒奕干部與叱干部可能也有血緣關係，因爲二者同爲鮮卑部落。

徵諸史實，赫連氏夏政權的三公並非榮譽性虛銜，而是有著實際職權的中央高官。這不僅僅是由於任職者與赫連勃勃之間有著特殊密切的關係，更主要的是他們一直參與現實政治的運作。例如，御史大夫、梁公叱干阿利，

〔註3〕《晉書》卷一三〇《赫連勃勃載記》，第3201～3202頁。
〔註4〕此處「沒奕于」，當作「沒奕干」。《資治通鑒》、《魏書》卷九五《姚興傳》、《鐵弗劉虎傳》均作「沒弈干」，凡諸史作「沒奕于」者，均誤。按，沒奕干，爲鮮卑別種破多羅氏，原居於今甘肅固原縣西笄頭山（諸史或書爲「牽屯山」、「汧屯山」，或誤作「率屯山」、「帥屯山」者）。如前揭《魏書》卷九五《姚興傳》作「沒奕干」，同卷《鐵弗劉虎傳》作「破多羅沒奕干」，同書卷二《太祖紀》作「破多蘭部帥木易于」，《晉書·赫連勃勃載記》則作「沒奕于」。按，「木易于」當爲「木易干」之誤，蓋「于」、「干」二字形近，極易致誤。「木易干」、「沒奕干」爲同音異譯；「破多羅」、「破多蘭」亦同音異譯。據《魏書·官氏志》：「西方破多羅氏後改爲潘氏。」詳參前揭姚薇元氏《北朝胡姓考》內篇第四《四方諸姓》「潘氏」條，第200～204頁。
〔註5〕前揭《北朝胡姓考》內篇第四《四方諸姓》「薛氏」條：「又按叱干本爲部落之名，亦譯薛干……叱音七，與薛極似，譯言無定字。他斗伏即太悉伏……又《魏書·薛野豬傳》云：『父達頭，自姚萇時率部落歸國……野豬少失父母，養於宗人利家。』疑達頭即上述叱干部帥他斗伏之省譯。蓋他斗伏歸魏在登國六年，正姚萇建初六年也。宗人利，疑即他斗伏兄子叱干阿利，野豬之從兄也。」（第204～206頁）

於413年三月以「三公」的身份兼領將作大匠之職，負責統萬城修造。〔註6〕
需知，定都統萬城乃是其時赫連氏夏政權最爲重大的政治事件，因此，修建
都城的重任交由三公之一的御史大夫負責，正說明三公之職在赫連氏夏政權
的政治生活中，絕非無所事事的虛職。赫連氏夏政權三公有實權，與魏晉時
期三公多爲寵待老臣之榮譽性虛銜的普遍情況，顯然有很大區別。

司隸校尉，乃是兩漢魏晉職官系統中的重要職務，始置於西漢武帝徵和
四年（公元前89）。漢武帝初置司隸校尉，秩比二千石，持節統兵，專職「捕
巫蠱，督大姦猾」，後罷領兵權，負責督察京城長安附近的三輔、三河、弘農
等地的治安，在西漢時期，司隸校尉曾歷經漢元帝時去節，漢成帝時罷置，
漢哀帝復置等幾次變化。〔註7〕至東漢光武帝建國，重置司隸校尉，其權力範
圍進一步擴大，除繼續保留西漢時期「察舉百官以下，及京師近郡犯法者」
之權外，又獲得兼領一州「選署及眾事」、「財穀簿書」、「兵事」等軍政大權，
以及所部領七郡之「督促文書，察舉非法」等權力。〔註8〕

作爲職掌「察舉百官」、負責京城周圍地區社會治安，以及兼治地方州郡軍
事的重要職務，司隸校尉的發展歷史雖幾經曲折，但始終保持地位尊崇、權勢
顯赫的特點，魏晉之際，司隸校尉最終發展成爲部屬眾多、機構龐大的國家行
政權力機關，在漢魏（西）晉國家政治生活中扮演了十分重要的角色。〔註9〕

〔註 6〕 按，修建統萬城的時間，《資治通鑑》繫於晉安帝義熙九年（413）三月：「夏
王勃勃大赦，改元鳳翔。以叱干阿利領將作大匠，發嶺北夷、夏十萬人築都
城於朔方水北、黑水之南。」（第 3658 頁）
〔註 7〕 《漢書》卷一九上《百官公卿表上》：「司隸校尉，周官，武帝征和四年初置。
持節，從中都官徒千二百人，捕巫蠱，督大姦猾。後罷其兵。察三輔、三河、
弘農。元帝初元四年去節。成帝元延四年省。綏和二年，哀帝復置，但爲司
隸，冠進賢冠，屬大司空，比司直。」（第 737 頁）
〔註 8〕 據《後漢書志》卷二七《百官志四》：「司隸校尉一人，比二千石。本注曰：
孝武帝初置，持節，掌察舉百官以下，及京師近郡犯法者。元帝去節，成帝
省，建武中復置，并領一州。從事史十二人。本注曰：都官從事，主察舉百
官犯法者。功曹從事，主州選署及眾事。別駕從事，校尉行部則奉引，錄眾
事。簿曹從事，主財穀簿書。其有軍事，則置兵曹從事，主兵事。其餘部郡
國從事，每郡國各一人，主督促文書，察舉非法，皆州自辟除，故通爲百石
云。假佐二十五人。本注曰：主簿錄閣下事，省文書。門亭長主州正。門功
曹書佐主選用。《孝經》師主監試經。《月令》師主時節祠祀。律令師主平法
律。簿曹書佐主簿書。其餘都官書佐及每郡國，各有典郡書佐一人，各主一
郡文書，以郡吏補，歲滿一更。司隸所部郡七。」（第 3613～3614 頁）
〔註 9〕 據《晉書》卷二四《職官志》，司隸校尉的屬官包括：功曹、都官從事、諸曹
從事、部郡從事、主簿、錄事、門下書佐、省事、記室書佐、諸曹書佐守從

直到司馬睿渡江，建立東晉，司隸校尉一職始被罷黜，其職掌由揚州刺史承擔。〔註10〕

　　儘管由於史料的局限，我們對於赫連氏夏政權司隸校尉的職掌、權限、地位、作用等問題，還很難作出具體的判斷，但可以肯定的是，赫連勃勃在建國伊始即設置司隸校尉一職，應當是對兩漢魏（西）晉官制的沿用或模仿，因爲其時東晉的職官序列中已經取消了這一職務的設置。因此，從這個角度來說，司隸校尉一職的創設，在某種程度上反映了赫連氏夏政權在職官制度的建置方面，具有一定的保守性。〔註11〕

三、赫連氏夏政權尚書機構論略

　　尚書機構最早出現於西漢武帝時，歷經兩漢，到魏晉時已逐漸發展爲國家新的行政中樞，在某種意義上代表著魏晉職官制度發展變化的新方向。魏晉之際，尚書臺（省）已經形成了由尚書令——尚書左、右僕射——分曹尚書（即後來隋唐六部之前身）——尚書丞、郎——尚書令史等職官層次所組成的龐大機構，其中尚書令及左、右僕射爲長官，組成尚書機構的領導層，分曹尚書、尚書丞郎及令史則構成各級辦事官員。

　　赫連勃勃甫一建國，即建立尚書機構，並設尚書令、僕以統其事，表明他對代表官制發展主流方向的尚書機構並不陌生，以及對尚書機構的重要性也有了較爲明確的認識。赫連氏夏政權尚書機構，自然是對當時諸政權職官設置的模仿，符合魏晉職官制度發展的新潮流。赫連氏夏政權的尚書機構組成，除尚書令及左、右僕射外，另有如下官職（史料來源：《晉書·赫連勃勃載記》）：

　　　　1、尚書：「遣其尚書金纂率騎一萬攻平涼，姚興來救，纂爲興所敗，死之。」按，此事《資治通鑒》繫於晉安帝義熙六年（410）

　　事、武猛從事等員，凡吏一百人，卒三十二人。（第739頁）

〔註10〕《晉書》卷二四《職官志》，第739頁。

〔註11〕按，赫連勃勃建立大夏政權的時間爲407年（東晉義熙三年），其時處正處於晉宋禪代之際。如正文所述，司隸校尉之職，自東晉元帝渡江，就不再設置，歷時已近百年（317～407，共九十年）。赫連勃勃建立大夏職官制度，不效法東晉新制而模擬漢魏舊制，一方面可能受制於時代條件，並不瞭解職官制度的最新發展潮流，一方面也有可能是主動拒絕，以示其「徵赫與天連也」的功業。無論出於何種原因，司隸校尉一職的創設，還是能夠反映赫連氏夏政權在職官制度的設置上具有一定的保守性，則毋庸置疑。

三月，可知金纂擔任尚書一職，當在此之前，其時夏政權成立僅三年時間，這表明尚書機構成立時，當已置有分曹尚書。〔註12〕

「安定人胡儼、華韜率户五萬據安定，降于勃勃。以儼爲侍中，韜爲尚書」，按，此事《資治通鑑》繫於晉安帝義熙十二年（416）六月〔註13〕，此時距夏政權滅亡還有十五年，正處於夏政權的中期，這表明尚書之職，始終爲夏政權尚書機構之組成人員。

綜合而論，此處所載赫連氏夏政權之尚書，在性質上，與魏晉諸朝的分曹尚書相當。

2、錄（南臺）尚書事：「乃于長安置南臺，以（赫連）璝領大將軍、雍州牧、錄南臺尚書事。」按，此事《資治通鑑》繫於晉恭帝元熙元年（419）二月，赫連勃勃於上年十一月打敗劉義眞，攻克長安，並於灞上即皇帝位，時群臣請定都長安，勃勃認爲此舉不妥，遂在長安設置南臺尚書，任命太子璝爲領大將軍、雍州牧、錄南臺尚書事，負責鎮守長安及處理一切軍政事務。〔註14〕

此赫連氏夏政權之錄南臺尚書事，與魏晉分臺尚書（如行臺、留臺）性質相同，相當於中央尚書臺的派出機構。

3、都官尚書：「於是拜（王）買德都官尚書，加冠軍將軍，封河陽侯。」是王買德曾任都官尚書一職。

按，都官尚書一職，始於曹魏青龍二年所置之都官曹郎，時因爲「有軍事」，故尚書令陳矯奏置。至晉宋之際，都官已經發展爲五曹尚書之一，領都官、水部、庫部、功論四曹，主軍事刑獄。〔註15〕赫連氏夏政權設置都官尚書之職，當是對魏晉官制之模仿。

由此可見，夏政權尚書機構不僅設有尚書令、左僕射、右僕射、分曹尚書（如

〔註12〕 按，金纂，《資治通鑑》作「胡金纂」，據卷一一五晉安帝義熙六年三（410）月：「夏王勃勃遣尚書胡金纂攻平涼，秦王（姚）興救平涼，擊金纂，殺之。」（第3629頁）

〔註13〕 據《資治通鑑》卷一一七晉安帝義熙十二年（416）六月：「征北將軍姚恢棄安定，奔還長安，安定人胡儼等帥户五萬據城降於夏……」（第3687頁）。

〔註14〕 據《資治通鑑》卷一一八晉元帝元熙元年（419）二月：「羣臣請都長安，勃勃曰：……乃於長安置南臺，以赫連璝領大將軍、雍州牧、錄南臺尚書事；勃勃還統萬，大赦，改元眞興。」（第3725～3726頁）

〔註15〕 《宋書》卷三九《百官志上》，第1235～1236頁。

都官尚書），而且設有「錄南臺尚書事」一職，尤其是尚書分臺而治，以及「錄南臺尚書事」機構的出現，充分說明夏政權尚書機構的構造已經相當複雜，尚書機構的發展水平甚至與其時的晉、宋諸朝基本同步。

除此而外，還需特別注意者，在夏政權的尚書機構中，同樣存在尚書長官兼任軍職的情況，如尚書左僕射叱以鞬、尚書右僕射乙斗，分別兼任征北將軍、征西將軍；王買德拜都官尚書，加冠軍將軍；赫連璝則是以「領大將軍，雍州牧」的身份「錄南臺尚書事」。另外，據前揭「遣其尚書金纂率騎一萬攻平涼」，可知赫連氏夏政權的尚書官員應當也經常領兵征戰爭。按，尚書長官兼任軍職，以及尚書官員領兵征戰的現象，為魏晉南北朝所習見，尤其是五胡十六國政權，這種情況可能更加普遍。尚書官員兼職軍事，正體現出魏晉南北朝戰爭頻仍，軍事職務普遍受到重視的時代特色。

以上三公、司隸校尉、尚書臺（包括令、僕、尚書、錄尚書事），約略構成赫連氏夏政權中央職官體系的核心。

四、赫連氏夏政權其它中央文官

儘管赫連氏夏政權存在的時間較短、地理位置偏僻且疆域局促不穩，然其職官制度的構成情況，卻遠比我們想像的要複雜。以中央文職職官體系而言，除上面所說的三公、尚書臺、司隸校尉外，還包括諸如門下、中書、御史、秘書、太常、光祿等行政與事務機關。茲據《晉書・赫連勃勃載記》，將赫連氏夏政權中央文職官員考述如下：

> 侍中——「泓將姚恢棄安定，奔于長安，安定人胡儼、華韜率戶五萬據安定，降于勃勃。以儼為侍中，韜為尚書」（第3207頁），是胡儼曾任侍中一職。

> 中書侍郎——「俄而劉裕滅泓，入于長安，遣使遺勃勃書，請通和好，約為兄弟。勃勃命其中書侍郎皇甫徽為文而陰誦之」（第3208頁），是皇甫徽曾任中書侍郎一職。

> 御史中丞——「遣其御史中丞烏洛孤盟于沮渠蒙遜」（第3207頁），是烏洛孤曾任御史中丞一職。

> 秘書監——「其秘書監胡義周之辭也」（第3213頁），是胡義周曾任秘書監一職。

> 太常——「勃勃兄子左將軍羅提率步騎一萬攻興將姚廣都于定

陽，克之，坑將士四千餘人，以女弱爲軍賞。拜廣都爲太常。」（第3204頁）是姚廣都曾任太常一職。

　　光祿勳——「進攻姚興將党智隆于東鄉，降之，署智隆光祿勳」（第3205頁），是黨智隆曾任光祿勳一職。

　　將作大匠——「乃赦其境内，改元爲鳳翔，以叱干阿利領將作大匠，發嶺北夷夏十萬人，于朔方水北、黑水之南營起都城。」（第3205頁）是叱干阿利曾兼領將作大匠一職。

按，赫連氏夏政權所置以上七職，在兩漢魏晉職官體系中，也都是十分重要的中央文職官員。茲據相關史籍所載，將上述七職之創置、職掌及其在兩漢魏晉官制中的地位，陳述如下：

　　（1）侍中：東漢獻帝初年，隨著侍中與黃門侍郎定員定職，門下機構宣告正式成立；時至魏晉，隨門下、散騎兩省合併成爲新的侍中省，侍中變成門下省的首長，門下省不僅職掌對尚書省及其它機關上呈君主文書的封駁權，並且有權封駁君主下達的詔令，已經初步奠定後來隋唐三省制門下省的形制。

　　（2）中書侍郎：魏晉之際，中書成立之初即負責詔令的草擬，由中書監、令親領，東晉時期曾一度廢並中書，但至遲到東晉後期，中書機構就已經恢復，中書侍郎作爲中書機構的重要屬員，有權進入「西省」參與草擬詔書，因此地位也比較重要。

　　（3）御史中丞：御史作爲監察機構，出現很早，早在秦朝時就已獨立成府，成員較爲明確的有御史大夫、侍御史和監御史，後來又設置了御史中丞。〔註16〕可以肯定的是，兩漢時期由於御史大夫爲「三公」成員，因此與御史機構的關係相對疏遠，御史中丞在很多時候就成爲御史機構的實際首長。〔註17〕

〔註16〕　按，關於御史中丞設置的時間，《漢書・百官公卿表上》不載，僅言「內領侍御史員十五人」，爲侍御史之率。據同條「御史大夫秦官」注引應劭曰：「侍御史之率，故稱大夫云」，是秦侍御史之率爲御史大夫，至漢代始置中丞爲侍御史之率。故《晉書・職官志》謂中丞爲秦官，《通典・職官典六》改謂中丞爲漢官。御史中丞究竟始於秦，抑或是漢，仍不宜妄言。

〔註17〕　《文苑英華》卷七九八載署名爲「前人」之《御史中丞壁記》云：「御史亞長曰中丞，二大夫，以領其屬……漢儀：大夫副丞相，以備其闕，參惟國綱，鮮臨府事，故中丞專焉」。（第4224頁）

（4）秘書監：按，秘書監始置於漢桓帝延熹二年，後一度罷省。曹操爲魏王時，設置秘書令、丞，職掌軍國機密。及至魏文帝曹丕篡漢成魏，改秘書爲中書，典掌尚書奏事。而另外成立一個秘書省，專管文學著作等文化事務，從而使秘書機構脫離了權力運轉的中心。

（5）太常：秦漢九卿之一，本名奉常，漢景帝中六年（公元前 114）更名太常，爲中央主管禮儀、教育的重要事務機關，歷代均有設置。

（6）光祿勳：秦漢九卿之一，本名郎中令，漢武帝太初元年（公元前 104）更名光祿勳，職掌宮掖門戶，下統文職諸郎，職掌守衛宮內門戶、充車騎侍衛、朝會贊禮、備君主顧問等；下統武職諸郎，可以選充武將，侍從君主。

（7）將作大匠：秦朝始置，本名將作少府，漢景帝中六年改名將作大匠，職掌宮室修治及其它土木工程建設，也是中央重要的事務機關。

上述七職約略構成魏晉中央行政與事務機關的框架，其中中書、門下與尚書有機配合，構成魏晉國家的權力中樞機構——「三省」，御史中丞的創設，則標誌著魏晉國家行政監察機構的成立，秘書監、太常、光祿勳、將作大匠的設置，則意味著禮儀、文化、教育、工程修造等事務有了各司其職的中央機關。

單從職官名稱來看，赫連氏夏政權的中央文職官僚體系，與魏晉等中原政權相比，似乎並不遜色。然細繹史實，還是能夠感覺到，夏政權的中央文職官僚體系，在很大程度上只是形似於魏晉諸朝，內涵上恐怕還是有著不小的差距。其理由如次：

首先，我們注意到，以上所列諸職，除秘書監胡義周替赫連勃勃撰寫頌德刻石文辭，以及叱干阿利領將作大匠負責修造統萬城，還算是履行本職事務外，其它任職者如中書侍郎皇甫徽替君主撰寫外交文書、御史中丞烏洛孤充當外交使臣與它國訂盟等，所從事者均非本職的份內事務。其次，胡儼、姚廣都、党智隆三人，均以俘虜的身份分別被任命爲侍中、太常和光祿勳，如此重要的中央文職官位，卻被用來加封俘虜，從某種意義上正好說明，這些職務在夏政權的政治運作中可能無關緊要，只能用來充當籠絡降服者的名號而已。

五、赫連氏夏政權中央武官系統

赫連氏夏政權中央武官系統，在《晉書·赫連勃勃載記》中也有反映，茲據之臚列赫連氏夏政權中央武官如下，以供分析：

征南將軍、征西將軍、征北將軍——「弟阿利羅引爲征南將軍、司隸校尉，若門爲尚書令，叱以鞬爲征西將軍、尚書左僕射，乙斗爲征北將軍、尚書右僕射……」（第 3202 頁）是阿利羅引、叱以鞬、乙斗分別任征南、征西、征北將軍。

平東將軍——「姚興將姚詳棄三城，南奔大蘇。勃勃遣其將平東鹿奕于要擊之」（第 3205 頁），是鹿奕於曾任平東將軍一職。

鎮東將軍——「泓將姚恢棄安定，奔于長安，安定人胡儼、華韜率户五萬據安定，降于勃勃。以儼爲侍中，韜爲尚書，留鎮東羊苟兒鎮之，配以鮮卑五千。」（第 3207 頁）是羊苟兒曾任鎮東將軍一職。

撫軍大將軍——「勃勃善之，以子璝都督前鋒諸軍事，領撫軍大將軍，率騎二萬南伐長安，前將軍赫連昌屯兵潼關，以買德爲撫軍右長史，南斷青泥，勃勃率大軍繼發」（第 3208 頁），是赫連璝曾任撫軍大將軍一職，王買德任撫軍右長史。

左將軍——「勃勃兄子左將軍羅提率步騎一萬攻興將姚廣都于定陽」（第 3204 頁），是夏政權設有左將軍一職。

前將軍——「以其子昌爲使持節、前將軍、雍州刺史，鎮陰密」，是赫連昌曾任前將軍一職。

軍師中郎將——「姚興鎮北參軍王買德來奔……勃勃善之，拜軍師中郎將。」（第 3205 頁）是王買德曾任軍師中郎將。

以上爲赫連氏夏政權所置中央武官的大致構成情況，茲剖析如下：

（1）左將軍、前將軍：據《宋書・百官志》略云：「左將軍、右將軍、前將軍、後將軍。左將軍以下，周末官，秦、漢並因之，光武建武七年省，魏以來復置。」〔註 18〕可知，左、右、前、後四將軍之名號由來已久，爲漢魏南北朝時期常置之將軍號。〔註 19〕赫連氏夏政權所置左將軍、前將軍，應

〔註18〕《宋書》卷三九《百官志上》，第 1226 頁。
〔註19〕《晉書》卷二四《職官志》（《宋書》卷四〇《百官志下》所載略同）：「左軍將軍，案魏明帝時有左軍，則左右前後軍魏官也，至晉不改。武帝初，又置前軍，右軍；泰始八年，又置後軍。是爲四軍。」（第 740～741 頁）此處所言左軍將軍、右軍將軍、前軍將軍、後軍將軍，與正文所言左右前後將軍內涵不同，前者只是將軍名號，且古已有之，而此處是講軍隊構成，左、右、前、

當是模仿魏晉軍制，唯其右將軍、後將軍是否有所設置，諸史無考。

（2）征、鎮、平諸將軍：據前揭《宋書·百官志》，四征（東、西、南、北）、四鎮、四安、四平將軍，均爲漢魏軍制。赫連氏夏政權所設征、鎮、平諸將軍，史籍所載只有以上幾例，與魏晉諸朝相比併不完備，但可以肯定，也是模仿漢魏軍制。

（3）撫軍大將軍：在魏晉南朝的武職構成中，驃騎、車騎、衛、鎮軍、中軍、撫軍、四征、四鎮等諸將軍爲一個層次，「凡諸將軍加『大』者，位從公。開府儀同如公。凡公督府置佐：長史、司馬各一人，諮議參軍二人……加崇者，則左右長史四人，中郎掾屬並增數。其未及開府，則置府亦有佐史，其數有減。小府無長流，置禁防參軍。」〔註20〕就魏晉至劉宋之際的實際情況來看，撫軍大將軍多爲太子、親王、重臣所任之職，以魏晉之際爲例，司馬懿、司馬昭、司馬炎三代均曾擔任，且往往同時兼都督中外諸軍事，統帥天下兵馬，軍事地位尤其崇重。因此，赫連璝以都督前鋒諸軍事，也應當是模仿魏晉制度。

（4）軍師中郎將：軍師中郎將爲蜀漢所獨有之武職名稱，即便在蜀漢，也只有諸葛亮、龐統二人曾擔任過軍師中郎將之職。除軍師中郎將外，蜀漢還設有軍師將軍一職，諸葛亮曾任此職，其子諸葛瞻亦曾加官此職。〔註21〕因此，赫連氏夏政權設置軍師中郎將之職，不排除其模仿蜀漢制度之可能。

總而言之，赫連氏夏政權的武官系統，主要模仿魏晉制度設置，因此與魏晉南朝職官制度發展的主流相合，只有軍師中郎將一職係模仿蜀漢制度，影響相對較小。

六、赫連氏夏政權地方職官系統

赫連氏夏政權不僅擁有一套「條章粗備」的中央職官體系，而且有史實表明，夏政權在地方職官的設置上，也並非毫無建樹。《晉書·赫連勃勃載記》所載夏政權的地方職官情況，大致如下：

> 雍州牧——據前揭文，赫連璝兼領大將軍、雍州牧、錄南臺尚

後四軍爲常備軍，始於魏晉，魏明帝曹叡時設置左軍，西晉沿襲不改，晉武帝司馬炎初年，增設前軍、右軍，至泰始八年（272），又增設後軍，此後歷東晉南朝，左右前後四軍均爲常備軍。

〔註20〕《南齊書》卷一六《百官志》，第313～314頁。

〔註21〕《三國志》卷三五《蜀書五·諸葛亮傳》第915、916、932頁。

書事。

幽州牧——「勃勃又攻興將金洛生于黃石固，彌姐豪地于我羅城，皆拔之，徙七千餘家于大城，以其丞相右地代領幽州牧以鎮之。」（第3204頁）是右地代以丞相兼任幽州牧一職。

雍州刺史——據前揭文，赫連昌曾任雍州刺史一職。

并州刺史——「遣其將叱奴侯提率步騎二萬攻晉并州刺史毛德祖于蒲坂，德祖奔于洛陽。以侯提爲并州刺史，鎮蒲坂」（第3209頁），是叱奴侯提曾任并州刺史。

按，秦漢地方長官的名稱，由於郡縣二級制與州郡縣三級制度的交錯施行，而相應有所變化，以郡縣二級制言，則郡的長官，秦稱守，漢景帝中二年（公元前148）改名太守，縣長官之名稱則秦漢相同，均稱令或長。

「刺史」之名，早在西漢武帝分天下爲十三部州時，即已有之，不過那時的刺史只是中央派往地方的監察官，而非治民的地方長官，秩僅六百石。西漢成帝綏和元年（前8年），大司空何武與丞相翟方進聯合上奏，認爲刺史秩位低下，卻能夠彈劾二千石的守相，實爲「輕重不相準，失位次之序」，因此奏請罷刺史，置州牧。〔註22〕「刺」、「牧」二字，性質完全不同，「刺」指刺史，屬於監察；「牧」指牧民，屬於行政，改刺史爲州牧，意味著改中央監察官爲地方行政長官。〔註23〕後來，哀帝時雖又一度罷州牧，置刺史，但到王莽篡漢，立即恢復州牧制，從此之後，以至於東漢，州的地方長官均稱「州牧」。

州牧發展成爲地方長官既成事實，刺史也在發展，自東漢光武帝建武十八年（42）恢復刺史後，至東漢中葉，刺史不僅監察權限進一步擴大，且逐漸擁有控制地方各種行政事務的權力，從而不再是單純的監察區劃長官，而同時具有行政區劃長官的性質。及至魏晉，「州牧」權限漸爲刺史奪取，並最終即退出地方州長官的序列稱，於是刺史便成爲地方軍政長官。

赫連氏夏政權所設地方長官，既有當時漸已廢止不用的「州牧」這一名稱，也有代表官制新方向的「刺史」，明顯帶有新舊雜用的特徵。赫連氏夏政權地方職官設置所表現出的混雜新舊的現象，正從某個方面體現出當時職官

〔註22〕《漢書》卷八三《朱博傳》，第3406頁。
〔註23〕前揭《漢唐職官制度研究》，第161頁。

制度尙處於發展狀態，包括職官名稱、職掌均未固定統一的時代性特點，另一方面也反映出赫連氏夏政權在制度建設上，因爲人才匱乏而不能緊跟時代步伐的實際情況。

另一方面，對於夏政權地方長官的內涵，我們也不宜輕易否定。據諸前揭《晉志》，赫連氏夏政權的地方長官，無論是稱爲州牧，還是名爲刺史，均有明確的治所：幽州牧治大城，又名代來城，在今內蒙杭錦旗東南；雍州牧（南臺）治長安，在今陝西西安；朔州牧鎭三城，在今陝西延安東南；秦州刺史鎭杏城，在今陝西黃陵縣西南；雍州刺史鎭陰密，在今甘肅靈臺縣境內；并州刺史鎭蒲阪，在今山西永濟市；梁州牧鎭安定，在今甘肅定西市境內；北秦州刺史鎭武功，在今陝西武功境內；豫州牧鎭李閏，即李潤，在今陝西大荔縣北；荊州刺史鎭陝，在今河南陝縣境內。按，《晉志》最後說：「其州郡之名並不可知也」，當是指這些州郡所管轄的地理範圍已經不可確考了，例如豫州治所在陝縣，就夏政權的活動範圍及其兵力所及的地理疆域來看，是不可能辦到的事情。因此，夏政權所設的這些州牧或刺史，未必實有疆土，而可能只是模仿或照搬魏晉政權或其它胡族政權所置州郡的名稱，以表明其政權存在之正統性。